GOETHE ET BETTINA

CORRESPONDANCE INÉDITE

DE GOETHE ET DE Mme BETTINA D'ARNIM.

traduit de l'allemand

PAR SÉB. ALBIN.

II

PARIS
LIBRAIRIE DE CHARLES GOSSELIN
30, RUE JACOB.

1843

GOETHE ET BETTINA

CORRESPONDANCE INÉDITE

DE GOETHE ET DE Mme BETTINA D'ARNIM.

PARIS. — IMPRIMERIE DE Mme Ve DONDEY-DUPRÉ,
Rue Saint-Louis, 46, au Marais.

GOETHE ET BETTINA

CORRESPONDANCE INÉDITE

DE GOETHE ET DE Mme BETTINA D'ARNIM.

traduit de l'allemand

PAR SEB. ALBIN.

II

PARIS.
LIBRAIRIE DE CHARLES GOSSELIN,
30, RUE JACOB.

1843

A GOETHE.

L'ombrage de l'arbre ne rafraîchit pas tant, la fontaine ne désaltère pas si bien, la lumière du soleil, celle de la lune et des mille et mille étoiles, n'éclairent pas tant les ténèbres terrestres, que toi tu éclaires mon cœur! Hélas! je te le dis : l'instant passé près de toi renferme si bien en lui l'éternité, qu'il semble l'emprisonner ; mais ce n'est qu'un semblant, bientôt il la relâche pour la faire de nouveau prisonnière. Quel plaisir pourrait-elle me donner l'éternité? ton esprit et ta bonté immortelle ne m'ont-ils pas reçue dans leur splendeur?

Écrit le jour où je reçus ta dernière lettre.

Le poëme que tu m'as envoyé appartient au monde et

non à moi, car si je voulais l'appeler mien, il consumerait mon cœur.

Je suis timide en amour; je doute à chaque instant de toi, sans cela il y a longtemps que je serais allée te voir. Je ne puis m'imaginer (ce serait trop beau!) que tu m'aimes assez pour me vouloir près de toi.

Je crains la mort parce que je te connais. Les Grecs ne voulaient pas mourir sans avoir vu le Jupiter Olympien. A plus forte raison, je ne puis vouloir abandonner ce monde plein de beauté, puisque tes lèvres m'ont prophétisé que tu me recevrais à bras ouverts.

Permets-moi, ordonne-moi, de respirer le même air que toi, de fixer tous les jours mes yeux sur les tiens, de chercher ce regard qui éloigne la mort loin de moi.

Goëthe, tu es tout; tu nous rends ce que le monde, ce que les temps sombres nous ravissent. Puisque d'un œil serein tu distribues si richement tes dons, pourquoi n'aurais-je pas la confiance de venir te les demander? — Je ne suis plus sortie depuis longtemps; la chaîne des montagnes, la seule vue dont on jouisse ici, a été souvent rougie par les flammes de la guerre, mais je n'ai plus osé tourner mes regards vers ces lieux, où le diable égorge un agneau; où l'unique liberté d'un peuple libre s'incendie et se consume elle-même. Ces hommes qui, pleins de sang-froid et d'assurance, marchent sur les bords des abîmes affreux, eux qui ne connaissent pas le vertige, le donnent à tous ceux qui considèrent leur hauteur. C'est un peuple qui ne s'inquiète pas du lendemain, auquel Dieu, quand l'heure de la faim est venue, met le pain dans la main; un peuple qui, semblable aux aigles, erre au-dessus des brouillards sur les plus hautes cimes des rochers, et qui trône pareillement au-dessus des brouillards du temps, qui aime mieux périr dans la lumière que de chercher misérablement une existence incertaine dans l'obscurité. Enthousiasme de la volonté libre, que tu es grand, puisque tu résumes en un seul instant toutes les jouissances de la vie ! C'est pourquoi on est capable d'exposer sa vie pour un pareil moment. Quant à moi, ma volonté libre est de te revoir, Goëthe; et ce moment résumant en lui tout l'enthousiasme de l'amour, je ne désire rien d'autre. Je voudrais te raconter toutes sortes de choses sur le siége de Kufstein, qui feraient sûrement plaisir au duc, et méritent d'être éternisées, mais l'intérêt qui s'attache inévitablement au véritable héroïsme se trouve toujours tellement joué et bafoué par le mensonge, qu'on préfère ne rien savoir, ne rien écouter, à s'attrister pour des contes. Les nouvelles favorables que les Bavarois laissent passer ne sauraient être suspectes, car si les Bavarois le pouvaient ils nieraient bien certainement les succès de l'ennemi. Speckbacher est un héros unique ; il a de l'esprit, du génie, du sang-froid, un sérieux sévère, une bonté sans bornes, une organisation *transparente* et sans besoins personnels. Le danger est pour lui le lever du soleil, qui éclaire tout ; c'est alors qu'il voit bien et distinctement ce qui est nécessaire, et que tout en maîtrisant son enthousiasme il parvient à tout accomplir ; sa pensée embrasse à la fois et son honneur et sa responsabilité ; il exécute par lui-même et les plans de ses chefs et les siens propres si bien calculés, et tout ce qu'exige le moment présent ; sous le feu des canons de la forteresse il détruit les moulins, s'empare des approvisionnemens, éteint les obus avec son chapeau.

Il n'abandonne à personne l'exécution des projets dangereux ; lui-même, au milieu des ennemis, il va mettre le feu à la petite ville de Kufstein ; il coupe et livre au courant un pont de bateaux construit par les Bavarois ; durant toute une nuit orageuse il reste dans l'eau jusqu'à la poitrine ; là il attend avec deux de ses camarades que le jour paraisse pour aller, sous une grêle de mitraille, détacher les derniers bateaux du pont. La ruse est sa plus divine qualité ; il rase sa barbe sauvage qui cache une moitié de sa figure, il change de vêtemens et de manières et va demander à parler au commandant de la forteresse. Il entre, il débite un conte de trahison, et pendant ce temps-là il voit, il devine tout ce qu'il voulait savoir ; au milieu de ce grand danger, que deux camarades ont voulu partager avec lui, il n'est pas un instant déconcerté ; il se laisse examiner à la lumière, regarder, fouiller, il boit avec les ennemis, et enfin, reconduits par le commandant jusqu'à la petite porte par laquelle ils sont tous trois entrés, lui et ses compagnons lui disent un adieu cordial.

Mais toutes ces peines, tous ces sacrifices sont réduits à néant par l'incertitude de l'Autriche, qui semble en général ne pas pouvoir supporter un heureux résultat et craindre d'avoir un jour à répondre de ses victoires devant son grand ennemi ; et il viendra ce jour où elle demandera pardon au grand Napoléon de lui avoir fait l'honneur de lui opposer un peuple de héros. Je m'arrête ici, persuadée que je suis que sur terre, tout ce qui est grand est mal récompensé.

Il y a trois semaines on t'a envoyé un tableau ; c'est une copie du portrait d'Albert Durer peint par lui-même. Comme à cette époque j'étais allée faire un voyage de quelques jours, je ne sais pas s'il a été bien emballé et confié à une occasion sûre. Tu dois bientôt le recevoir; écris-moi à ce sujet. Ce portrait m'est cher; je te l'ai donné parce que je voudrais me donner moi-même à toi.

Dans ce froid pays de Bavière même, tout mûrit petit à petit; le blé devient jaune; et *si le temps ne cueille pas de roses*, l'orage au moins vient les cueillir; les feuilles fanées voltigent déjà sur le terrain humide et sablonneux et le recouvrent. Quand donc un soleil bienfaisant viendra-t-il mûrir les fruits de ma vie, afin que je puisse récolter, baiser pour baiser?

Je fais tous les jours la même promenade; je connais chaque branche, chaque brin d'herbe que je rencontre; j'ai même déjà examiné tous les petits cailloux de la route. Ce chemin ne conduit pas vers toi, et pourtant il me devient de jour en jour plus cher. S'il y en avait un que j'eusse l'habitude de parcourir pour arriver à toi, comme j'apprendrais encore mieux à en connaître toutes les fleurs, toutes les plantes! comme le cœur me battrait jusqu'à ce que je fusse arrivée au seuil de ta demeure! que de charmes aurait pour moi chaque pas!

J'ai de bonnes nouvelles du prince royal; il a dîné avec les prisonniers que l'on traitait durement et qu'on laissait mourir de faim. Les pommes de terre étaient comptées; il les a fidèlement partagées avec eux : depuis ce moment-là ils sont tous bien servis, il y fait grande attention. C'est son fidèle Bopp qui m'a raconté cela, en accompagnant son récit de quelques larmes de joie. D'un autre côté, on loue son sang-froid dans le danger, sa persévérance au milieu des fatigues et des peines, son attention à empêcher les cruautés inutiles. On devait s'y attendre, mais qu'il n'en soit pas moins loué et béni pour n'avoir pas trompé cette attente!

Tu reconnaîtras sans doute la gravure ci-incluse de Heinzé; c'est Sommering qui me l'a donnée, en même temps que la commission de te demander ce que tu en penses. Il la trouve ressemblante, mais non pas ennoblie; moi je dis qu'elle ressemble grandement à un bouc, et mon opinion pourrait peut-être se justifier.

Tieck est encore étendu en malade sur son petit lit de repos. Un cercle de belles dames distinguées entoure sa couche; cela lui va trop bien et lui plaît trop pour qu'il change jamais de place.

Jacobi va supportablement bien; tante Hélène crie, il est vrai, que sa tête ne vaut rien, parce que sitôt qu'il veut écrire quelque chose de philosophique, la tête et les yeux lui font mal. Si sa tête ne vaut rien, son cœur a été vivement ému lorsque je lui ai lu ce que tu m'avais écrit pour lui; il m'a fallu le lui copier. Il prétend que comme il n'a pas auprès de toi un avocat aussi affectueux que celui que tu as auprès de lui, il sera forcé de te remercier lui-même par écrit; en attendant il t'envoie le discours ci-inclus sur la raison et sur l'esprit.

Bettine.

(Un petit dessin à la plume se trouve au commencement de cette lettre.)

C'est Cologne, où je me suis tant amusée l'année dernière. Rumohr le fantasque a griffonné cette vue sur ce papier; il se comporte passablement bien avec l'ennui et regrette le temps que nous avons passé ensemble sur les bords du Rhin.

Ici le vent arrache déjà en jouant les feuilles jaunies des arbres et me chasse à la figure de froides gouttes de pluie, quand au matin, alors que personne n'est sur pied, je me promène dans les allées du jardin anglais, car les grandes ombres du matin sont pour moi de meilleurs compagnons que tous ceux que je rencontre dans la journée.

Je vais voir tous les jours mon vieux Winter. Quand il fait beau, il déjeune avec sa femme sous la tonnelle du jardin. Mon office est d'apaiser le différend qui s'élève chaque fois à propos de la crème qui couvre le lait. Le déjeuner fait, il grimpe à son pigeonnier; comme il est très grand, il est obligé, pour s'y tenir, de s'accroupir par terre; cent pigeons voltigent autour de lui, se posent sur sa tête, sur sa poitrine, sur son ventre et sur ses jambes; il les regarde tendrement de côté, et la tendresse lui coupant la voix il ne peut siffler et me dit : « Oh! je vous en prie, sifflez » donc. » Alors il en arrive une autre centaine, qui entre à grand bruit d'ailes; ils gloussent, ils roucoulent, ils rient, ils voltigent autour de lui, et lui, il est heureux, il voudrait composer une musique qui exprimât tout cela. Comme Winter est un vrai colosse, dans ce moment-là il ressemble assez bien à une statue du Nil entourée d'un petit peuple qui grimpe sur lui; et moi- accroupie près de lui, une grande corbeille pleine de pois et de grains sur la tête, je suis le sphinx. Une fois redescendus, nous nous mettons à chanter les psaumes de Marcello; c'est une musique qui me plaît beaucoup dans ce moment, son caractère est énergique et dominateur ; on ne saurait la faire ressortir par l'expression, elle ne se laisse pas manier ; il faut se tenir pour content quand on possède seulement la force qu'exige son esprit. On se sent employé comme organe par une puissance supérieure, enserrée par l'harmonie et forcée de l'exprimer. Ce langage artiste et puissant d'un sentiment idéal est tel, que le chanteur n'est plus qu'un instrument, mais un instrument qui se sent en communauté de pensées et de jouissances avec l'auteur. Puis viennent les récitatifs, l'idéal de l'élévation esthétique, dans lesquels tout, joie ou douleur, devient bruyante volupté!

Comme il y a long-temps que nous n'avons parlé musique! Quand j'étais là-bas, sur les bords du Rhin, il me semblait que j'allais te dénouer ce nœud gordien, et pourtant je sentais bien toute mon insuffisance ; je ne comprenais pas plus la musique qu'on ne comprend celui qu'on aime, celui dont on ne sait qu'une chose, c'est qu'on l'aime. Maintenant je me suis arrêtée court ; je voudrais m'exprimer, mais il m'est bien difficile de penser en paroles ce que je pense en sentiment. Le croirais-tu? penser me fait mal, et je suis si craintive que j'évite de penser. Tout ce qui se passe dans le monde, les destinées humaines, les dénoûmens tragiques me fait une impression musicale. Les événemens du Tyrol m'entraînent comme un courant d'harmonie ; j'éprouve le même désir d'agir que dans mon enfance quand j'entendais les symphonies qu'on exécutait dans le jardin du voisin; alors aussi je sentais que pour arriver au repos il fallait auparavant se mêler à ces accords, à cette musique. Ce qu'il y a de grand, d'écrasant dans les événemens héroïques du Tyrol, vivifie et exalte tout aussi bien l'esprit que les luttes et les enfantemens des différentes modulations ; de ces modulations qui, malgré leurs tendances particulières, sont emportées par un sentiment général et, se réunissant, se concentrant de plus en plus, atteignent la perfection qui leur est propre. Voilà comme je sens, comme je comprends les symphonies, et voilà comme je sens, comme je comprends ces combats héroïques ; ils sont pour moi les symphonies de l'esprit divin qui s'est fait son de liberté dans le cœur de l'homme. La mort joyeuse de ces héros est semblable au sacrifice éternel des tons fait pour atteindre un but élevé, qui, plein d'une force divine, se développe et se conquiert lui-même. Toute grande action me semble une manière d'être musicale ; et la tendance musicale du genre humain forme un orchestre qui joue des symphonies de batailles ; le monde écoute, s'exalte à ces accords, il est comme régénéré, délivré de toute petitesse, il sent s'éveiller en lui des facultés supérieures.

Penser me fatigue et m'endort. Quand je veux suivre une idée, la peur me prend ; je me tordrais les mains de désespoir de ne pouvoir saisir la pensée que j'ai. Je voudrais t'exprimer par un seul mot des choses pour lesquelles je ne suis pas faite ; mais toute perception s'évanouit lentement comme le soleil qui se couche et dont je sais qu'il répand sa lumière, mais qu'il n'est plus visible à mes yeux.

La pensée est la vraie religion, c'est le culte primitif du feu. Nous monterons un jour plus haut, nous nous réunirons à l'esprit divin originaire, qui s'est fait homme, qui a souffert, à seule fin de pénétrer dans la pensée humaine. Le christianisme est pour moi le symbole d'une faculté supérieure de penser, comme au reste tout ce qui est sensible est pour moi un symbole de l'esprit.

Cependant, quoique les esprits se raillent de moi et ne veulent pas se laisser attraper par moi, leur jeu me tient en activité et en haleine ; ils sèment mon chemin raboteux d'aventures variées, tout comme si j'étais un chevalier de la Table-Ronde. J'ai fait connaissance avec les esprits secs du temps, avec des monstres de différens genres, et ces possédés m'ont entraînée à partager leur destinée rêveuse. Mais je n'ai rien vu d'aussi beau que ta lyre sacrée couronnée de lauriers verts ; je n'ai rien entendu de pareil au son que rend le sentier d'argent où tu marches, semblable à Apollon. Je ferme les yeux et je pense au temps où j'étais habituée à échanger avec toi, en souriant, les opinions de mon cœur, tout en sentant en moi mon propre esprit. Souvent alors ta mère me parlait du temps passé ; je lui imposais silence, car j'étais en pensée près de toi.

François Bader est parti pour aller visiter sa verrerie de Bohême. En prenant congé de moi il m'a donné pour toi les traités ci-joints et m'a priée de t'assurer de sa profonde vénération ; il m'a raconté maintes choses de l'histoire de sa vie. Par exemple, les voyages dangereux qu'il a faits en Écosse dans une toute petite nacelle, en compagnie de ton Egmond[1] ; qu'il a été ballotté sur mer entre des îles et des écueils ; qu'il s'est battu avec les sagouins ; que l'obscurité et les orages éteignaient en lui tous les esprits vitaux, et qu'enfin au milieu de tous ces dangers

[1] Tragédie de Goëthe.

il ne pensait qu'à sauver tes livres. Vois-tu, c'est ainsi qu'agit ton esprit et sur terre et sur mer ; c'est ainsi qu'il court, depuis sa source jusqu'à son embouchure, et les rives étrangères l'accompagnent, et les lointains bleuâtres s'éclaircissent devant lui. Les forêts te suivent du regard, et pour te recevoir le soleil dore les cimes des montagnes ; tandis qu'à la clarté de la lune, le peuplier et le sapin qui bordent le chemin et qui ont entendu les accens purs de la jeunesse, célèbrent, eux aussi, ton souvenir.

Hier, j'ai reçu ton portrait de Berlin ; c'est un petit médaillon en plâtre ; il est ressemblant, mais à quoi cela sert-il, si ce n'est à me faire soupirer encore plus après toi ?

J'ai rencontré ici, sur le sol humide de la Bavière, un monstre égyptien, et je ne suis pas étonnée que sa nature sèche et sablonneuse se corrompe dans ce pays ; c'est Klotz[1] qui, poursuivi et tourmenté par les génies de la couleur, succombant à la fin, termine ici son œuvre de vingt-cinq ans. Je l'appelle Égyptien, parce que d'abord son visage, qu'on dirait fait de poix bouillante, ressemble à une pyramide ; ensuite parce qu'en vingt-cinq ans, malgré des efforts inouïs, il n'a pas bougé de place. Par aménité chrétienne, et en même temps pour te rendre justice, à toi, qui d'après ce que dit Klotz, lui dois une excuse, j'ai écouté la lecture de son manuscrit tout entier. A la vérité je ne saurais guère m'enorgueillir de ce qu'il m'a appris ; je ne

---

[1] Mathias Klotz, peintre de paysages et de portraits, naquit à Strasbourg, en 1748. Il fut long-temps peintre décorateur du théâtre de Munich, et mourut en cette qualité en 1821. Il avait publié en 1816 une *Théorie de la couleur*, fruit de longues et consciencieuses études.

(*Note du Traducteur.*)

suis pas sortie des énigmes que ses explications rendaient encore plus embrouillées, et lui se tenait sur ses gardes, craignant que je n'attrapasse quelques-uns de ses secrets pour te les livrer. Il voudrait parler de son affaire avec toi, mais il se plaint de ce que tu n'as pas répondu à une lettre humble et sincère qu'il dit t'avoir écrite. Je l'ai consolé en lui disant que tu ne m'avais pas répondu à une lettre suppliante et affectueuse, et tout fut réparé. Je ne puis faire comprendre à ce pauvre homme qu'il mêle les perles avec le son, et que sans doute et le son et les perles seront mangés tout ensemble par les cochons. Tu pourrais lui faire du bien si tu voulais lui parler de ses découvertes. Je lui ai pris le tableau ci-joint pour toi ; il me plaît tellement que je le regarde comme une belle image.

Maintenant j'ai encore une petite question à te faire, qui est pour moi d'une grande importance, parce qu'elle me vaudra une réponse. As-tu reçu le portrait d'Albert Durer, qui est parti d'ici il y a six semaines? si tu ne l'as pas reçu, fais, je t'en prie, prendre des informations à Weimar auprès des voituriers.

Il court ici le bruit populaire qu'il va bientôt paraître quelque chose qui s'appellera *Affinités électives*, et qui procède de toi sous forme de roman. J'ai fait une fois un trajet de cinq lieues pour aller visiter une source minérale; le chemin qui m'y conduisait était solitaire, situé entre deux rochers; l'éclat du midi ne l'éclairait pas; le soleil brisait en mille éclats sa couronne de rayons aux pics escarpés; de vieux chênes et des ormes desséchés étaient là à l'entour comme des hérauts funèbres, et les abîmes qu'on apercevait n'étaient pas les abîmes de la sagesse, mais bien obscurs et noirs comme la nuit. Je ne me sentais pas à mon aise en voyant ces caprices de la nature; ma poitrine était oppressée, et je cachai ma figure dans l'herbe : eh bien, si je savais les *Affinités électives* près de cette source, je ferais ce trajet épouvantable encore une fois, et même d'un pas et d'un cœur légers ; car, premièrement, aller au-devant de son bien-aimé accélère le pas ; secondement, revenir au logis avec lui est tout bonheur.

BETTINE.

9 septembre 1809.

A BETTINE.

Ma chère Bettine, votre frère Clément[1], dans une aimable visite qu'il m'a faite, m'a annoncé le portrait d'Albert Durer, ainsi que vous-même me l'aviez annoncé dans

---

[1] Clément Brentano, frère aîné de Bettine, naquit à Francfort, en 1777. En 1801 il avait déjà publié plusieurs ouvrages sous le pseudonyme de *Maria*, entre autres *les Gais Musiciens* et *Godwi*, qui firent sensation et accusaient franchement la tendance romantique de Brentano. En 1803 il épousa une femme célèbre, Sophie Mereau, qui mourut au bout d'un an. Cette perte le plongea dans une noire mélancolie, dont il n'est jamais sorti, et que le mécontentement de soi-même et des autres vint encore augmenter. En 1810 il publia avec Achim d'Armim, le poète qui plus tard épousa Bettine, le fameux recueil des anciennes ballades et poésies populaires de l'Allemagne, intitulé *le Cor enchanté*, regardé comme l'un des plus beaux monumens de l'ancienne poésie allemande, et qui a eu une grande influence sur la nouvelle école poétique. Toujours inquiet et chagrin, Brentano se retira en 1818 dans un couvent; mais bientôt il en sortit pour se rendre à Rome, et finalement il alla s'établir à Francfort, sa ville natale, où habite presque toute sa famille. Brentano appartient à l'école romantique et en est regardé comme l'un des fondateurs et des soutiens. *(Note du Traducteur.)*

une de vos lettres. J'espérais donc toujours le recevoir et je m'en promettais un grand plaisir. Quoique je ne me serais pas permis de me l'approprier, je l'aurais gardé jusqu'à ce que vous fussiez venue le reprendre vous-même. Maintenant je vous prie, si nous ne devons pas le tenir pour perdu, de vous informer exactement par quelle occasion il est parti, afin qu'on puisse le réclamer auprès des différents expéditionnaires ; car je vois d'après votre lettre d'aujourd'hui qu'il a été confié à des voituriers. S'il arrivait dans l'intervalle, je vous l'annoncerais de suite.

L'ami qui a dessiné la vignette de Cologne sait ce qu'il veut ; il s'entend à manier et la plume et le pinceau ; le petit dessin m'a procuré une agréable soirée. Remerciez de votre mieux François Bader de ce qu'il m'a envoyé. J'avais déjà vu séparément quelques-uns de ses articles ; je sais à peine moi-même si je les comprends, mais je pourrai m'en approprier certaines choses. C'est fort bien d'avoir excusé mon impolitesse auprès du peintre Klotz par une plus grande encore que vous m'avez pardonnée ; cela a dû édifier particulièrement ce brave homme. Le tableau est arrivé en bon état ; quelque agréable que soit l'impression qu'il fait à l'œil, il est difficile d'en bien juger. Si vous pouviez décider Klotz à me prêter la clef de cette énigme des couleurs, peut-être pourrais-je alors, par une réponse raisonnable et motivée, réparer ma négligence.

Combien de choses j'aurais encore à vous dire, si je voulais me référer à votre aimable dernière lettre ! Pour le moment je ne vous dirai rien d'autre de moi, sinon que je suis à Iéna et tellement entouré d'*affinités*, que je ne sais lesquelles choisir.

Quand le petit livre qu'on vous a annoncé vous parviendra, recevez-le avec bienveillance; je ne puis répondre de ce qu'il est devenu.

(De la main de Goethe.)

Ne te fâche pas de ce que je te fasse écrire par une main étrangère; la mienne était fatiguée, et je ne voulais pas te laisser sans nouvelles du portrait; cherche à retrouver ses traces, continue à penser à moi et à me raconter ta vie singulière. Tes lettres sont lues et relues avec bien du plaisir; ce que ma plume serait capable d'y répondre s'éloignerait toujours beaucoup de l'impression immédiate qu'elles font et à laquelle on se laisse si volontiers aller, quoique ce soient des illusions; car qui pourrait raisonnablement croire à tant d'amour? il vaut mieux accepter tout cela comme un rêve.

Ce que tu dis des affinités électives est une véritable prédiction; malheureusement le soleil s'y couche bien trouble. Recherche donc Albert Durer. Porte-toi bien.

GOETHE.

Iéna, 14 septembre 1809.

Aujourd'hui je te demande de nouveau pardon, ma chère Bettine, comme j'aurais dû le faire souvent. Je t'ai donné bien inutilement de la peine pour le portrait; il est heureusement arrivé à Weimar, et le hasard et la négligence ont seuls fait que je n'en aie pas été informé. A mon retour il me recevra donc amicalement en ton nom et sera pour moi un bon compagnon pendant l'hiver; il restera avec moi

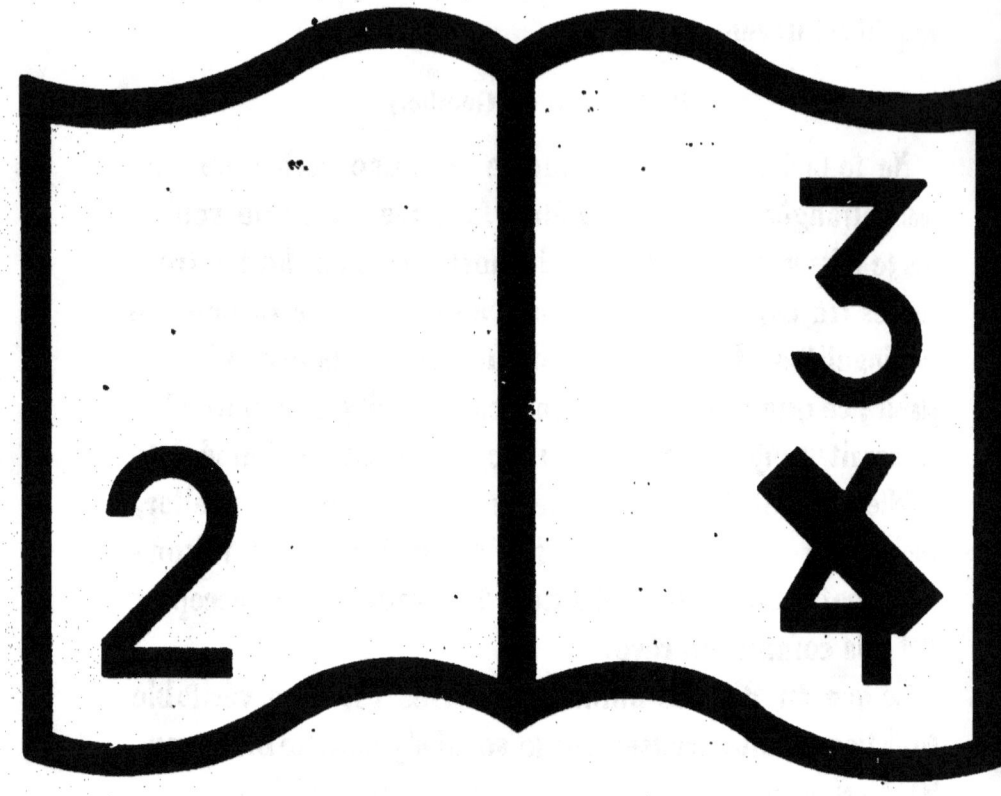

Pagination incorrecte — date incorrecte

NF Z 43-120-12

jusqu'à ce que tu viennes le chercher. Écris-moi bientôt. Le duc te fait dire les choses les plus gracieuses. Cette fois encore il m'a fallu lui communiquer une partie de ta belle couronne de nouvelles. Il t'est particulièrement attaché; en ce qui a rapport aux scènes de la guerre, il partage entièrement tes vues et tes appréhensions enthousiastes. Lui aussi prévoit une fin tragique à tout cela.

Auguste revient au commencement d'octobre d'Heidelberg, où il s'est très-bien trouvé. Il a fait le voyage du Rhin jusqu'à Coblentz. Pense à moi.

GOETHE.

Iéna, 15 septembre 1809.

A GOETHE.

26 septembre.

Ta lettre est arrivée tout d'un trait sur ma table, à la façon d'un moineau. Tu y as ajouté à la fin une petite roucrie de moine, en me vantant l'intérêt particulier que tu prends à moi; tu ne m'en feras point accroire, c'était tout simplement une de tes vieilles ritournelles. Si tu m'aimais véritablement, tu n'irais pas me faire réciter une lettre à la façon du *Pater* par ton secrétaire. Il est bien bourgeois d'écrire de pareilles choses, et il te rend aussi bourgeois que lui. Je ne puis me figurer comment tu t'y prends; lui dictes-tu ta lettre, ou bien lui dis-tu tes pensées pêle-mêle, pour qu'ensuite il ait à les ranger et à les entasser les unes sur les autres?

Tu es amoureux, mais amoureux de l'héroïne de ton roman; c'est ce qui te rend si froid et si contenu à mon égard. Dieu sait qui tu avais en idée! Hélas! tu as un singulier goût sous le rapport des femmes. La Charlotte de Werther ne m'a jamais édifiée; si j'avais été là, Werther ne se serait pas brûlé la cervelle, et Charlotte aurait été joliment vexée de voir comme j'aurais su le consoler.

Toutes les femmes qui paraissent dans Wilhelm Meister me répugnent; je voudrais toutes les chasser du temple. Je m'étais imaginée que tu devais m'aimer de suite, sitôt que tu m'aurais connue, parce que je suis meilleure et plus aimable que tout le comité femelle de tes romans, et vraiment ce n'est pas beaucoup dire; ne suis-je pas plus aimable pour toi qu'elles toutes? Oui, je le suis, quand bien même toi, le poëte, tu ne le voudrais pas trouver? Je ne suis née pour personne autre que pour toi. Ne suis-je pas l'abeille qui s'en va volant et qui te rapporte le nectar de chaque fleur? et les baisers que je te donne, crois-tu qu'ils ont poussé bonnement comme des cerises sur un arbre? Non, voltiger autour de ta nature spirituelle, aspirer à ton cœur, méditer sur ta beauté, tout cela se fond dans un même sentiment, l'amour; et le baiser que te donne cet amour est le signe d'une intelligence profonde et incompréhensible avec ta nature infinie, si différente de la mienne. Oh! ne pèche pas contre moi, ne te fais pas d'idole sculptée pour ensuite l'adorer, tandis que tu as la possibilité de créer entre nous un lien merveilleux et spirituel.

Quand je retirais le filet de mon imagination si capricieusement tissé, si hardiment jeté dans le domaine de l'inconnu, je t'apportais ma pêche, qui toujours reflétait le bien humainement possible. La nature a un esprit, c'est cet esprit qui, dans tout cœur humain, ressent le bonheur et le malheur. Comment l'homme pourrait-il être heureux par lui-même? le bonheur ne se ressent-il pas dans tout et partout, et sans bornes? La félicité qu'éprouve l'esprit de la nature dans l'esprit de l'homme, c'est là la définition de mon amour pour toi, et la conscience de cette félicité par l'esprit de l'homme, c'est là la définition de ton amour pour moi. Cet amour est une question mystérieuse que je t'adresse et à laquelle tu donnes la réponse immanquable.

Brisons là-dessus ; ne souffre pas que j'aie frappé inutilement à ta porte ; accueille-moi dans l'intimité de ton être.

Ta seconde lettre est là; elle m'annonce l'heureuse arrivée du vagabond chef-d'œuvre ; puisse-t-il t'intéresser à ton retour! Ce n'est qu'une figure peinte ; mais entre mille figures vivantes tu ne rencontreras pas un seul regard aussi perçant. Cet homme s'était *regardé lui-même*, il avait questionné son propre cœur, et il l'avait peint sur la toile dans son regard, afin qu'il rendît témoignage de lui dans les races à venir et qu'il dise toujours : *Il était le plus digne parmi les meilleurs.*

Je n'ai rien à te dire du grand drame du monde qui se passe sur les cimes des rochers, sinon que les succès se contrebalancent. Le 3 septembre, jour de naissance de ton gracieux souverain et ami, le Tyrol tout entier a mis ses cloches en branle et chanté un *Te Deum*. Il y a là-bas tout juste assez de place pour représenter des actions héroïques aussi hardies, aussi élancées vers le ciel que les pics des rochers où elles se passent, et qui seront bientôt aussi profondément oubliées que les abîmes dans lesquels les Tyroliens enterrent leurs ennemis sont profonds. On ne peut rien savoir de précis ; tout ce qui se fait de grand est altéré et caché autant que possible. Dans ces derniers temps il a paru un nommé Steger, génie multiple qui est en droit de se considérer comme un présent de Dieu fait à ses concitoyens. On a reçu des nouvelles de ton nourrisson des muses, le prince royal; elles ne disent rien des événemens. Le prince se porte bien et fait des vers au milieu du bruit que fait le sort ; cela prouve qu'il se sent à son aise dans cet élément. Je ne sais rien de plus, je n'ai pas lu le poëme; j'aurais voulu te l'envoyer, mais on ne me le donne pas, parce qu'on craint qu'il ne m'impressionne trop vivement. C'est singulier! je pourrais tatouer mon cœur, je pourrais y faire graver toutes sortes de noms et de souvenirs, que cela ne l'empêcherait pas de rester frais et dispos comme un robuste ouvrier. Voilà ce qui arrive quand on a des amis qui s'intéressent à vous ; ils vous jugent de travers et vous maltraitent en conséquence; puis ils appellent cela prendre intérêt à vous, et encore faut-il les en remercier. Je me suis fait un petit plaisir particulier; je me suis approprié un joli portrait en miniature du jeune fils de roi ; je le considère de temps en temps et je lui dis en esprit ce qui doit lui arriver. Mais, hélas! je dirai avec toi : On a mis ordre *à ce que les arbres n'atteignent pas le ciel.* C'est pour cela que les souverains du monde ne viennent jamais à s'apercevoir de leur puissance et à employer leurs facultés.

Le typhus a fait irruption dans tout le pays d'alentour ; ce sont les troupes qui l'ont apporté avec elles; des familles entières meurent dans les endroits où les troupes ne restent qu'une seule nuit. Le mal a déjà emporté presque tous les médecins des hôpitaux. Hier j'ai dit adieu à un jeune médecin qui s'était attaché à moi de bonne amitié; il s'appelle Janson; il est allé à Ansbourg, relayer à l'hôpital son vieux maître qui a femme et enfans; il faut pour cela un bien grand courage. A Landshut, où sont les Savigny, la mort promène triomphalement sa charrette dans les rues. Elle a emporté plusieurs jeunes gens distingués de cœur et d'esprit, qui s'étaient dévoués à soigner les malades; c'étaient des habitués fidèles de la maison Savigny. J'irai prochainement à Landshut prendre ma part de bonne et de mauvaise fortune; car je dis adieu à tous les événemens politiques. A quoi sert de penser et de prévoir quand on est trompé sur tout, et que les sentimens mis en jeu avec violence se consument inutilement? Adieu; je ne suis pas couleur de rose pour toi parce que tu m'as fait écrire par ton secrétaire. Il ne faut que peu de chose entre nous deux, mais rien d'indifférent; l'indifférence tue le sel volatil de l'esprit et effarouche l'amour. Écris-moi bientôt et répare ta faute.

BETTISE.

A BETTINE.

Il n'y a pas moyen de parer à tes reproches, chère Bettine; il n'y a qu'à confesser sa faute et promettre de se corriger; c'est chose facile, d'autant plus que tu te contentes des faibles marques d'amour que je te donne. Je ne saurais t'écrire sur mon propre compte les choses qui te paraissent à toi si intéressantes. Tes chères lettres, au contraire, me procurent tant de joie, qu'elles sont comme de raison préférées à tout; elles me promettent une suite de jours de fête, dont le retour me fait toujours un nouveau plaisir.

Je t'accorde volontiers que tu es une bien plus aimable enfant que toutes les créations qu'on cherche à te donner pour sœurs; c'est pourquoi j'attends de toi que tu leur tiennes compte des avantages que tu as sur elles. Unis à ces belles qualités la qualité de savoir où tu en es avec moi. Écris-moi tout ce que tu voudras, ce sera toujours parfaitement reçu. Ton babil franc et sincère est pour moi un véritable amusement, et ton abandon confidentiel me paraît précieux au-delà de tout. Adieu; reste-moi proche et continue à me faire du bien.

GOETHE.

Iéna, 7 octobre.

Landshut, 21 octobre.

Le royaume de Dieu est plein de force en tous temps et en tous lieux; c'est ce que j'ai remarqué aujourd'hui à propos d'un chêne creux qui s'élance, puissamment grand, au-dessus d'une foule de plantes et d'arbustes élevés, et compte ses siècles en se détournant du soleil. Wolfstein est à trois lieues d'ici; pour y arriver il faut faire force enjambées; petit à petit on monte à travers les sapins et les mélèses qui laissent traîner leurs larges branches dans le sable. Il y a des siècles, il y avait là un château de chasse de Louis-le-Beau, duc de Bavière. Ce prince aimait particulièrement à vagabonder le soir, au crépuscule, dans le brouillard. Une fois, qu'il avait descendu la montagne, l'obscurité, sans qu'il s'en aperçût, le conduisit près d'un moulin ; il n'entendait que le bruit de l'eau et celui de la roue du moulin ; tout le reste était silencieux. Il appela La meunière, qui était fort belle, se réveilla, alluma un morceau de bois de sapin et parut sur la porte. En la voyant à la lueur de la flamme, le duc devint à l'instant même amoureux d'elle ; il entra avec elle dans le moulin et y resta jusqu'au matin. Il chercha ensuite un sentier secret qui pût le ramener au moulin. Il n'oublia plus jamais la meunière, mais il oublia la Marche Brandebourg, qu'il perdit, par la raison qu'il ne tenait qu'à l'amour. L'allée d'ormes qui va du moulin au château, et qu'il a plantée, existe encore. *C'est ce qui prouve que les arbres vieillissent, mais que l'amour ne vieillit pas*, dit quelqu'un de notre société, lorsque nous traversâmes l'allée.

Le duc n'eut pas tort de donner la Marche Brandebourg pour l'amour, car la Marche est encore là et elle est bête, tandis que l'amour est comme le printemps ; c'est une pluie de fleurs veloutées, une brise fraîche durant la chaleur du jour, et il est beau jusqu'à la fin. Donnerais-tu aussi la Marche pour l'amour ? Je ne serais guère contente si tu me préférais le Brandebourg.

———

23 octobre.

La lune luit sur les montagnes, les nuages d'hiver passent par troupeaux. Il y a déjà quelque temps que je suis à la fenêtre à regarder comme les choses chassent et courent là-haut. Cher Goëthe, bon Goëthe, je suis seule ; je m

sens de nouveau transportée hors de moi et enlevée vers
toi ! Je prends soin de notre amour comme d'un nouveau-
né. De beaux papillons se balancent sur les fleurs que
j'ai plantées autour de son berceau, des visions dorées ornent ses rêves ; je joue et je folâtre avec lui, j'invente mille
ruses pour gagner ses bonnes grâces. Mais toi, tu le gouvernes sans peine ; par la seule harmonie de ton esprit, tu
n'as besoin ni de tendres élans, ni d'assurances aucunes ;
tandis que moi je crains toujours et toujours pour le moment présent, il émane de toi une vertu fécondante qui
s'élève au-dessus des mondes et de la raison.

---

22 octobre.

J'aime à commencer tout en haut de la page et à finir
tout en bas, sans laisser de place au respect; cela me
prouve à quel point il m'est permis d'être intime avec
toi. Je crois vraiment que cette liberté est un héritage de ma
mère, car elle me semble une vieille habitude. De même
que le rivage est habitué aux brisemens des vagues, de
même mon cœur est habitué aux battemens précipités quand
ton nom vient à être prononcé, quand la moindre des choses vient à me rappeler que tu vis dans ce monde sensible.

Ta mère m'a raconté que lorsque je venais de naître, tu
me portas le premier au jour et que tu dis : *Cette enfant a
les yeux bruns.* Ma mère eut peur que tu ne me rendisses
aveugle, et voilà que maintenant une grande lumière venant de toi se répand sur moi.

Les jours s'écoulent les uns après les autres sans rien
amener de nouveau ; cela ne me plaît guère. Je regrette la

frayeur qui me chassa de Munich, j'ai soif des contes du Tyrol, j'aime mieux être trompée que de ne rien entendre, de ne rien apprendre. Alors au moins je vivais avec eux, je souffrais avec eux et je priais pour eux.

La tour de l'église d'ici a quelque chose de singulier. Chaque fois qu'il meurt un chanoine, on en blanchit une pierre ; elle est toute tachetée de blanc du haut en bas.

En attendant, lorsqu'il fait beau on va promener au lion, avec une aimable société qui se délecte au caractere bienveillant de Savigny autant qu'à son esprit. Salvioti, jeune Italien que Savigny distingue particulièrement, a de beaux yeux. Malgré cela j'aime mieux le voir marcher devant moi que de le regarder en face, car il porte un manteau vert qu'il sait admirablement bien draper. La beauté prête la vie à tous les mouvemens. Il a le mal du pays, et quoique tous les jours il s'efforce de filtrer le vin de sa patrie à travers le sable bavarois, à seule fin de s'habituer ici, il devient de plus en plus pâle, élancé et intéressant ; bientôt il sera forcé de retourner dans son pays lui faire l'aveu de son amour mystérieux. La nature a de singuliers caprices ; elle est tendre, mais elle n'est pas partout de même.

Ringeiss[1] le médecin, qui m'a si bien préparé l'os inter-

[1] Jean Népomucène Ringeiss, né dans le Palatinat en 1785, étudia la médecine à Landshut, Wurzbourg, Vienne et Paris. Le roi Louis de Bavière, avec lequel il avait voyagé, le nomma, à son avénement au trône, chef unique et suprême de l'hygiène publique. En 1830, Ringeiss fut fait recteur de l'Université de Munich et envoyé, en 1837, comme député par cette même Université à la chambre des représentans pour y soutenir ses intérêts. Ringeiss se fit remarquer à cette occasion par son aversion pour les idées libérales ; sa politique rétrograde, son exaltation religieuse comme

maxillaire afin de me prouver que Goëthe a raison, et beaucoup de gens agréables, sont nos accompagnateurs ordinaires.

On cherche les montagnes les plus escarpées, les chemins les plus rudes, on s'exerce afin d'être en état d'exécuter au printemps prochain un projet de voyage en Suisse et en Tyrol. Où en sera alors ce dernier pays? les pauvres Tyroliens auront sans doute déjà appris à soupirer.

J'ai rêvé de toi cette nuit ; que pouvait-il m'arriver de plus beau? Tu étais sérieux et très-occupé, tu me disais de ne pas te déranger. Cela me chagrinait ; tu pris ma main et tu la pressas sur mon cœur, en me disant : *Sois tranquille, je te connais et je sais tout.* Je me réveillai. Ta bague, que j'avais pressée contre moi en dormant, s'était empreinte sur ma poitrine. Je la reposai sur l'empreinte et la serrai plus fortement encore contre moi, ne pouvant t'y presser toi-même. Un rêve n'est-il donc rien? il est tout pour moi. Je renoncerais volontiers aux occupations du jour, s'il m'était permis d'être la nuit avec toi et de te parler. Oh ! sois volontiers en rêve ma félicité !

catholique romain pur ne satisfirent pas l'Université ; il ne fut plus réélu député. En médecine, Ringeiss se rapproche du système de Brown, *l'excitation nerveuse.* Ses cours de médecine sont empreints de mysticisme ; il s'efforce de faire intervenir l'élément religieux dans la médecine théorique et pratique. Avec tout cela, Ringeiss est chaud partisan des découvertes et des inventions modernes dans le domaine de la science ; son instruction est étendue et variée, et son imagination et son esprit lui ont valu une grande réputation de conteur.   (*Note du Traducteur.*)

19 octobre.

J'ai su créer ici un lieu de plaisance à la musique et l'y retenir ; je me suis fait une chapelle de six à sept chanteurs, entre autres un vieil ecclésiastique, monsieur Eixdorfer (retiens bien son nom, je t'en dirai plus long sur lui) ; il est fameux chasseur d'ours et encore plus habile harmoniste et maître de chapelle. Les jours de pluie on exécute dans ma petite chambre les psaumes de Marcello. Je te ferai copier les plus beaux, si tu ne les as déjà ; dis-moi seulement un mot à ce sujet, car cette musique est admirable et il n'est pas facile de se la procurer. Les duos de Durante sont également fort beaux ; mais avant de les trouver tels, il faut que l'oreille s'habitue à leur harmonieuse discordance ; c'est une foule de soupirs entrecoupés, de gémissemens amoureux qui s'évanouissent dans l'air comme un écho brisé. Quand on les chante bien, ils exercent un tel empire sur vous qu'on aimerait à se laisser mourir de la douleur qu'ils expriment. On avait porté un jugement barbare sur Durante et sur Marcello, de sorte qu'on m'appela bizarre de ce que je faisais chanter leur musique matin et soir. Petit à petit, quand chaque chanteur eut bien compris sa partie, il y prit intérêt. Marcher chaussé du cothurne d'Apollon, lancer la foudre de Jupiter, livrer les batailles de Mars, briser les chaînes des esclaves, pousser des cris de liberté, exprimer le délire des bacchantes, contenir avec le bouclier de Minerve les chœurs qui se précipitent en avant, ordonner leurs évolutions, les protéger, tels sont les différens caractères de cette musique, dans laquelle tout le monde peut trouver à déployer son inspiration.

Aussi n'y a-t-il pas moyen de lui résister. Elle fait de l'âme un corps sensible que chaque son vient toucher. La musique agit sensuellement sur l'âme; celui qui n'est pas aussi ému en jouant qu'en composant ne fera jamais rien de bien. J'envoie au diable les tendances hypocrites et morales avec toute leurs friperies mensongères; les sens seuls savent créer, dans l'art comme dans la nature. Tu le sais mieux que tout autre.

---

18 octobre.

J'ai encore à te parler de Klotz et de son martyr de la couleur; il n'y a rien à faire avec lui. J'ai prêté l'oreille mi-partie avec ennui, mi-partie avec intérêt à son manuscrit de vingt-cinq ans, je m'y suis fait jour à grand'peine, et j'ai découvert avec surprise que dans sa folie prosaïque il s'était appendu à la fin. Je n'ai bien compris que ceci : *je suis moi*, et à force de se contempler intérieurement, de se regarder à la lumière, il s'est métamorphosé en trois couleurs principales, grossières et sales. Après avoir subi littéralement le martyr en l'écoutant et principalement par la contemplation de son effroyable visage, le cours une fois terminé, je ne pus prendre sur moi d'aller le voir; une frayeur singulière s'emparait de moi quand je le pressentais seulement dans la rue. A la clarté du soleil tout aussi bien qu'à la clarté de la lune, il se précipite sur moi dès qu'il m'aperçoit; je cherche à fuir, mais inutilement, la frayeur paralyse mes membres et je tombe entre ses mains. Alors il recommence à me piler dans l'âme son système de fond en comble, à seule fin de me faire comprendre la divergence de ses opinions avec celles de Goëthe. Il m'a aussi proposé de me lire en français sa théorie de la lumière ; il l'a traduite en entier pour l'envoyer à l'académie de Paris. Comme il y a en moi un démon qui s'oppose à tout ce qui veut faire de la réalité, à tout ce qui nie l'élément poétique ou le détruit, ou le cache sous des échafaudages, à force de grands mensonges, de parodies, de comparaisons, j'ai rendu pour quelque temps à Klotz la vie qui allait se pétrifier.

En regardant à travers son prisme dans la raie noire et en y voyant tout ce qu'il voulait, je pensai que la foi était la naissance, l'apparition visible de l'esprit, la preuve de son existence ; car sans la foi rien n'a de formes, tout est incertain, s'évanouit et se perd de mille côtés. Aussi, quand je doute, quand je ne crois pas, ton beau souvenir s'évanouit et je n'ai plus rien.

---

11 octobre.

Je viens te demander quelque chose que tu ne peux me refuser. On ne saurait pendant la vie réunir assez de ces choses qui adoucissent la solitude de la tombe, telles que des nœuds, des mèches de cheveux de l'objet aimé ; mais mon amour pour toi est si grand que je ne voudrais pas froisser un cheveu de ta tête, encore moins en couper un seul ; car ta chevelure fait partie de toi-même, et tu es un tout que mon amour s'est approprié et auquel il ne veut rien voir distraire, pas même un cheveu. Mais donne-moi ton livre et fais-le relier en une couleur agréable, en rouge, par exemple ; c'est une couleur dans laquelle nous nous som-

mes souvent rencontrés; et puis écris au commencement, de
ta propre main : *Bettine*, ou bien : *Trésor, etc., je te donne
ce livre*.

———

16 octobre.

J'ai reçu tes deux lettres qui me parlent du portrait de
Durer; mais dis-moi donc aussi s'il est arrivé sans accident, et s'il te plaît; dis-moi ce que tu y trouves de bien, afin
que je puisse le redire au pauvre peintre. J'ai maintenant,
par-dessus le marché, des masses de correspondances avec
de jeunes boutures de l'art, entre autres avec un jeune architecte de Cologne et avec un musicien de dix-huit ans qui
étudie la composition chez Winter. Il est fécond en mélodie et semble un cygne argenté qui, les ailes éployées,
chante au milieu du ciel bleu. Ce cygne a un maudit nom
bavarois, il se nomme Lindpaintner [1]; mais Winter prétend qu'il honorera ce nom. Enfin j'écris encore à un
jeune graveur qui étudie dans l'atelier de Hess [2], à Munich;

---

[1] Pierre Lindpaintner naquit à Coblentz en 1791. Il fut élevé en Bavière. Winter, son maître de musique, soutint ses premiers essais. En
1811, le jeune compositeur avait déjà fait représenter à Munich son opéra
le *Démophon*; bientôt après il fut nommé directeur de l'opéra allemand.
En 1819, le roi de Wurtemberg le fit son maître de chapelle à Stuttgardt,
et lui, en revanche, éleva la chapelle du roi au rang d'une des premières
chapelles d'Allemagne. Lindpaintner se distingue par la facilité, la grâce
et la productivité de son talent. Il s'est exercé dans tous les genres de
composition musicale; sa musique de ballet est très-estimée; son opéra
de *la Génoise* est une œuvre remarquable. (*Note du Traducteur.*)

[2] Charles Hess naquit à Darmstadt en 1755. Il fut, dans sa jeunesse,
apprenti fourbisseur à Strasbourg; plus tard il se fit graveur sur métaux,
et enfin graveur en taille-douce. Chargé de graver une partie de la galerie de Dusseldorf, il acquit bientôt une grande réputation en Allemagne.

la petite gravure ci-jointe est de lui ; c'est une première épreuve encore effacée et grossière ; le tout est un peu sombre et, à ce qu'on prétend, trop vieux ; pourtant cela ne me semble pas sans mérite ; c'est gravé d'après nature sur cuivre, sans dessin préalable. Si tu en es content, je t'en enverrai une autre épreuve plus pure, meilleure et emballée avec plus de soin ; tu pourras l'attacher à la muraille, près de ton lit. J'encourage tous ces correspondans chacun d'une manière différente ; c'est pour moi une agréable dignité que d'être regardée par eux comme leur petit oracle. Je leur apprends à comprendre leurs cinq sens ; comme quoi l'existence de toute chose se reflète en eux ; comme quoi les exhalaisons de l'air, la force de la terre, la violence de l'eau, les couleurs du feu vivent et agissent en eux ; comme quoi la véritable science esthétique ne se trouve que dans le miroir de la création ; comme quoi la rosée, le brouillard, l'arc-en-ciel, le vent, la neige, la grêle, le tonnerre, les comètes menaçantes, les aurores

---

Lorsqu'en 1806 la galerie de Dusseldorf fut transportée à Munich, Hess la suivit, et le roi Maximilien de Bavière le nomma professeur de l'académie. Ses ouvrages les plus recommandables sont : *l'Assomption*, d'après le Guide; *le Charlatan*, d'après Gérard Dow ; le portrait de Rubens et de sa femme, etc. Hess, estimé comme homme et comme graveur, mourut à Munich en 1828. Ses trois fils, ses élèves, ont dignement soutenu la réputation de leur père. L'aîné, Pierre Hess, est le meilleur peintre de batailles en Allemagne; Charles est peintre de genre et d'animaux; Henri enfin est peintre d'histoire. Ce dernier s'est placé au premier rang des peintres modernes allemands. Munich lui doit la décoration de la chapelle royale, celle, non encore achevée, de la basilique de Saint-Boniface; celle-ci surtout promet d'être l'un des chefs-d'œuvre de la peinture monumentale en Allemagne, toutes réserves faites de la voie plus ou moins fausse dans laquelle l'école de Munich s'est engagée en sacrifiant presque entièrement la forme à l'idée. (*Note du Traducteur.*)

boréales, demandent et attirent à eux chacun un esprit particulier. Le Dieu qui attache des ailes aux vents en attachera aussi à leur esprit.

---

15 octobre.

Ne remarques-tu pas que la date de mes lettres recule au lieu d'avancer? J'ai imaginé une ruse : comme le temps m'emporte toujours plus loin, mais ne m'emporte pas vers toi, je veux reculer jusqu'au jour où j'étais avec toi; c'est là que je m'arrêterai, et alors je n'écouterai plus ces mots : *à l'avenir, avec le temps et bientôt.* Je veux tourner le dos à tout cela, je veux fermer à clef la porte de l'avenir et te fermer à toi toute issue; de sorte que, ne pouvant aller autre part, tu seras forcé de venir à moi. Réponds-moi au sujet de la musique, afin que je te l'envoie si tu ne l'as pas; j'aime tant t'envoyer quelque chose! puis fais mes salutations les plus amicales à ta femme; je n'oublie pas non plus ton fils. Quant à toi, je veux que tu m'écrives un jour qu'il fera beau; je m'imagine toujours que tu m'aimes plus que bien des choses. Quand ta mère vivait encore, je pouvais causer de cela avec elle, elle m'expliquait tes quelques lignes tracées à la légère. « Moi, je
» connais bien Wolfgang, disait-elle; il a écrit ceci le cœur
» plein d'émotion; bien certainement il te tient dans ses
» bras comme son meilleur bien. » Et alors, cette main qui a soigné ton enfance me caressait; et de temps en temps elle me montrait les objets qui ont fait partie du ménage d'alors, quand tu étais encore dans la maison paternelle! Ah! c'étaient là des momens charmans!

BETTINE.

Demain je retourne à Munich; j'y reverrai l'aimable président. Dans la séance publique de l'académie on a lu cette année un très-beau traité sur l'histoire ancienne des mines de sel de Reichenhall; ce traité a eu le sort tout particulier d'ennuyer tout le monde. Si ma lettre a ce même sort, lis-la toujours en l'honneur de la violence que je me suis faite de parler d'autre chose que de mon éternel amour.

GOETHE A BETTINE.

Weimar, 3 novembre 1809.

Comment pourrais-je vouloir entrer en lutte avec toi, ma chère Bettine? tu surpasses tes amis en paroles et en actions, en complaisances et en dons, en amour et en amusemens; il faut donc se résigner et t'envoyer en récompense autant d'affection que possible, quand bien même ce serait silencieusement.

Tes lettres me font grand plaisir; si tu étais spectatrice cachée quand je suis là à les étudier, tu ne douterais nullement de la puissance qu'elles exercent sur moi; elles me rappellent le temps où j'étais peut-être aussi fou que tu es folle, mais où j'étais certainement plus heureux et meilleur que maintenant.

Ton portrait, que tu avais joint à tes lettres, a de suite été reconnu par tes amis et salué convenablement. Il est très-naturel et très-artistement fait, tout à la fois sérieux et charmant. Dis de ma part quelque chose de gracieux à l'artiste qui l'a fait, et de plus, qu'il continue à s'exercer à graver d'après nature ; il y a toujours en pareil cas quelque chose de spontané qui ne se retrouve pas ailleurs ; mais que malgré cela il ait toujours égard aux préceptes de l'art, cela va sans dire. Un pareil talent doit finir par devenir lucratif; pour cela il faudrait que l'artiste habitât une grande ville ou allât s'y établir. On a déjà vu cela à Paris. Engage-le à faire encore quelqu'un de ma connaissance et dis-moi son nom. Peut-être une autre personne ne lui réussira-t-elle pas aussi bien que l'intéressante petite Bettine; vraiment elle est assise là avec tant de charmes, elle a une expression si amicale, qu'on est tenté d'envier au livre, un peu trop corpulent qu'elle tient, et qui au reste se compose bien dans le portrait, la place qu'il occupe. J'ai de suite tendu cette petite gravure toute froissée ; je l'ai entourée d'un cadre brun, et c'est ainsi qu'elle est devant moi pendant que je t'écris; envoie-m'en bientôt de meilleures épreuves.

Albert Durer serait fort bien arrivé si l'on n'avait pas eu la malencontreuse précaution de mettre du papier dessus; ce papier a frotté en quelques endroits du vêtement, on les restaure en ce moment. Cette copie mérite attention ; elle est faite avec beaucoup de soin et dans l'intention sérieuse et loyale de rendre l'original aussi bien que possible. Fais mes remercîmens à l'artiste ; quant à toi, je te les fais tous les jours, chaque fois que je regarde ce portrait. Je voudrais voir un portrait fait d'après nature par le même peintre.

Ce mot *nature* me conduit à te dire de prêcher sans réserve ton évangile de la nature aux artistes ; car, qui ne se laisserait volontiers entraîner, même dans l'erreur, par une pythonisse aussi charmante que toi? Ecris-moi si l'esprit te fait comprendre ce que je veux dire. Je suis à la fin de ma feuille, et je prends ce prétexte pour taire ce que je n'ai aucun prétexte pour dire. Je n'ai plus qu'à te prier d'apparaître de nouveau chez moi sous la forme des compositions de Durante et de Marcello.

Ces jours-ci une dame se fit annoncer sous le titre d'une amie ; je voulus la prévenir. Je croyais aller au-devant de toi en montant le second étage de l'hôtel de l'Eléphant ; mais une toute autre figure que la tienne sortit du capuchon de voyage. Cependant, depuis ce temps-là, j'ai pris l'habitude de me retourner souvent vers la porte, dans la croyance que tu vas entrer et justifier mon erreur. Si tu me surprenais par une prompte arrivée, je me croirais infailliblement doué du don de prophétie, héréditaire dans ma famille ; et même, d'après ce privilége, je serais tout disposé à attendre avec confiance un événement aussi agréable, si le malin esprit n'avait pas pour habitude de jouer de mauvais tours au cœur ; car ainsi qu'il couvre souvent les plus tendres fleurs de neige, ainsi il change les affections les plus charmantes en froideur. Il faut toujours s'attendre à cela ; et ce fut pour moi une invitation à la méfiance, d'avoir dû ta première apparition au capricieux mois d'avril, alors à son déclin il est vrai.

Goethe.

A GOETHE.

Hélas! qu'il est effrayant d'être, pendant certaines heures, seule avec soi-même! hélas! il y a tant de pensées qui ont besoin de consolations et qu'on ne saurait pourtant dire à personne! Il y a des dispositions d'âme qui vous entraînent dans l'empire du monstrueux et de l'incertain, et qui pourtant veulent avoir leur cours. Là, dehors, au froid, sur les cimes les plus élevées des Alpes couvertes de neige, au milieu de la nuit, alors que le vent d'orage soufflerait sur vous, qu'on attendrait de pied ferme, qu'on irait même au-devant du sentiment oppressant de la peur, là, il me semble au contraire qu'on pourrait se trouver bien.

Quand ton génie, emportant sur ses ailes puissantes une nuée d'orage à travers le ciel bleu, la laisse tomber sur terre au milieu des roses en fleurs, ce malheur n'éveille pas la pitié chez tout le monde. L'un trouve des charmes à cette confusion, l'autre y voit l'accomplissement de ses vagues désirs; un troisième (et je suis avec lui) se laisse tomber près de la rose dès que l'orage l'a brisée; il pâlit, il meurt avec elle; et lorsqu'il ressuscite, il est renouvelé et il brille d'une plus belle jeunesse; tout cela par la force de ton génie, Goëthe. Voilà l'impression que m'a faite le livre des *Affinités électives*.

J'ai veillé toute une nuit, éclairée par la lune, pour lire ton livre, que je n'ai reçu qu'il y a peu de jours. Tu peux penser que durant cette nuit tout un monde s'est agité dans mon âme. Je sens que toi seul tu as du baume pour guérir la blessure que tu as faite, car lorsque le lendemain matin ta lettre arriva avec toutes ses marques de bonté, je sus que tu vivais aussi pour moi, et je sentis que mes idées s'étaient purifiées, afin de me rendre plus digne de ton amour. Ce livre est une mer en courroux dont les vagues battent mon cœur et menacent de le briser. Mais ta lettre est le rivage serein où j'aborde et d'où je considère le danger que j'ai couru avec calme et même avec plaisir.

Tu es amoureux d'*elle*, Goëthe; il y a long-temps que je le pressentais. Cette Vénus est sortie de la mer agitée de ta passion, et après avoir semé une moisson de larmes, elle s'éclipse dans une splendeur surnaturelle. Tu es puissant, tu veux que tout le monde pleure avec toi, et tout le monde obéit à ton désir. Mais moi, Goëthe, j'ai aussi fait un vœu! Tu parais m'abandonner dans ton chagrin : « Va, » cours, me dis-tu, va te cueillir des fleurs, et puis ren- » ferme-toi dans la plus intime mélancolie de tes sentimens. » Oui, c'est ce que je ferai, Goëthe! c'est là mon vœu; j'irai chercher des fleurs ; de joyeuses guirlandes orneront ta porte, et quand ton pied chancellera, ce sera sur des couronnes que j'aurai déposées sur ton seuil ; et quand tu rêveras, ce sera le parfum des fleurs magiques qui t'enivrera; le parfum des fleurs d'un monde éloigné, où je ne me sens pas étrangère comme ici, dans ce livre, dans lequel un tigre féroce dévore la douce création d'un amour spirituel. Je ne comprends pas cette énigme cruelle; je ne sais pourquoi ils se rendent tous malheureux, pourquoi ils servent tous un démon qui a pour sceptre un bâton épineux. Et cette Charlotte[1], qui l'encense tous les jours, à toute

---

[1] Dans les *Affinités électives*, Charlotte est femme d'Édouard et tante

heure, qui, avec une conséquence mathématique, prépare le malheur de tous. L'amour n'est-il donc pas libre? ces deux amans ne sont-ils pas parens par l'âme? pourquoi Charlotte veut-elle les empêcher de passer ensemble une vie innocente? Ils sont jumeaux, leurs âmes enlacées l'une dans l'autre vont naître à la lumière, et elle voudrait séparer ces germes réunis, parce qu'elle ne sait pas croire à l'innocence! elle inocule l'affreux préjugé du péché à l'innocence. Oh! quelle malheureuse prévoyance!

Sais-tu bien que personne ne connaît l'amour idéal? tout le monde croit à l'amour vulgaire, et c'est pourquoi on ne sait ni cultiver ni accorder le bonheur qui provient de cet amour élevé, ou qui par lui atteindrait le but. Puissé-je n'acquérir ce que je désire que par cet amour idéal! il ouvre les portes des mondes nouveaux de l'art, de la divination et de la poésie. Oui, ainsi qu'il n'est heureux que dans un sens plus élevé, il ne peut vivre que dans un élément plus sublime.

Je pense à ta Mignon, exécutant les yeux bandés sa danse des œufs. Mon amour aussi est adroit. Fie-toi à son instinct; il saura se conduire et danser, quoique aveugle, sans faire un seul faux pas.

Tu prends intérêt à mes élèves dans l'art; cela me fait, ainsi qu'à eux, beaucoup de plaisir. Le jeune homme qui a gravé mon petit portrait est d'une famille dont chaque membre est attentif à tout ce que tu fais. Souvent j'ai en-

---

d'une jeune fille nommée Ottilie, qui inspire une violente passion à Édouard. Charlotte de son côté aime un ami de son mari, cependant elle refuse obstinément de divorcer, et ce refus devient la cause du dénoûment tragique du roman. (*Note du traducteur.*)

tendu ses deux frères aînés former le projet de te voir une seule fois. L'un d'eux t'avait aperçu un soir sortant du spectacle, enveloppé d'un manteau gris; il revenait toujours là-dessus, et c'était toujours pour moi une double jouissance, car la fois où il te vit, il pleuvait, j'avais été avec toi au spectacle, et ce manteau m'avait dérobée aux regards de la foule pendant que j'étais dans ta loge; ce soir-là tu m'appelas petite souris, parce que je regardais en cachette à travers les plis du manteau; j'étais dans l'obscurité et toi tu étais en pleine lumière. Tu devais sentir mon amour, et moi dans chacun de tes traits, dans chacun de tes mouvemens je reconnaissais ta douce bienveillance. Oui, je suis riche, le Pactole doré coule dans mes veines et dépose ses trésors dans mon cœur. Dis-moi pourquoi une jouissance si douce d'éternité en éternité n'est-elle pas permise aux amans de ton roman? ou bien, pourquoi ne leur suffit-elle pas? Il se peut que le sort vienne à nous séparer, et même cela doit être; puisque tous les hommes aiment à agir, ils ne laisseront pas échapper une si belle occasion de s'entremettre. Laisse-les faire, laisse-les semer et moissonner, ils se tromperont; les frissons d'un amour profondément senti renaîtront un jour; n'est-ce pas l'*ame* qui aime? Qu'est-ce qui mûrit déjà dans la semence? la fleur non encore épanouie; des frissons d'amour l'engendrent, des frissons d'amour marquent son heure suprême. L'âme est la fleur cachée du corps, quand elle brisera son enveloppe, les frissons d'amour renaîtront. Oui, cet amour n'est autre chose que le souffle de la vie céleste et future; c'est pourquoi notre cœur bat ici-bas; c'est pourquoi le souffle exprime la volupté, cette sensation incompréhensible. Tantôt, par un profond soupir, il va puiser dans l'abîme de la félicité; tantôt, malgré sa rapidité semblable aux vents, à peine s'il peut suivre et contenir la puissance qui l'emporte. Oui, cher Goëthe, je sens que chaque minute qui s'écoule en pensant à toi, dépasse les bornes de la vie humaine; dans ces instans, les profonds soupirs se changent en pulsations précipitées de l'inspiration. Oui, sûrement, le frisson d'amour c'est le souffle d'une autre vie dont nous vivrons un jour; souffle divin qui ne se fait sentir que faiblement dans les félicités terrestres.

Je retourne à mon jeune artiste, qui appartient à l'une des plus charmantes familles que je connaisse; dont tous les membres sont doués de grandes facultés et s'élèvent au-dessus de leur temps. Louis Grimm[1], le dessinateur, fit il y a deux ans un petit portrait de moi; il n'avait alors que fort peu d'habitude, mais un sentiment profond et non encore développé. Ce portrait est remarquable à mes yeux; il a de la vérité mais aucune adresse pratique; par conséquent peu de personnes le trouvent ressemblant; de plus, on ne m'a jamais vue endormie sur la Bible, en robe rouge, dans une petite chapelle gothique, entourée de pierres funéraires et d'inscriptions. Moi, endormie sur la sagesse de Salomon ! Fais-le monter en abat-jour, et pense que tandis qu'il changera pour toi la lumière du soir en un doux

---

[1] Sans doute frère des deux Grimm, paléographes, archéologues et écrivains célèbres, dont les connaissances, le talent et le zèle infatigable ont rendu à l'Allemagne une grande partie des monumens de sa belle littérature des temps gothiques et du moyen âge, oubliés et surtout incompris avant eux. Ils sont les auteurs des *Contes et traditions de l'Allemagne*.
(*Note du traducteur.*)

crépuscule, moi je chercherai en rêvant la lumière capable d'éclairer le plus brillant des rois.

Le caractère de ce jeune artiste est au reste fait de telle sorte, que les bons conseils que tu me donnes pour lui ne sauraient lui profiter. Il est timide, et ce n'est que par ruse que je l'ai apprivoisé petit à petit. Je l'attirai à moi en me faisant avec plaisir aussi enfant que lui; nous avions un chat avec lequel nous jouions à qui mieux mieux. Je faisais alors le souper dans une cuisine inhabitée; tandis que tout le monde était réuni autour du feu, moi j'étais assise sur un tabouret, à côté du souper qui cuisait, et je lisais. J'étais posée, drapée, habillée comme le hasard l'avait voulu. Enthousiasmé de ce hasard, il fit plusieurs esquisses d'après nature, sans me permettre d'arranger ou de déranger le moindre pli; de là est venue une intéressante collection d'esquisses qui me représentent marchant, assise, debout. Il a souvent été faire des excursions dans le pays d'alentour, où il y a de belles figures fort attrayantes, et chaque fois il rapportait un trésor de petites gravures sur bois naïves de sentiment. L'évangile que je lui prêche est tout simplement ce que le vent tiède du couchant dit en murmurant à la violette, ce qui ne saurait le conduire à l'erreur. Les petites gravures ci-jointes, faites d'après nature, te feront plaisir.

Le musicien est mon favori, et c'est plutôt dans les sermons que je lui fais à lui sur l'art, que je pourrais commettre quelques excès d'exagération, car là je prends les choses de plus haut et je ne lui fais grâce de rien. Prochainement ce sera ton tour; il faudra bien que tu en arrives à avoir le pressentiment incompris et submergeant des forces merveilleuses de la musique et de leurs effets mystiques; oui, prochainement je reprendrai haleine et je te dirai tout ce que j'ai à te dire.

Chose singulière! j'ai connu autrefois un architecte qui se retrouve de tout point dans tes *Affinités électives;* il mérite cette place par son ancien enthousiasme pour toi. Il fit, à l'époque de cet enthousiasme, le plan d'une singulière maison qu'il te destinait; cette maison était bâtie sur un rocher et ornée d'une quantité de statues de bronze, de jets d'eau et de colonnes.

Combien de choses j'aurais encore à répondre à un mot admirable de ta lettre! mais cette réponse se fera d'elle-même, bien certainement; sans cela je ne serais pas digne des grâces que tu me prodigues. Souvent je voudrais te regarder pour donner à tes yeux une expression de bonheur et lire à mon tour mon bonheur dans tes yeux; laisse-moi donc cesser d'écrire et te regarder.

BETTINE.

A GOETHE.

Le monde devient parfois trop étroit pour moi. Qu'est-ce donc qui m'oppresse ainsi? c'est l'armistice, la paix avec toutes ses effroyables suites, avec toutes les infâmes trahisons de la politique. Les oies qui jadis ont, par leurs cris, sauvé le Capitole, ne veulent pas se laisser enlever leurs droits; elles seules ont la parole en ce moment.

O toi, aimable Goëthe! lumière du soleil, qui éclaires

même pendant l'hiver les cimes neigeuses et qui luis dans ma chambre! le rayon qui brille au matin sur le toit du voisin me semble un signe que tu m'envoies.

Sans toi, j'aurais sans doute été triste comme un aveuglené qui n'a aucune idée des lumières du ciel. Tu es la claire fontaine dans laquelle se réfléchissent la lune et les étoiles, et où l'on cherche à prendre les astres dans le creux de la main pour les boire. O toi, poète, amant de la nature, qui portes son image dans ton sein et nous apprends à l'adorer, à nous pauvres enfans d'esclaves.

Quand je t'écris, cela me paraît aussi singulier que si une de mes lèvres disait à l'autre : « Écoute, j'ai quel- » que chose à te dire! » N'est-ce pas inutile, elles se comprennent d'elles-mêmes, et d'ailleurs que peut répondre l'autre lèvre? Certain de mon amour, de mon intime parenté avec toi, tu te tais. — Hélas! comment Ottilie [1] a-t-elle pu vouloir mourir si tôt? je te le demande! N'est-ce pas faire pénitence que de supporter le bonheur, que d'en jouir? O Goëthe! ne pouvais-tu donc pas créer quelqu'un qui l'eût sauvée? Tu es grand, mais tu es cruel d'avoir brisé cette existence par elle-même[2]; puisque le malheur avait fait irruption, tu devais t'efforcer de le recouvrir, comme la terre qui recouvre les dégâts; et ainsi qu'elle reverdit de nouveau sur les tombes, tu devais faire fleurir des sentimens plus sublimes sur ce qui s'était passé. Cet homme encore adolescent, non encore mûr, n'aurait pas dû être ainsi déraciné et jeté de

---

[1] L'héroïne du roman des *Affinités électives*.
[2] Ottilie se laisse mourir de faim.

côté. Que me font tout l'esprit et tout le sentiment de l'album d'Ottilie? Il n'y a rien de vrai et de naïf à ce qu'elle abandonne ainsi celui qu'elle aime, sans le laisser décider de son sort. Il n'est pas d'une femme de ne pas interroger le sort de celui qu'elle aime; il n'est pas maternel de ne faire aucun cas des existences dont les racines peuvent tenir à sa vie à elle, et de les détruire en se détruisant.

Il y a une limite entre l'empire de la nécessité et l'empire plus élevé que se crée l'esprit libre; nous sommes nés dans la nécessité, dès le principe nous nous trouvons en elle, mais nous nous élevons vers l'empire libre. Ainsi que les ailes portent dans les airs l'oiseau qui d'abord était retenu captif et sans plumes dans son nid, ainsi l'esprit nous emporte, fier et indépendant, vers la liberté. Tu sais conduire tes amans jusqu'à la limite; ce n'est pas étonnant, car nous tous qui pensons, qui aimons, nous sommes là à cette limite à attendre notre délivrance. Le monde me fait l'effet d'être sur la plage, à attendre son passage à travers tous les préjugés, les mauvais désirs, les vices, pour le pays de la divine liberté. Nous avons tort de croire qu'il faut dépouiller le corps pour arriver au ciel. Vraiment, de même que la nature, le ciel se prépare d'éternité en éternité; il se prépare dans la connaissance d'une vie spirituelle qu'on sent germer en soi, à laquelle on dévoue toutes ses forces, jusqu'à ce que cette vie s'engendre elle-même à la liberté. C'est aussi là notre tâche, notre organisation spirituelle, et cette organisation doit en arriver à s'animer; il faut que l'esprit devienne nature pour que cette nature engendre à son tour un nouvel esprit, l'esprit prophétique. C'est au poëte (à toi, Goëthe) à engendrer la nouvelle vie; le poète déploie ses ailes, il plane au-dessus de ceux qui désirent; il les appelle, il leur montre comment on peut se soutenir au-dessus du sol des préjugés. Mais, hélas! ta muse à toi est une Sapho; au lieu de suivre le génie elle s'est précipitée dans l'abîme.

---

29 novembre.

Hier, après avoir écrit jusque-là, je me suis couchée, tant j'avais peur; je ne pus réussir à m'endormir à tes pieds en idée, comme j'ai coutume de le faire chaque soir. J'étais honteuse d'avoir bavardé avec tant d'orgueil; les choses ne sont peut-être pas telles que je crois qu'elles sont. Peut-être est-ce la jalousie qui m'irrite ainsi; peut-être cherché-je le moyen de te ramener à moi et de te détacher d'elle. Examine-moi! mais quel que soit le résultat de cet examen, n'oublie pas mon amour, et pardonne-moi de t'envoyer mon album; je l'ai écrit sur les bords du Rhin; j'y ai déployé la vie de mes années d'enfance, je t'y ai fait voir comment notre affinité élective me fait ressembler à un ruisseau qui passe en courant par-dessus les écueils et les rochers, entre les épines et les mousses, pour arriver à toi, fleuve puissant, qui dois l'engloutir. Je voulais ne te montrer ce livre que quand je serais avec toi; je voulais lire le matin dans tes yeux ce que tu y aurais lu le soir; mais je ne puis plus attendre; je suis tourmentée du désir que tu mettes mon album à la place de celui d'Ottilie, afin que tu en viennes à préférer celle qui reste avec toi, à celle qui s'est éloignée de toi.

Ne brûle pas mes lettres, ne les déchire pas, cela te
ferait mal, tant notre existence est entrelacée ; mais aussi
ne les montre à personne, tiens-les cachées comme une
beauté secrète. Mon amour te va bien. Tu es beau parce
que tu te sens aimé.

———————

Au matin.

Souvent pendant la nuit, le bonheur pousse semblable
au célèbre haricot qui, planté le soir, poussa toute la
nuit et s'entortilla autour du croissant de la lune, mais qui
au premier rayon du jour se fana jusqu'à la racine. C'est
ainsi que mon rêve fleuri s'est élevé vers toi cette nuit et
s'est enroulé autour de toi ; et au plus beau moment,
quand tu me nommais *ton tout*, le jour parut et mon rêve
se fana, comme le haricot avec lequel on grimpe si commodément pendant la nuit jusqu'au pays de la lune.

Oh ! écris-moi bientôt ; je suis inquiète de tout ce que
j'ai osé te dire dans cette lettre ; je la ferme afin d'en commencer une autre. J'aurais pu garder pour moi tout ce que
je t'ai dit sur les *Affinités électives* ; mais eût-il été bien de
cacher à son ami *ce qui marche la nuit dans le labyrinthe
du cœur?*

BETTINE.

A GOETHE.

13 décembre 1809.

Oui, je veux renoncer au culte des idoles! Je ne parle pas de toi, car quel prophète a jamais dit que tu n'étais pas Dieu?

Je parle ici des grandes et des petites choses qui égarent l'âme. *Oh! si tu savais ce qui profite à ton salut dans les jours d'épreuve!* Saint Luc, XIX.

J'aurais beaucoup de choses à te dire; mais l'orage est dans mon cœur, et les pensées douloureuses s'y amoncellent les unes sur les autres.

La paix se confirme. Au moment des plus glorieuses victoires, quand l'énergie de ce peuple a atteint son plus haut degré, l'Autriche l'exhorte à déposer les armes. Quel droit a-t-elle d'en agir ainsi? n'y a-t-il pas long-temps qu'elle a traîtreusement et craintivement séparé sa cause de celle des Tyroliens? Ces têtes couronnées! les voilà rassemblées autour de ce joyau de Tyrol; elles le regardent de côté et sont tout éblouies de l'éclat de son feu pur; puis les voilà qui jettent un linceul dessus. Politique rouée! et elles prononcent de sang-froid sur son sort. Si je voulais dire quelle blessure profonde l'histoire de cette année m'a faite, qui saurait me plaindre? Hélas! et qui suis-je pour formuler ainsi une accusation et prononcer une malédiction? Celui dont le cœur, comme le mien, abrite la tempête, a le droit de se marier aux événemens les plus élevés; mais en revanche, je n'ai plus ni plaisir ni confiance en rien. Je suis en harmonie avec le vent froid d'hiver qui gronde aujourd'hui, lui au moins ne mentira pas. Il y a six semaines, alors qu'il y avait encore de beaux jours, nous fîmes un voyage dans les montagnes. A la vue de la chaîne des Alpes, dont nous nous étions approchés, il se fit un grand changement en moi; mon cœur secoua sa cendre, et la pâle lueur du soleil d'automne s'illumina pour moi des feux du printemps. Qu'il faisait beau là-haut, sous les sapins et les pins qui croissent sur les plateaux élevés, quand au souffle du vent ils inclinaient leurs cimes les uns vers les autres! quand bien même je n'eusse été que chat, sous leur ombrage, la majesté de l'empereur ne m'en eût pas imposé. J'étais étendue sur le bord du précipice, et mes regards embrassaient la vallée étroite, d'où s'élevaient des pans de rochers de formes hiéroglyphiques qui allaient s'accoupler aux montagnes. J'étais seule sur la hauteur la plus escarpée, et je planais au-dessus d'une multitude d'abîmes; les sensibles prédicants d'extase étaient restés en arrière; ils avaient trouvé l'ascension trop roide pour eux. Que ne sommes-nous tous deux là-haut, l'été! nous descendrions en nous tenant par la main, lentement, prudemment, solitairement, le sentier dangereux! Voilà quelles étaient mes saintes pensées sur ces montagnes; mais si tu y avais été avec moi, nous aurions pensé à autre chose.—Une couronne rafraîchit et sied bien aux joues brûlantes. Que veux-tu? je n'en puis faire, le sapin pique, le chêne ne se laisse pas plier à volonté, les branches de l'orme sont trop élevées, le peuplier ne pare pas, et l'arbre qui convient, qui est à moi, n'est pas ici. Je l'ai souvent dit : « Celui qui est à moi n'est point ici; » tu es à moi, et tu n'es pas ici.

Il se pourrait que d'après ta vision prophétique, mon

chemin me conduisit à Weimar; j'ai besoin de me dédommager des mauvais jours que j'ai passés sans toi.

Les médecins forment une classe d'hommes distingués; il y a des gens admirables parmi eux. Lorsque la guerre souleva si horriblement toutes sortes de maladies, les médecins furent victimes de leur activité. On sent ce que les gens valaient quand ils ne sont plus. La mort fait éclore à l'instant le bouton. Le dessin ci-joint est le portrait de Tiedemann[1], professeur de médecine ici. Il porte un si grand intérêt aux poissons, qu'il a écrit un très-bel ouvrage sur les cœurs de poissons, orné de très-bonnes planches. Comme dans les *Affinités électives* tu as montré que tu sondes le cœur et les reins, je pense que les cœurs de poissons auront quelque intérêt pour toi, et peut-être découvriras-tu que ta Charlotte a le cœur d'un poisson d'eau douce. Lorsque prochainement je t'enverrai autre chose, j'y joindrai cet ouvrage. Ne va pas priser médiocrement ce dessin; si jamais tu apprends à connaître l'homme qui l'a fait, tu verras qu'il fait honneur à son miroir.

Pour en revenir à quelque chose d'amer, Méline aux beaux cils, que tu appelles une rose que la rosée vient

---

[1] Frédéric Tiedemann, né à Cassel en 1781, est l'un des premiers physiologues modernes. Il fut d'abord professeur d'anatomie à Landshut, puis à Heidelberg, et il n'a plus quitté cette dernière université, malgré les offres brillantes du roi de Prusse. Tiedemann est auteur de plusieurs ouvrages très-estimés un traité qu'il écrivit sur l'*Anatomie des holothuries et des astéries* a obtenu le grand prix de l'académie des sciences de Paris. Ses découvertes anatomiques sont nombreuses et importantes; ses principaux ouvrages sont: l'*Anatomie et l'histoire de la formation du cerveau de l'homme*, les *Tabulæ arteriarum*, et sa *Physiologie de l'homme*, non encore achevée. (*Note du traducteur.*)

de réveiller d'un profond sommeil, Méline épouse un homme de qui la voix publique dit qu'il est parfait. Oh! qu'il est triste d'être esclave de la perfection! on n'arrive pas plus loin que ta Charlotte n'est arrivée; on devient hérétique et on rend les autres hérétiques à force de vertu. Pardonne-moi de toujours te reparler de ton livre; je ferais mieux de me taire, puisque je n'ai pas assez d'esprit pour le comprendre entièrement.

Il est bien singulier que tandis que la réalité m'excite fortement, la poésie m'abat tout à fait. Mais tes grands yeux noirs un peu ouverts et tout remplis d'amabilité quand ils me regardent, ta bouche d'où découlent les chants et que je puis sceller d'un baiser, qui alors n'en chante que mieux, n'en parle que plus doucement et plus chaudement, et le sein sur lequel je puis me cacher quand je suis fatiguée de babiller, voilà ce que je comprendrai toujours, ce qui ne me sera jamais étranger. Là-dessus, bonsoir.

Les gravures ci-jointes sont de notre Grimm; il a fait en courant, dans un voyage au lac de Staremberg, les deux têtes de petits garçons; le dessin en est encore meilleur que la gravure. Le paysage, les deux garçons, l'un brun, assis au soleil, sur un banc, l'autre blond, appuyé sur le mur de la fontaine, tout cela est on ne peut plus gracieusement fait; la jeune fille est un essai antérieur de son poinçon. Tes louanges lui ont donné beaucoup de zèle. Le graveur Hess est son maître; souvent, pleine d'un étonnement silencieux, je regarde celui-ci travailler à ses grands et sérieux ouvrages.

Ici, à Landshut, on copie trop mal les psaumes de Marcello, qui sont en vieux style d'église; force m'est donc de patienter jusqu'à ce que j'aie trouvé un copiste habile.

Adieu; salue cordialement de ma part tout ce qui t'appartient.

Mon adresse est : Maison du comte Joner, à Landshut.

A GOETHE.

J'ai fermé ma porte au verrou, et pour ne pas être tout-à-fait seule avec ma tristesse, j'ai été chercher ton Eugénie[1]; elle s'était cachée dans le coin le plus reculé de ma bibliothèque; je pressentais que je trouverais une consolation dans cette lecture, qu'une pensée du ciel m'y sourirait; je l'ai humée comme un parfum de fleurs; tranquillement et sans me fatiguer, j'ai marché avec elle sous les nuages qui oppressent, jusqu'au but solitaire, où personne n'aime à s'arrêter, où les quatre vents se réunissant, ne pourchassent plus le pauvre humain, mais le retiennent au milieu d'eux. Oui, le malheur, lorsqu'il souffle avec violence sur quelqu'un, ne le chasse pas de côté et d'autre, il le pétrifie comme Niobé.

Maintenant que le livre est lu, l'épais brouillard terrestre se dissipe, et il faut que je te parle. Souvent je suis malheureuse et je ne sais pourquoi; aujourd'hui je crois que cela vient de ce que je croyais prendre une lettre de toi des mains du messager et que c'était la lettre d'un autre. Mon cœur battit violemment, mais pour rien; lorsque je rentrai dans le salon, tout le monde de s'écrier : « Pour-

---

[1] Drame de Goëthe.

» quoi êtes-vous si pâle? » Je présentai ma lettre et je tombai sur une chaise; on crut que cette lettre contenait merveille, c'était une vieille note de quatre florins du vieux peintre Robert de Cassel, qui ne m'a rien appris. On se moqua de moi; quant à moi, je ne puis rire, parce que j'ai la conscience timorée. Pourquoi moi, qui sais si peu quelles sont les relations de l'esprit, de l'âme et du cœur entre eux, pourquoi ai-je été t'écrire des choses que je ne saurais justifier? N'est-ce pas, tu n'es pas fâché contre moi? comment mon bavardage d'enfant aurait-il pu t'offenser? Mais tu ne me réponds pas! c'est que tu vois sans doute que je ne puis te comprendre; mon extravagance me coûte mon bonheur, et qui sait quand tu reviendras à moi? Hélas! bonheur, tu ne te laisses ni créer ni dominer! où tu parais tu es toujours toi-même, et par ta spontanéité tu neutralises tous les plans faits, tous les calculs d'avenir.

Le malheur est peut-être l'essence primitive du bonheur; c'est le diamant à l'état de fluide qui finit par se cristalliser; c'est une maladie de l'aspiration qui se change en perle. Oh! écris-moi bientôt.

BETTINE.

12 janvier 1810.

GOETHE A BETTINE.

Voilà une bien charmante et aimable enfant, rusée comme un petit renard! Tu lances dans ma maison une bombe de bonheur, dans laquelle tu as eu soin de cacher tes prétentions et tes justes plaintes. Cela vous foudroie si bien qu'on n'a plus le loisir de penser à se justifier. Le gilet que tu m'as envoyé, fait en dedans de velours doux, à l'extérieur de soie bien unie, est devenu mon cilice ; plus je me sens bien sous ce bon plastron et plus ma conscience est oppressée ; et comme, après deux jours que je le porte, je mets par hasard la main dans la poche et que j'en tire le registre de mes péchés, je me décide soudain à ne plus chercher d'excuse à mon long silence. Je te donne pour tâche d'expliquer ce silence à l'encontre de tes communications si surprenantes, mais de l'expliquer d'une manière satisfaisante, qui réponde à ton amour sans fin, à ta fidélité aux choses présentes et aux choses passées. Un mot seulement sur les *Affinités électives*. En développant ces tristes événemens, le poète était profondément ému ; il a supporté une partie des douleurs qu'il exprime ; ne le gronde donc pas de venir revendiquer l'intérêt de ses amis. Comme il arrive souvent que bien des choses tristes meurent sans obtenir un regret, le poète s'était donné pour tâche de rassembler dans une seule fiction, comme dans une urne funéraire, les larmes qui auraient dû couler sur bien des objets négligés. Tes opinions profondes, produits immédiats de l'esprit et de la vérité, prennent place parmi les plus belles offrandes qui m'aient jamais réjoui, mais elles ne sauraient me troubler. Je te prie donc instamment de confier au papier toutes les idées qui te viendraient en tête, et cela avec une scrupuleuse fidélité, et de ne pas les laisser aller à tous les vents, comme cela se pourrait fort bien avec tout ton vagabondage spirituel et l'abondance même de ces idées. Porte-toi bien, et fais-moi bientôt savoir quelque chose de toi.

GOETHE.

Weimar, 5 février 1810.

Ma femme te dira elle-même dans quel embarras elle était pour trouver un déguisement et comme elle a été charmée en ouvrant la boîte; ça a fait admirablement bien son effet. Je ne dis rien du mariage de la chère Méline; on n'est jamais content de voir une si belle enfant se donner, et les félicitations qu'on lui adresse vous pèsent toujours sur le cœur.

A GOETHE.

Continue à être toujours aussi bienveillant pour moi. Emballe toi-même ce que tu m'envoies; mets toi-même l'adresse sur le paquet; tout cela me fait autant de plaisir que ta lettre. Celle-ci répare tous les torts, elle soutient doucement mes faiblesses, elle me rend à moi-même en s'occupant de moi.

Je suis tombée dans la mauvaise humeur; je grogne, je ferme les yeux pour ne rien voir, pour ne rien entendre, ni monde, ni solitude, ni amis, ni ennemis, ni Dieu, ni ciel enfin.

On a pris Hofer dans un chalet du mont Passey. Tous ces temps-ci j'avais accompagné ce héros de ma prière secrète; hier, je reçus une lettre renfermant une complainte tyrolienne imprimée, elle dit : « Le commandant de la » troupe héroïque pris sur le mont élevé trouve bien des » larmes dans nos cœurs. » Hélas! moi aussi je le pleure; mais le temps est de fer et se joue des plaintes; il faut donc s'attendre à tout ce qu'il y a de pis, quoique cela paraisse impossible. Non, il n'est pas possible qu'ils ôtent un cheveu de la tête de ce héros si doux qui, pour se venger de tous les sacrifices que lui et son pays ont faits inutilement, n'a écrit que ces mots à Speckbacher : « Tes glorieuses » victoires ne servent à rien ; l'Autriche a fait la paix avec » la France, et le Tyrol est..... oublié ! »

Le vent souffle et gronde dans mon poêle ; il enflamma la braise et réduit en cendres les vieux sapins bavarois ; je me divertis à entendre ces craquemens et ce remue-ménage ; j'étudie en même temps les fugues de Marpurg[1], et j'éprouve un bien-être indicible à ce que rien n'y réponde au *pourquoi*, à ce qu'on y soit forcé de se soumettre à l'empire immédiat de la phrase dominante, à ce qu'il faille absolument que toutes les phrases qui l'accompagnent s'en rapprochent, s'y rattachent, comme moi je voudrais me rapprocher de toi, me rattacher à toi. Voilà ce que je voudrais être pour toi, et cela sans bruit ; tous les sentiers de mon existence partiraient de toi et aboutiraient à toi. Voilà qui serait une véritable fugue dans toute l'acception du mot, fugue dans laquelle pas une exigence du sentiment ne resterait sans réponse, où le philosophe n'aurait rien à voir.

---

[1] Frédéric Marpurg naquit en Prusse en 1718. Il passa une partie de sa vie à étudier la science musicale et l'autre moitié à écrire sur cette science, tout en étant conseiller des guerres et directeur de loterie à Berlin. Ses ouvrages sur la musique sont considérables et excellens ; son *Traité de la fugue* est surtout célèbre et n'a pas été surpassé. Ses compositions musicales sont estimées, quoiqu'à un degré inférieur à ses écrits sur la musique. Marpurg mourut en 1795. (*Note du traducteur.*)

Je veux te faire ma confession, je veux t'avouer franchement tous mes péchés ; d'abord ceux auxquels tu as part et dont il faut que tu fasses pénitence avec moi ; puis ceux qui m'oppressent le plus, et enfin ceux auxquels je prends plaisir.

Premièrement : Je te dis trop souvent que je t'aime ; je ne sais pas te dire autre chose ; j'ai beau chercher de tous côtés, il ne me vient absolument rien.

Secondement : J'envie tous tes amis, et les compagnons de ta jeunesse, et le soleil qui luit dans ta chambre, et tes serviteurs ; avant tout ton jardinier, qui, sous ta direction, plante des couches d'asperges.

Troisièmement : Je ne te souhaite aucune joie dont je ne dois pas faire partie. Quand quelqu'un t'a vu, qu'on parle de ta sérénité et de ta grâce, cela ne me fait nullement plaisir ; mais quand on dit que tu as été sérieux, froid, retenu, je suis contente.

Quatrièmement : Je néglige tout le monde pour toi ; je ne me soucie de personne ; je ne tiens à l'affection de personne ; bien plus, celui qui me loue me déplaît ; je suis jalouse de moi et de toi ; ceci n'est pas justement la preuve d'un grand cœur, c'est au contraire le signe d'une misérable nature qui se sèche d'un côté quand elle veut fleurir de l'autre.

Cinquièmement : J'ai une grande propension à mépriser le monde, surtout les gens qui te louent ; je ne puis entendre le bien qu'on dit de toi, et il n'y a que quelques gens simples auxquels je permette de parler de toi. Il n'est pas du tout nécessaire qu'ils fassent ton éloge ; non, j'aime assez qu'on s'égaye un peu à tes dépens, et alors, je te l'avouerai, quand je puis un instant secouer ma chaîne d'esclave, une malice impitoyable s'empare de moi.

Sixièmement : J'ai un profond dépit dans l'âme de ce que nous n'habitions pas sous le même toit, de ce que je ne respire pas l'air que tu respires. J'ai peur quand je me trouve auprès d'inconnus ; dans l'église, je prends place sur le banc des mendians, parce que ce sont les gens les plus neutres ; plus les autres sont distingués, plus ils excitent mon antipathie. Je deviens colère, malade et malheureuse quand on me touche. Je ne saurais non plus rester long-temps au bal ou en société ; j'aimerais la danse si je pouvais danser seule, en plein air, où aucune haleine étrangère n'arriverait jusqu'à moi. Quelle influence cela aurait-il sur l'âme, de ne vivre qu'auprès de son ami ? le combat entre ce qui doit à tout jamais vous rester étranger, spirituellement et matériellement, n'en serait que plus douloureux.

Septièmement : Quand on fait la lecture en société, je vais m'asseoir dans un coin et je me bouche les oreilles en cachette ; ou bien au premier mot venu je m'égare dans mes pensées. S'il arrive qu'une personne de la société ne comprenne pas quelque chose, je reviens de mon autre monde et je me permets de donner l'explication qu'elle demande. Ce que les autres appellent extravagance est compréhensible pour moi et fait partie d'un savoir intérieur que je ne puis exprimer. Je ne puis pas entendre lire tes ouvrages, je ne puis pas même les lire moi-même, à moins d'être seule avec toi.

Huitièmement : Je ne saurais rester étrangère ou jouer l'importante envers personne ; quand je me sens le moins du monde mal à l'aise, je deviens tout-à-fait bête, car je

trouve énormément absurde de chercher à s'en faire accroire les uns aux autres. Je ne puis comprendre non plus que le respect se manifeste plutôt par quelque chose d'appris que par quelque chose de senti. Je pense que le respect ne doit être produit que par le sentiment d'une valeur intérieure. Cela me fait penser qu'il y a près de Munich un village qui se nomme Cultursheim (pays de culture). Dans une promenade que j'y fis, on m'expliqua que ce nom de Cultursheim venait de ce qu'on avait l'intention de donner un plus haut degré de culture aux paysans qui l'habitent. Malgré cela tout y est sur le vieux pied ; ces bons paysans, qui devraient donner l'exemple à tout le pays, s'assemblent autour du pot de bière et boivent à qui mieux mieux. L'école est grande, ses fenêtres ont des carreaux carrés au lieu de carreaux ronds ; mais le maître d'école aime le demi-jour. Je le trouvai assis derrière le poêle, un mouchoir de poche bleu pendu sur la figure, afin de se préserver des mouches ; ses mains avaient laissé échapper sa longue pipe ; il dormait et ronflait si fort que tout en résonnait ; des cahiers d'écriture étaient entassés devant lui, attendant qu'il y fît des exemples. Je peignis une cigogne dans son nid et j'écrivis dessous : « Enfans,
» apprenez à bâtir le mieux possible votre nid de vos pro-
» pres mains. Abattez pour faire des charpentes les
» fiers sapins de la forêt ; puis, quand les murailles seront
» faites, allez chercher un chêne, vous en ferez une table
» et un banc sur lesquels vous mangerez du poisson grillé.
» Faites le lit et le berceau de la femme et de l'enfant que
» vous aurez, du meilleur bois que vous pourrez trouver.
» Apprenez à utiliser la bénédiction de Dieu pendant le

» soleil et pendant la pluie; alors vous vous tiendrez
» aussi fièrement sur votre avoir que la cigogne que voilà
» se tient sur son nid. Que cette cigogne revienne sou-
» vent chez vous pour vous défendre du mauvais sort;
» apprenez enfin à signer votre nom sous les choses justes.
» Je dis amen. » C'est là le véritable Cultursheim pour
lequel je fais ces vers.

Je regardais à chaque instant par la porte, craignant
que le maître d'école ne vînt à s'éveiller, je faisais mes
vers dehors; je rentrai sur la pointe du pied pour les
écrire avec une plume non fendue, taillée sans doute avec
le couteau de table. Finalement je pris le ruban bleu de
mon chapeau de paille et j'en fis une belle rosette sur le
cahier dans lequel je venais d'écrire, afin que le maître
d'école le vît bien, car sans cela ce beau poëme aurait facilement pu être perdu parmi le fatras des cahiers d'écriture. Pendant ce temps-là, Rumohr, mon compagnon,
était resté assis à la porte et avait pris une jatte de lait
caillé; moi je ne voulus rien prendre ni rester plus
longtemps; j'avais trop peur que le maître d'école ne
s'éveillât. Chemin faisant, Rumohr dit de fort belles
choses sur la condition des paysans et sur leurs besoins;
que le bien-être de l'état dépendait du leur; qu'il ne fallait
pas leur inculquer de force les connaissances dont ils ne
pouvaient faire une application immédiate à leur état; qu'il
fallait enfin en faire des hommes libres, c'est-à-dire qui
fussent dans le cas de se procurer eux-mêmes tout ce
dont ils ont besoin. Il parla ensuite de leur religion, et il
dit à ce sujet quelque chose de très-beau; c'est que chaque
état devrait avoir pour religion l'accomplissement de sa

mission. La mission du paysan est de préserver le pays de la famine; c'est sous ce rapport la qu'il faut lui faire comprendre son importance et les devoirs qu'il a à remplir; il faut lui mettre à cœur quelle grande influence il a sur le bien-être général; pour cela il faut le traiter avec respect, car il concevra nécessairement alors du respect pour lui-même, et le respect de soi-même est plus avantageux à l'homme que toute autre chose. De cette façon on ferait sans efforts les sacrifices qu'exige le sort, tout comme la mère qui nourrit son enfant lui sacrifie tout avec plaisir, jusqu'à son dernier avoir; le sentiment immédiat qu'on est nécessaire au bien-être général, ferait souscrire à tous les sacrifices, à seule fin de conserver sa dignité. Alors il n'y aurait plus de révolution, car l'esprit des affaires d'état mis à la portée de tout le monde préviendrait toutes les réclamations même justes. Voilà la religion que chacun comprendrait et dans laquelle le travail journalier serait une prière continuelle, et tout ce qui ne se fait pas dans ce sens-là est un péché. Ainsi parla Rumohr et mieux encore, et avec plus de vérité; mais moi je ne suis pas à la hauteur de cette sagesse, je ne puis la rendre dans son entier.

Je me suis laissé entraîner loin de ma confession, j'avais pourtant encore maintes choses à te dire qu'on pourrait bien trouver coupables; par exemple que j'aime mieux ton vêtement que mon prochain; que je voudrais baiser l'escalier par où tu montes et tu descends, etc. Cela pourrait s'appeler de l'idolâtrie; ou bien peut-être le Dieu qui t'anime plane-t-il partout dans ta maison? est-ce que tandis qu'il joue autour de ta bouche et de tes yeux, il est encore sur tes pas, il se plait dans les plis de ton manteau?

Si dans la *mascarade*[1] il a revêtu toutes les formes variées, ne doit-il pas être caché aussi dans le papier dans lequel tu as enveloppé la mascarade? Ainsi, quand je baise ce papier, je baise ce que j'aime en toi, ce qui pour l'amour de moi s'est laissé mettre à la porte.

Adieu! aime toujours ton enfant, dans les jours sombres comme dans les jours sereins, car je suis éternellement et entièrement à toi.

BETTINE.

Tu as reçu mon album. Mais y lis-tu? et comment te plaît-il?
20 février.

A BETTINE.

Chère Bettine, je me suis de nouveau rendu coupable d'une faute à ton égard, en ne t'accusant pas réception de ton album. Tu dois croire que je ne suis pas digne d'un si beau présent, tandis que je ne saurais t'exprimer par des paroles ce que j'ai à te dire. Tu es une enfant unique, à laquelle je reconnais devoir avec plaisir tout délassement, tout regard profond jeté dans la vie spirituelle, dont, sans toi, je n'aurais sans doute plus jamais joui. Je garde l'album près de moi, dans un endroit où j'ai également sous la main toutes tes chères lettres, dont je ne saurais assez te remercier ; je ne te dirai que cela : il ne se passe pas de jour que je n'y feuillette. Des fleurs choisies,

---

[1] Ceci se rapporte sans doute au dessin d'une mascarade ordonnée par Goëthe. (*Note du traducteur.*)

étrangères et élégantes, croissent devant ma fenêtre; toute fleur nouvelle, tout bouton qui me reçoivent au matin sont coupés et mis, selon l'usage indien, en guise d'herbe de sacrifice dans ton cher livre. Tout ce que tu écris est pour moi une fontaine de santé, dont les gouttes de cristal me donnent le bien-être. Conserve-moi ce soulagement sur lequel je compte.

GOETHE.

Weimar, 1er mars 1810.

———

A GOETHE.

Hélas! cher Goëthe, tes lignes sont arrivées à propos, justement comme je ne savais où aller à force de désespoir. Pour la première fois, j'ai suivi les événemens du monde le cœur plein de fidélité pour les héros qui se battaient pour leur sanctuaire; j'ai recherché les traces de Hofer. Que souvent, après la chaleur et le poids du jour, il s'est caché tard dans la nuit, dans les montagnes solitaires, tenant conseil avec sa conscience irréprochable! Et cet homme, dont l'âme pure de faute était pour tout le monde un exemple d'innocence et d'héroïsme, cet homme, pour sceller à jamais sa grande destinée, a souffert la mort le 20 février. Pouvait-il en être autrement? aurait-il pu supporter l'infamie? non, il ne l'aurait pu; Dieu a bien fait de l'arracher à son pays, encore plein de force et de connaissance, sans proférer une seule plainte contre son sort, et cela au sortir de l'inspiration patriotique qui l'avait transfiguré. Il avait été enfermé quinze jours durant avec beaucoup d'autres Tyroliens, dans la prison de Porta-

Molina. Il entendit la lecture de son arrêt de mort avec fermeté et sans s'émouvoir. On ne lui laissa pas dire adieu à ses chers concitoyens. Leurs cris et leurs gémissemens couvrirent bientôt le bruit du tambour. Il leur envoya son dernier argent par le prêtre qui l'accompagnait, et leur fit dire qu'il marchait consolé à la mort ; qu'il espérait que leurs prières l'accompagneraient dans l'autre monde. Lorsqu'il passa devant la porte de leur prison, ils étaient tous à genoux priant et pleurant. Arrivé au lieu de l'exécution, il dit : « Qu'il était devant celui qui l'avait créé, et » qu'il voulait lui rendre son esprit en se tenant debout. » Il donna au caporal une pièce d'argent frappée durant son administration : «*Afin*, dit-il, *que cette pièce rendît témoi-* » *gnage qu'à ses derniers momens, il se sentait encore atta-* » *ché à sa patrie par tous les liens de la fidélité.* » Puis il cria *feu !* les soldats visrent mal ; il fallut recommencer, puis encore, et ce ne fut qu'à la troisième fois que le caporal commandant l'exécution mit fin à sa vie par un treizième coup de fusil.

Je termine ici ma lettre ; que pourrais-je encore t'écrire ? le monde entier a perdu sa couleur pour moi. On dit ici que Napoléon est un grand homme ; oui, extérieurement, mais il sacrifie à cette grandeur extérieure tout ce qui vient traverser son orbite de comète. Si Napoléon avait protégé notre Hofer, lui, intérieurement grand, véritable et saint caractère allemand, moi aussi je l'appellerais grand. Et l'empereur ?...[1] ne pouvait-il pas lui dire : « Donne-moi mon héros Tyrolien, je te donnerai

---

[1] L'empereur d'Autriche.

, ma fille! » Alors l'histoire aurait qualifié de grande l'action qu'elle qualifiera de petite.

Adieu! c'est prédestination que tu fasses de mon album un temple de divinités indiennes. J'ai souvent rêvé des champs lumineux de l'éther, des demeures du soleil, d'une obscurité aux formes variées, de clarté sans formes dans lesquelles l'âme vit et respire.

Je n'ai pas pu présenter tes salutations à Rumohr, je ne sais de quel côté le vent l'a emporté.

Landshut, 10 mars 1810.

A BETTINE.

C'est pour moi un besoin incessant de dire quelques mots d'intérêt à ton chagrin patriotique, et de t'avouer combien je suis ému de tes sentimens. Cependant ne te dégoûte pas trop de la vie et de ses transformations capricieuses. Il est certainement difficile de savoir se faire jour à travers de pareils événemens, surtout avec un caractère comme le tien, qui peut à bon droit espérer et revendiquer une existence idéale. En mettant ta dernière lettre avec les autres, je trouve qu'elle clot une intéressante époque. Tu m'as conduit, à travers un charmant labyrinthe d'opinions philosophiques, historiques et musicales, au temple de Mars, et dans tout et toujours tu conserves ta saine énergie; reçois mon sincère remerciment, laisse-moi continuer à être l'initié de ton monde intérieur, et sois assurée que la fidélité et l'amour que tu mérites te sont payés en silence.

GOETHE.

12 mars 1810.

A GOETHE.

Cher Goëthe, mille fois merci de tes dix lignes dans lesquelles tu t'inclines vers moi pour me consoler. Que cette période soit donc close. L'année de 1809 m'a bien troublée. Nous voici à un point culminant; dans quelques jours nous quittons Landshut; nous allons vers et à travers maints pays que je ne saurais te nommer. Les étudians sont en train d'emballer la bibliothèque de Savigny; on colle des numéros et des étiquettes aux livres; on les met en ordre dans des caisses; on les fait descendre, au moyen d'un moufle, par la fenêtre, au bas de laquelle les étudians les reçoivent en criant : *Arrête*. Tout est vie et joie, quoiqu'on soit bien chagrin de perdre le maître bien-aimé. Savigny peut être aussi savant que possible, eh bien, sa nature naïve et bienveillante surpasse encore ses qualités les plus brillantes. Les étudians l'entourent comme un essaim d'abeilles; il n'y en a pas un qui n'ait la conviction de perdre non-seulement un grand maître, mais encore un bienfaiteur. La plupart des professeurs l'aiment de la même manière, surtout les théologiens; Sailer est sûrement son meilleur ami. On se voit ici journellement et même plus d'une fois par jour. Le soir, le maître de la maison, vêtu à la légère, armé d'un rat de cave, accompagne toujours ses hôtes jusqu'à leur porte; souvent j'ai fait la ronde avec lui. Aujourd'hui j'ai été avec Sailer sur la montagne où se trouve le Traunitz, château des vieux temps : *Traue nicht* (ne te fie pas). Les arbres dépouillent leurs boutons! voici le printemps! les moineaux volaient en foule devant nous.

Je t'ai peu parlé de Sailer, et pourtant c'était lui que je préférais ici. Au milieu de l'hiver rude, nous traversions ensemble la couverture de neige des prairies et des champs ; nous escaladions les haies les unes après les autres, et il prenait intérêt à tout ce que je lui communiquais ; j'ai écrit bien des pensées qui m'étaient inspirées par nos entretiens, et quoiqu'elles n'aient point trouvé place dans mes lettres, elles sont pour toi ; car jamais je ne pense quelque chose de beau sans me promettre de te le dire.

Je ne saurais me recueillir aujourd'hui en t'écrivant ; les étudians ne quittent plus la maison depuis que le départ de Savigny est fixé à quelques jours d'ici ; ils viennent de passer devant ma porte, munis de vin et d'un grand jambon qu'ils consomment en emballant. Je leur ai fait cadeau de ma petite bibliothèque, qu'ils voulaient aussi emballer, alors ils ont poussé un vivat en mon honneur. Le soir ils nous donnent des sérénades avec accompagnement de guitare et de flûte ; cela dure souvent jusqu'à minuit ; ils dansent en même temps autour d'un grand jet d'eau qui s'élève sur la place du marché, devant notre maison. Oui, la jeunesse sait trouver du plaisir partout. La consternation générale causée par le départ de Savigny s'est bientôt changée en allégresse, car on a résolu de nous accompagner à cheval et en voiture à travers tout le pays de Salzbourg ; ceux qui ne peuvent se procurer des chevaux partent à pied en avant. Les voilà tous qui se réjouissent du bonheur qu'ils auront ces jours-ci à voyager, au commencement du printemps, avec leur cher maître, dans un magnifique pays. Moi aussi, j'attends de beaux jours de ce voyage. Hélas ! je crois bien que j'approche du but où ma vie aura été plus belle et plus heureuse qu'elle ne le sera jamais. Cette situation d'âme, d'être sans souci, pleine du doux feu de la joie printanière, dans l'attente d'admirables jouissances, sont des pressentimens qui résonnent comme des mélodies dans mon sein. S'ils se réalisent, c'est que je te rencontrerai. Oui, après tout ce que j'ai éprouvé et tout ce que je t'ai communiqué fidèlement, comment se pourrait-il que notre réunion ne créât pas en moi un nouveau monde? Quand toutes les joyeuses espérances deviendront des réalités, quand le présent, par sa lumière, chassera bien loin les ténèbres, en un mot, quand le sentiment et le regard t'embrasseront et te retiendront, alors je sais que mon bonheur sera devenu incommensurable. Ah! les ailes du vent m'emportent vers ce moment suprême! quand même ces plaisirs les plus doux au monde devraient bientôt s'enfuir, *une fois encore se retrouvera, se réunira ce qui aspire à une union solide* [1].

BETTINE.

Landshut, 31 mars 1810.

Si tu voulais m'accorder une ligne sur ton séjour de cet été, je te prierais de l'adresser à Sailer, à Landshut; il restera en correspondance avec Savigny et saura le mieux me faire parvenir tes joyaux de lettre.

A BETTINE.

Il y a long-temps, ma chère Bettine, que je n'ai entendu parler de toi; il m'est impossible de commencer

[1] Livre de Suleika. OEuvres de Goëthe.

mon voyage de Carlsbad sans te saluer encore une fois et te prier de me donner un signe de vie. Puisse un bon génie te mettre cette prière à cœur ! Comme je ne sais pas où tu es, je suis forcé d'avoir recours aux puissances supérieures. Tes lettres voyagent avec moi ; elles sont destinées à me rendre présente là-bas ta chère et gracieuse image. Je ne t'en dirai pas plus long, car vraiment on ne sait que te donner ; tu te crées tout ou tu t'empares de tout. Porte-toi bien et pense à moi.

GOETHE.

Iéna, 10 mai 1810.

A GOETHE.

Vienne, 15 mai.

Un énorme bouquet de muguet parfume mon petit cabinet ; je me sens à l'aise, ici, dans cette petite chambre de la vieille tour, d'où ma vue embrasse tout le Prater [1]. Ce sont des arbres, puis encore des arbres d'un aspect majestueux, des gazons verts admirables. J'habite dans la maison du défunt Birkenstock [2], au milieu de deux mille gravures, d'autant de dessins, de plusieurs centaines d'urnes cinéraires, de lampes étrusques, de vases de marbre,

---

[1] Promenade publique de Vienne.
[2] Jean Melchior de Birkenstock, né en 1738, conseiller aulique, eut la plus grande et la plus heureuse influence sur l'éducation publique en Autriche. Nommé, par Joseph II, membre de la commission des études, il se dévoua entièrement à la réforme des écoles ; mais lorsque l'éducation fut rendue plus tard aux prêtres, il se retira dans la vie privée et mourut en 1809. Il se distingua encore par son goût pour les œuvres d'art et pour les collections. (Note du traducteur.)

de fragmens de pieds et de mains, de tableaux, de costumes chinois, de médailles, de collections de pierres, d'insectes marins, de télescopes, d'une quantité innombrable de cartes géographiques, de plans de villes et de royaumes antiques qui ont disparu, de cannes artistement sculptées, de documens précieux, et enfin de l'épée de l'empereur Charles. Tout cela nous entoure d'un désordre varié ; on est en train d'arranger. Il n'y a donc pas moyen de rien toucher et de rien comprendre, que l'allée de châtaigniers en fleurs et le Danube écumant qui nous porte sur son dos. On ne saurait durer dans ce musée ; ce matin, à six heures, nous allâmes déjeuner dans le Prater. Des Turcs et des Grecs étaient couchés sous les grands chênes. Quel effet admirable ces groupes charmans de beaux hommes, aux vêtemens de couleurs variées, ne font-ils pas sur le tapis vert du gazon! quelle influence le costume ne doit-il pas avoir sur l'âme, lui qui, par son énergie, au milieu de la fraîche nature du printemps, fait du costume particulier d'une nation étrangère un type de beauté générale, et humilie les indigènes et leur costume incolore! L'enfance et la jeunesse se miraient encore dans l'âge mûr de ces Orientaux; ils semblaient hardis et entreprenans, prompts et rusés comme de jeunes garçons, et en même temps bons et bienveillans. Lorsque nous passâmes devant eux, je ne pus m'empêcher de traîner pendant quelques instans à mon pied la pantoufle abandonnée de l'un de ces Turcs étendus; finalement je la poussai dans l'herbe et l'y laissai. Nous nous assîmes pour déjeuner ; bientôt les Turcs se mirent à chercher la pantoufle perdue. Goëthe, quelle joie secrète cela me causa! comme je m'amusais de les voir étonnés de la disparition miraculeuse de la pantoufle ! Notre société, elle aussi, voulut savoir ce qu'il en était advenu ; j'eus bien un peu peur d'être grondée, mais le triomphe de faire apparaître la pantoufle comme par enchantement l'emporta sur cette crainte ; je l'élevai tout-à-coup en l'air au bout d'une petite baguette que j'avais arrachée à un arbre. Les beaux hommes s'avancèrent, se mirent à rire et se réjouirent fort, de façon que je pus les bien examiner de près. Mon frère François fut un instant honteux de l'aventure, mais il fut forcé de se mettre aussi à rire, de sorte que tout alla fort bien.

***

17 mai.

Ce ne sont pas les parties de plaisir qui m'empêchent de t'écrire, mais bien un enfant de mon frère, malade de la fièvre scarlatine, auprès duquel je passe les jours et les nuits ; voilà la troisième semaine que cela dure. Je n'ai pas vu grand'chose de Vienne, encore moins de sa société, parce que cette maladie se gagnant, vous fait un devoir de la discrétion. Le comte Heberstein, qui a perdu dans la personne de ma sœur Sophie une fiancée bien-aimée, est venu me voir plusieurs fois et m'a menée promener ; il m'a conduite dans tous les endroits qu'il a parcourus avec Sophie. Il m'a raconté d'elle mille choses belles et touchantes. Il prend plaisir à rechercher ma ressemblance avec elle ; il me tutoya dès notre première entrevue, parce qu'il avait tutoyé Sophie. Quelquefois, quand je me mettais à rire, il pâlissait, frappé, disait-il, de notre ressemblanche. Que cette sœur a dû être aimable, puisqu'elle a laissé de si profondes traces de chagrin dans le cœur de ses amis ! Des rubans, des tresses, des boucles de cheveux, des fleurs, des gants, de charmans billets, des lettres, tous ces souvenirs d'elle sont épars dans un petit cabinet ; il aime à les toucher et relit souvent ces lettres, qui sont assurément plus belles que tout ce que j'ai lu de ma vie. Sans être passionné, chacun de ses mots exprime une bienveillance intime ; rien ne lui échappe ; tous les charmes de la nature sont tributaires de son esprit. Oh! que l'esprit est un merveilleux artiste ! Si j'étais capable de te donner une idée de cette sœur bien-aimée, je serais aussi capable de comprendre toute son amabilité. Tous ceux que je vois ici me parlent d'elle comme s'ils venaient de la perdre, et Herberstein prétend qu'elle a été son dernier et son premier véritable amour. Tout cela m'émeut, me prédispose à songer au passé et à l'avenir, et apaise le feu de l'attente. J'en viens à penser au Rhin, près de Bingen ; là, lui si clair et si majestueux est tout-à-coup resserré entre les rochers ; il se tord en sifflant et en grondant à travers le ravin ; et jamais ses rivages ne retrouvent le calme, la beauté naïve qu'ils avaient avant le gouffre de Bingen. Des gouffres pareils, où l'esprit vital aura à se tordre, à se frayer un chemin à travers un ravin effroyable, m'attendent, moi aussi. Courage ! le monde est rond, nous remonterons sur l'horizon avec des forces nouvelles et une animation double. Le désir sème, à l'instant de l'adieu, la semence du retour. C'est ainsi que je ne t'ai jamais quitté sans avoir de suite pensé avec enthousiasme au temps à venir qui me reverra dans tes bras ; c'est ainsi encore que la douleur qu'on éprouve de la mort des siens ne fait que précéder la réunion à venir; que signifieraient-ils sans cela, ces élans de désir qui pénètrent le cœur!

———

20 mai.

Je crois que ce fut vers la fin de mars que je t'écrivis de Landshut. Oui, je me suis tue pendant long-temps; pendant près de deux mois. Aujourd'hui j'ai reçu, par Sailer, de Landshut, ta chère lettre du 10 mai, dans laquelle tu me presses, par des paroles flatteuses, contre ton cœur. Maintenant je pense à tout ce que j'ai à rattraper, car tout chemin, tout regard jeté sur la nature part de toi et ramène à toi. Landshut a été pour moi un séjour favorable; je suis forcée de m'en louer sous tous les rapports. La ville était hospitalière, la nature agréable, les humains insinuans, les mœurs pliantes et innocentes. Nous partîmes peu de temps après Pâques. Toute l'université était rassemblée devant et dans la maison; beaucoup d'étudians étaient en voiture ou à cheval, ne voulant pas prendre brusquement congé de l'admirable ami et professeur. On distribua du vin, et ce fut aux cris non interrompus de *vive Savigny!* qu'on sortit de la porte de la ville; les cavaliers accompagnaient la voiture. Sur une montagne, où le printemps ouvrait tout justement les yeux, les professeurs et les personnes graves firent solennellement leurs adieux; les autres nous accompagnèrent une station plus loin. Tous les quarts de lieue, nous trouvions en chemin des groupes d'étudians qui étaient allés en avant, afin de voir une dernière fois Savigny. Les nuages s'amoncelaient de plus en plus ; finalement l'orage éclata, ce fut à l'auberge de la poste. Là, nos accompagnateurs se tournèrent les uns après les autres vers la fenêtre pour cacher leurs larmes. Un jeune Souabe, Nussbaumer, le chant populaire personnifié, courut bien loin en avant pour voir encore une fois la voiture. Je ne l'oublierai jamais, debout dans le champ, agitant son petit mouchoir, tandis que les larmes l'empêchaient de lever les yeux au moment où la voiture passa devant lui. J'aime les Souabes !

Quelques-uns des élèves favoris de Sailer nous accompagnèrent jusqu'à Salzbourg. Le premier et le plus âgé, Népomucène Ringeiss, ami fidèle de la maison, a une figure qui semble coulée en acier, une physionomie de vieux chevalier, une petite bouche fine, des moustaches noires, des yeux qui lancent des étincelles ; son cœur bat dans son sein comme une forge ; il est tout près d'éclater à force d'enthousiasme. Ringeiss est si fervent chrétien, qu'il n'aimerait rien tant que de tirer Jupiter du garde-meuble des vieilles divinités, pour le convertir et le baptiser.

Le second, un monsieur de Schenck [1], a une éduca-

---

[1] Edouard de Schenck, né à Dusseldorf, abjura, en 1817, la foi protestante. En trois ans de temps, il passa en Bavière par plusieurs emplois supérieurs, et en 1828 le roi Louis le fit son ministre de l'intérieur. Schenck montra alors tout le zèle de son catholicisme, encouragé en cela par Sailer, évêque de Ratisbonne, son ancien maître. Il remit en vigueur diverses vieilles ordonnances ecclésiastiques, entre autres une ordonnance concernant les mariages mixtes, établit une censure plus sévère, élimina de la chambre des représentants de 1831 plusieurs hommes connus par leur libéralisme, toutes choses qui mécontentèrent grandement les états. Schenck perdit son ministère ; mais le roi le nomma président du gouvernement provincial de Ratisbonne. Schenck a écrit pour le théâtre ;

tion bien plus raffinée ; il a connu des acteurs, il déclame en public ; il a été furieusement amoureux ou l'est encore ; forcé d'exprimer ses sentimens en poésie, il a fait des sonnets ; il se moque lui-même de sa galanterie. C'est une tête blonde bouclée, avec un nez tant soit peu proéminant ; il est aimable, naïf, très-distingué dans ses études. Le troisième est un Italien nommé Salvotti, bien drapé dans un large manteau vert, qui entoure de beaux plis sa taille solide. Il a un calme imperturbable dans les gestes, une vivacité brûlante dans l'expression de la figure ; il est tellement englouti dans la science, qu'il est impossible de tirer un mot honnête de lui. Le quatrième est le baron de Gumpenberg. Nature d'enfant, à cœur noble ; silencieux jusqu'à la timidité ; sa franchise, une fois qu'il a pris confiance, étonne d'autant plus ; quand il en est là il se sent parfaitement à l'aise ; il n'est pas beau, mais il a des yeux tout-à-fait charmans. C'est un ami inséparable du cinquième. Celui-ci est un nommé Freyberg [1], âgé de vingt ans, mais d'une taille élevée et mâle, comme s'il était plus vieux. Il a une figure de médaille romaine ; il est

---

mais quoiqu'il ne soit pas sans talent, ses pièces, à l'exception de *Bélisaire*, n'ont guère réussi.

(*Note du traducteur.*)

[1] Maximilien, baron de Freyberg, né à Munich, en 1789, entra jeune dans la carrière des emplois. Le roi Louis l'avança rapidement à son avènement au trône ; nommé député en 1837, il se fit remarquer par ses préférences ministérielles et catholiques. En 1838 il fut fait conseiller d'état. Freyberg a écrit des ouvrages d'histoire assez estimés, principalement sur les antiquités juridiques de la Bavière. Freyberg a entrepris avec M. de Hormayr la continuation de l'ouvrage de Lang : *Regesta sive lexicarum autographe*.

(*Note du traducteur.*)

d'une nature mystérieuse, plein de fierté cachée, d'affection et de bienveillance pour tout le monde; peu communicatif. Il supporte les plus grandes fatigues, dort peu, regarde la nuit les étoiles par sa fenêtre; il exerce un pouvoir magique sur ses amis, quoiqu'il paraisse ne pas chercher à le conserver, ni par des saillies d'esprit ni par une volonté prononcée. Tous les étudians ont une confiance inébranlable en lui; ce que Freyberg veut se fait. Le sixième était le jeune peintre Louis Grimm, qui a gravé mon petit portrait et les belles études d'après nature que je t'ai envoyées. Il est si gai et si naïf, qu'il vous rend comme lui enfant au berceau riant de tout. Il partageait avec moi le siége de la voiture, du haut duquel nous saluions la nature de notre esprit et de nos moqueries. Sais-tu pourquoi je te décris aussi clairement tous ces jeunes gens? Parce qu'il n'y en a pas un qui ne soit capable de briller dans la vie ordinaire par sa pureté et sa sincérité, et parce qu'ils peuvent te servir de bases à de beaux caractères. Ils célèbrent tous ton souvenir dans leurs cœurs fidèles. Tu es comme l'empereur : partout où il passe, ses sujets viennent à sa rencontre avec des cris d'allégresse.

Nous mîmes deux jours pour arriver à Salzbourg; le premier jour nous arrivâmes à Alt-Ottingen, où l'image miraculeuse de la vierge Marie, enfermée dans une chapelle sombre, attire des pèlerins de tous pays. La place de l'église et les murs extérieurs sont couverts d'ex-voto. On éprouve une sensation pénible à voir tous ces témoignages d'événemens effrayans et de misères pressés les uns contre les autres, et plus encore, la foule des pèlerins qui, depuis le lever jusqu'au coucher du soleil, vient apporter ses vœux et ses prières pleines d'angoisses, entrant et sortant comme un torrent. Le service divin commence le matin à quatre heures, avec accompagnement de musique, et dure jusqu'à la nuit. L'intérieur de la chapelle est entièrement tendu de velours noir, même la voûte; il est éclairé plutôt par la lumière des cierges que par la lumière du jour. Les autels sont d'argent; aux murs sont appendus des membres, des ossemens d'argent, une quantité de cœurs également d'argent avec des flammes d'or et des plaies brûlantes. Que l'homme est singulier, Goëthe! de quelque cause que proviennent ses souffrances, il les apporte en offrande à la Divinité; on dirait qu'en Dieu tout se divinise. La statue d'argent de Maximilien de Bavière, de grandeur naturelle, est agenouillée sur les marches noires de l'autel, devant l'image de la Vierge; celle-ci est noire comme jais et toute habillée de diamans. Deux voix d'hommes, que l'orgue accompagne sourdement, chantent continuellement des hymnes. Les messes qu'on dit à voix basse, les gens qui baisent en pleurant les marches de l'autel, les mille soupirs qui partent de tous les coins, tout cela fait l'impression la plus singulière. Là, où tout le monde prie, moi aussi je devrais prier, pensé-je; mais cela me fut impossible; mon cœur battait trop fort. J'avais acheté devant la porte une couronne de violettes à un mendiant; il y avait près de l'autel un petit enfant aux cheveux blonds, qui me regardait amicalement et étendait la main vers la couronne; je la lui donnai; il la jeta sur l'autel, car il était trop petit pour y atteindre; la couronne alla tomber aux pieds de la mère de Dieu, c'était heureusement jeté; cela me soulagea le cœur. Le torrent des pèlerins m'entraîna avec lui vers la porte opposée ; j'attendis long-temps l'enfant ; j'aurais voulu l'embrasser et lui donner une petite chaîne d'or que je porte au cou, parce qu'il m'avait été de bon augure; car je pensais justement à toi quand il me prit la couronne. Mais l'enfant ne sortit pas ; la voiture était devant la porte ; je m'élançai sur mon siége. A chaque relai, un nouveau camarade venait partager la place avec moi et me communiquer en même temps ses affaires de cœur. Ils entamaient tous, chacun à tour de rôle, si timidement la conversation, que la peur me prenait chaque fois ; mais il s'agissait toujours d'une autre et jamais de moi. Tout le voyage se fit à travers une forêt en fleurs : le vent faisait tomber ces fleurs en pluie ; les abeilles volaient après celles que j'avais attachées derrière mon oreille. N'est-ce pas, c'était agréable ?

---

26 mai.

Il faut que te parle de Salzbourg. Au dernier relai avant Laufen, c'était le tour de Freyberg d'être assis auprès de moi sur le siége. Il ouvrit en souriant la bouche pour louer la nature ; mais chez lui un mot est comme un coup porté à une mine, un filon conduit à l'autre. Tout se disposait à une joyeuse soirée, les vallées s'étendaient à droite et à gauche, comme si elles étaient le véritable royaume, la terre promise infinie ; par-ci par-là s'élevait une montagne, lentement comme un esprit, puis elle disparaissait de nouveau sous son manteau de neige. Nous arrivâmes à Salzbourg à la nuit ; c'était chose effroyable à voir que les rochers lisses et nets comme si la mine les eût fait sauter, s'élevant au-dessus des maisons, et planant pour ainsi dire comme un ciel de pierre au-dessus d'elles, à la lueur des étoiles. Les lanternes qu'on portait devant les gens qui rentraient chez eux, brillaient dans les rues; les quatre trompes sonnaient du haut du clocher la prière du soir et les rochers d'alentour répétaient la mélodie. La nuit avait jeté sur nous un manteau magique; tout nous semblait vaciller et s'incliner; on eût dit que le firmament respirait. J'étais heureuse au-delà de toute expression. Tu sais bien comment on est, quand après avoir long-temps pensé et ruminé en soi, on se trouve à l'air libre.

Mais comment te décrire la richesse qui se déploya le lendemain à nos yeux, quand le voile qui cachait la magnificence de Dieu s'écartant peu à peu, nous fûmes tout étonnés de trouver la nature aussi simple dans sa grandeur! Pas une mais cent montagnes apparaissent alors, dégagées de la base au sommet; rien ne les couvre; tout semble joie et triomphe éternel là-haut; les orages planent comme des oiseaux de proie entre les abîmes et voilent par instant le soleil de leurs larges ailes. Tout cela se fait rapidement, mais avec solennité. Nous étions tous en extase. Notre enthousiasme s'exprima par les courses les plus hardies et les plus périlleuses dans les montagnes et sur les lacs. Pendant plusieurs jours nous fîmes et dîmes mille farces dans ce vaste amphithéâtre de rochers, nous nourrissant de pain, de lait et de miel, comme jadis les prêtres de Cérès. Pour en conserver le souvenir, une parure de grenat que j'avais fut brisée; chacun en prit un grain et le baptisa du nom d'une des montagnes qu'on voyait. Maintenant ces messieurs s'appellent les chevaliers de l'ordre du Grenat, fondé sur le Watzmann, près Salzbourg.

Nous continuâmes notre voyage ; mais alors nos hôtes nous quittèrent. Le jour du départ, nous traversâmes la Salza au lever du soleil. Derrière le pont, il y a un grand magasin à poudre; les étudians s'étaient tous rangés devant pour saluer encore une fois Savigny ; chacun lui cria une assurance d'affection et de reconnaissance. Freyberg, qui devait nous accompagner encore jusqu'au prochain relai, se mit à dire : « Ils devraient » bien crier assez fort pour briser le magasin; nos cœurs » à nous sont bien brisés. » Il me raconta quelle vie nouvelle Savigny avait su faire fleurir à Landshut; comme les inimitiés, les éloignemens avaient cessé entre les professeurs, ou du moins s'étaient adoucis; il me dit que son influence avait surtout été bienfaisante pour les étudians, qui par lui avaient acquis plus de liberté et le sentiment de leur dignité personnelle. A ce propos, je ne saurais te dire quel talent a Savigny pour conduire les jeunes gens; d'abord, il éprouve un véritable enthousiasme pour leurs efforts et leurs études; il est tout-à-fait heureux quand ils réussissent dans ce qu'il leur donne à faire ; il voudrait partager son âme avec un chacun; il calcule leur avenir, leur sort, et sa bonté zélée éclaire leur route. Sous ce rapport on peut bien dire de lui que l'innocence de sa jeunesse est l'ange gardien de son présent. Ce qui le distingue, c'est l'affection qu'il porte à ceux qu'il est appelé à servir des plus belles facultés de son esprit et de son âme. Voilà qui est aimable dans la véritable acception du mot, et l'amabilité ne confirme-t-elle pas seule la grandeur? Cette bonté naïve qui le fait se mettre au niveau de tout le monde, malgré toute sa science esthétique, le rend doublement grand. — Hélas! cher Landshut, avec tes pignons blanchis et ton clocher tacheté, et tes jets d'eau dont les tuyaux rouillés ne lancent que très-économiquement l'eau, autour desquels les étudians venaient danser la nuit en s'accompagnant doucement de la flûte et de la guitare; après quoi, toujours chantant en s'éloignant, ils criaient : « Bonne nuit, » hélas! tu es loin! Comme il faisait beau l'hiver sur le tapis de neige, quand j'allais me promener avec mon septuagénaire chanoine Eixdorfer, tout à la fois mon maître d'harmonie et excellent chasseur d'ours! Il me faisait voir sur la neige les traces des loutres; cela m'amusait beaucoup, et j'attendais avec joie le lendemain, parce que je croyais toujours rencontrer une de ces bêtes. Mais lorsque le lendemain je venais lui dire qu'il m'avait promis de m'accompagner à la chasse aux loutres, il trouvait toujours des prétextes et prétendait que les loutres n'étaient sûrement pas chez elles. Quand je lui dis adieu, il me donna une singulière bénédiction; il me dit : « Puisse un » bon génie vous accompagner, et changer à propos l'or et » les joyaux que vous possédez en petite monnaie courante, » avec laquelle seulement vous pourrez acquérir ce qui vous » manque. » Il me promit d'attraper assez de loutres pour m'en faire une fourrure, et me dit de revenir l'année prochaine la chercher. Hélas! je ne retournerai plus dans ce cher Landshut, où nous nous réjouissions tout aussi bien quand il neigeait et que la nuit le vent avait bien grondé, que quand il faisait beau soleil; où nous nous aimions tous les uns les autres; où les étudians donnaient des concerts, faisaient une musique d'enfer dans l'église et ne se fâchaient pas quand on se sauvait.

Il ne nous est rien arrivé de remarquable jusqu'à Vienne; sinon que le lendemain matin du départ de Salzbourg, je vis lever le soleil; il y avait un arc-en-ciel au-dessus, et devant un paon qui ouvrait sa queue.

———

Vienne, 28 mai.

Lorsque je vis celui dont je vais te parler, j'oubliai l'univers; juste comme cela m'arrive quand le souvenir s'empare de moi; oui, alors je l'oublie réellement. Dans ces momens-là, il me semble que mon horizon commence à mes pieds, s'élève, s'arrondit au-dessus de moi, je me trouve dans un océan de lumière qui jaillit de toi; alors je m'enlève silencieusement, je plane sur les fleuves et les vallées, et je viens à toi. Oh! quitte tout, ferme tes yeux chéris, vis un instant en moi, oublie ce qui nous sépare, le temps et l'espace; regarde-moi du lieu où je t'ai vu pour la dernière fois. Oh! que ne suis-je devant toi! que ne puis-je te faire comprendre le frisson qui s'empare de moi, quand, pendant quelque temps, j'ai examiné le monde, quand, me retournant, je me trouve dans la solitude et que je sens comme tout m'est étranger! Comment malgré tout se fait-il que je fleuris et que je verdis dans ce désert? — D'où me viennent la rosée, la nourriture, la chaleur, le bien-être? De notre amour, de cet amour entre nous, dans lequel je me sens moi-même si aimable. — Si j'étais près de toi je te rendrais beaucoup pour tout cela.

C'est de Beethoven[1] que je veux te parler, de Beethoven, qui m'a fait t'oublier toi et le monde entier. Je suis, il est vrai, sans expérience; mais je ne crois pas me tromper en disant (ce qu'au reste personne ne comprendra et ne croira maintenant) que Beethoven marche en tête de la civilisation humaine. Et qui sait si jamais nous le rejoindrons?

[1] Louis Van Beethoven naquit à Bonn le 16 décembre 1770; son père était ténor de la chapelle électorale. Dès l'âge de huit ans, le jeune Beethoven annonçait un grand musicien; ses premiers maîtres furent l'organiste Van Dereden et le compositeur Neefe; ce dernier l'appliqua à l'étude des fugues de Bach. A onze ans, Beethoven fit imprimer plusieurs compositions déjà remarquables. Envoyé à Vienne par l'électeur de Cologne, il se mit sous la direction de Haydn. Lorsque celui-ci, qui l'avait pris en amitié, partit pour l'Angleterre, il confia son élève au fameux théoricien Albrechtsberger. Après avoir terminé ses études, Beethoven se fixa à Vienne, dans la maison d'un prince autrichien, d'où l'indépendance de son caractère le fit bientôt sortir; plus tard, il se réunit à deux de ses frères qui étaient venus le retrouver. C'est à dater de cette époque, qui commence en 1801, qu'il produisit ses œuvres les plus belles et que sa réputation se répandit dans toute l'Allemagne; mais des chagrins d'amour, dont il ne se consola jamais, vinrent traverser sa vie et donner à son caractère et à sa musique une forte teinte de mélancolie. Pour comble de malheur, il devint sourd à la suite d'un refroidissement. Le roi de Westphalie, Jérôme Bonaparte, lui fit proposer la direction de sa chapelle; il refusa. Quelques familles riches et l'archiduc Rodolphe se cotisèrent alors pour lui assurer une modeste existence, et il alla s'établir dans un petit village près de Vienne. Beethoven était de taille moyenne, fort, ramassé et très-vigoureux; son caractère était sombre et brusque, mais franc, loyal, bon et désintéressé. Il composait presque toujours dehors, en se promenant, et recherchait en général, de préférence, la campagne. Après la musique, l'histoire était son étude favorite; instruit lui-même, il estimait beaucoup l'instruction chez les autres. Il mourut, dans sa retraite, d'une maladie d'hydropisie, à l'âge de cinquante-sept ans, le 26 mars 1827.

(*Note du traducteur.*)

j'en doute. Puisse-t-il seulement vivre jusqu'à ce qu'il ait donné la solution de la sublime énigme de son esprit! Oh! oui, puisse-t-il atteindre son but! Alors il nous léguera sûrement la clef d'une initiation céleste, qui nous permettra de monter d'un degré de plus vers la béatitude.

Je puis te l'avouer à toi; je crois à un charme divin, élément de la nature spirituelle. Ce charme, Beethoven l'exerce dans son art; tout ce qu'il t'en dira est de la magie pure; chez lui, tout arrangement procède simplement de l'organisation d'une existence supérieure, et lui-même sent qu'il est le fondateur d'une nouvelle base, par laquelle la vie spirituelle se révèle aux sens. Tu démêleras dans tout ceci ce que je veux dire et ce qu'il y a de vrai. Qui pourrait remplacer parmi nous ce génie puissant? de qui exiger la même tâche? Toute la vie humaine monte et descend, comme le mouvement d'une horloge obéissante, autour de lui; lui seul produit librement, de son plein gré, l'*incréé* et l'imprévu. Et quel intérêt aurait pour lui le commerce de ce monde? pour lui que le soleil levant trouve déjà à l'œuvre sainte, et qui au soleil couchant en détourne à peine les regards pour les jeter autour de lui; pour lui qui oublie même la nourriture de son corps, que le torrent de l'inspiration emporte rapidement loin des bords plats de la vie ordinaire? Lui-même ne dit-il pas:
« Dès que j'ouvre les yeux, je me prends à soupirer; car
» ce que je vois est contre ma religion, et je méprise le
» monde qui ne comprend pas que la musique est une ré-
» vélation plus sublime que toute sagesse, que toute phi-
» losophie; qu'elle est le vin qui inspire les créations nou-
» velles? Moi je suis le Bacchus qui pressure pour les hom-

» mes ce nectar délicieux ; c'est moi qui leur donne cette
» ivresse de l'esprit, et quand elle a cessé, voilà qu'ils ont
» pêché une foule de choses, qu'ils rapportent avec eux
» sur le rivage. Je n'ai pas d'ami, je suis seul avec moi-
» même; mais je sais que Dieu est plus proche de moi
» dans mon art que des autres. J'en agis sans crainte
» avec lui, parce que j'ai toujours su le reconnaître et le
» comprendre. Je ne crains rien non plus pour ma musi-
» que; elle ne peut avoir de destinée contraire; celui qui
» la sentira pleinement sera à tout jamais délivré des mi-
» sères que les autres traînent après eux. »

Toutes ces choses, Beethoven me les dit quand je le vis pour la première fois. Un sentiment de vénération s'empara de moi en l'entendant ainsi me révéler sa pensée, à moi qui pourtant devais lui paraître si inférieure. J'en fus d'autant plus surprise, qu'on m'avait dit qu'il était misanthrope et qu'il n'entrait en conversation avec personne. On craignait de me présenter à lui; il me fallut aller le rechercher moi-même. Il a trois appartemens dans lesquels il se cache tour-à-tour; l'un à la campagne, l'autre à la ville, le troisième dans *le bastion*; c'est dans ce dernier que je le trouvai au troisième étage. J'entrai sans me faire annoncer; il était au piano; je dis mon nom; il m'accueillit amicalement et me demanda de suite si j'avais envie d'entendre une chanson qu'il venait de mettre en musique. Alors il chanta d'une voix si forte et si incisive, que sa mélancolie réagissait sur moi, *Connais-tu le pays où fleurissent les citronniers*, etc. « N'est-ce pas que c'est beau? s'é-
» cria-t-il tout inspiré. — C'est merveilleux! répondis-je.
» — Alors je vais recommencer. » Il fut ravi de mon ap-

probation franche et naïve. « Il y a bien des gens, dit-il,
» qui sont *touchés* des bonnes choses; ce ne sont pas des
» natures artistes. Les artistes ne pleurent pas, ils sont de
» feu. » Et il se mit à chanter une autre chanson de toi :
Ne séchez pas, pleurs de l'amour éternel. Il me reconduisit
à la maison; c'est en chemin qu'il me dit tout ce que je
viens de te répéter. Il parlait si haut et s'arrêtait si souvent
qu'il fallait du courage pour rester à l'écouter; mais ce
qu'il disait était si inattendu, si passionné, que j'oubliai
que nous étions dans la rue. On fut fort étonné chez nous
de le voir arriver avec moi. Après le dîner, il se mit de
son plein gré au piano et joua long-temps et merveilleusement bien; son génie et son orgueil fermentaient ensemble.
Dans ces momens d'exaltation, il crée l'incompréhensible, et ses doigts obéissans exécutent des choses extraordinaires.

Depuis lors, nous nous voyons chaque jour, il vient
chez moi ou je vais chez lui. J'en oublie les réunions, les
spectacles, et même la tour Saint-Étienne; Beethoven me
dit toujours : « Que verrez-vous à tout cela? Vers le soir
» je viendrai vous chercher, et nous irons nous promener
» dans l'allée de Schœnbrunn. » Hier nous allâmes voir
un superbe jardin; tout y était en fleurs; les serres avaient
été ouvertes, les parfums étaient enivrans. Beethoven s'arrêta en plein soleil et me dit : « Les poésies de Gœthe
» ont un grand pouvoir sur moi, non-seulement par leur
» contenu, mais encore par leur rhythme; je suis excité à
» composer par ce langage qui, comme s'il était du fait des
» esprits, s'élève de plus en plus au sublime et porte déjà
» en soi le secret de l'harmonie. Alors du foyer de l'enthou-

» siasme, je laisse échapper de tous côtés la mélodie; ha-
» letant je la poursuis, je la rejoins; elle s'envole de nou-
» veau, elle disparaît, elle plonge dans une foule d'émo-
» tions diverses; je l'atteins encore; plein d'un ravissement
» fougueux, je la saisis avec délire; rien ne saurait plus
» m'en séparer; je la multiplie dans toutes les modula-
» tions, et au dernier moment je triomphe enfin de ma
» première idée musicale. C'est là la symphonie. Oui, la
» musique est le lien qui unit la vie de l'esprit à la vie
» des sens. Je voudrais causer de tout cela avec Goëthe;
» mais me comprendrait-il? La mélodie est la vie sensible
» de la poésie. Le contenu spirituel d'un poème ne se fait-
» il pas sensation par l'entremise de la mélodie? Dans la
» chanson de Mignon, n'est-ce pas la mélodie qui fait
» comprendre ce qu'éprouve la jeune fille? et cette même
» mélodie n'éveille-t-elle pas à son tour d'autres émotions
» que le poème n'a pas exprimées? — L'esprit tend à
» une universalité sans bornes, où tout dans tout forme
» un lit au sentiment; au sentiment, qui prend sa source
» dans la pensée musicale simple, et qui, sans cette fusion
» de tout dans toutes choses, s'évanouirait inaperçu.
» C'est là l'harmonie, c'est là ce que mes symphonies
» expriment; la fusion des formes diverses s'y précipite
» en un seul courant vers le but. Alors on sent que dans
» tout ce qui est spirituel, il y a quelque chose d'éternel,
» d'infini, d'insaisissable; et quoique dans mes œuvres
» j'aie toujours le sentiment de la réussite, comme un
» enfant, j'ai une soif inextinguible de recommencer ce
» qui me semblait terminé par le dernier coup de tim-
» bale, ce dernier coup par lequel j'empreins violemment

» mes jouissances et mes convictions musicales dans l'âme
» de mes auditeurs. Parlez de moi à Goëthe, dites-lui qu'il
» aille entendre mes symphonies, et il me donnera raison ;
» il comprendra, lui aussi, que la musique est l'unique
» introduction incorporelle au monde supérieur du sa-
» voir ; de ce monde qui embrasse l'homme, mais que
» celui-ci ne saurait à son tour embrasser. Il faut avoir le
» rhythme de l'esprit pour comprendre l'essence intime de
» la musique ; elle est le pressentiment, l'inspiration des
» sciences célestes, et les sensations que l'esprit en éprouve
» sont la corporification de l'entendement. Quoique les es-
» prits vivent de musique comme on vit d'air, c'est encore
» une chose à part que de comprendre la musique avec
» l'intelligence ; mais aussi, plus l'âme y puise sa nourri-
» ture, et plus cette intelligence vient à se développer.
» Peu d'êtres sont appelés à ce degré de félicité. Ainsi
» qu'il y a des milliers de gens qui se marient par amour
» et chez lesquels l'amour véritable ne vient jamais à se ré-
» véler une seule fois, quoiqu'ils fassent tous le métier de
» l'amour, ainsi des milliers de gens cultivent la musique
» et n'en ont pas la révélation. Comme tout art, elle aussi
» a pour base le sens moral, car toute invention est un pro-
» grès moral. Se soumettre à ses lois impénétrables, dompter
» et conduire l'esprit propre par ces mêmes lois, de telle
» sorte qu'il réflète ses révélations, voilà le principe isolant
» de l'art. S'absorber dans cette révélation, c'est s'abîmer
» dans la divinité, qui, toujours calme et immuable, maî-
» trise la fougue des forces indomptées et donne à l'ima-
» gination le dernier degré de l'énergie agissante. C'est
» ainsi que toujours l'art remplace la divinité, et que les

» rapports de l'art avec l'homme forment la religion. Tout
» ce qui nous vient de l'art vient de Dieu; il est l'inspi-
» ration divine qui marque un but à l'homme et lui donne
» la force d'y atteindre.

» Nous ne savons pas tout ce que l'intelligence peut pro-
» duire. Il faut au grain un terrain humide, chaud, électri-
» que, pour germer, pour pousser, pour apparaître. La mu-
» sique est ce terrain, dans lequel l'esprit vit, pense et
» invente. La philosophie n'en est qu'un dérivé, qu'une dé-
» charge électrique, car la musique seule apaise le besoin
» incessant de tout rapporter à un principe primitif, et
» quoique l'esprit ne parvienne pas à maîtriser ce qu'elle
» lui fait engendrer, il est heureux dans sa création ; et
» ainsi, toute véritable production artiste est indépen-
» dante ; elle est plus puissante que l'artiste même qui l'a
» créée; elle retourne à sa source, à la divinité, et n'a
» d'autre rapport avec l'homme que de témoigner de l'in-
» tervention divine en lui.

» La musique enseigne à l'esprit les relations harmoni-
» ques. Une pensée détachée porte en elle le caractère de
» la généralité, de la communauté en esprit, et c'est pour-
» quoi toute pensée musicale fait intimement et insépa-
» rablement partie de l'harmonie entière, qui est l'unité.

» Tout ce qui est de nature électrique porte l'esprit à
» s'épandre, à s'exprimer musicalement.

» Moi je suis de nature électrique !... Mais je m'arrête
» dans ma philosophie inexplicable ; sans cela je manque-
» rais la répétition. Parlez de moi à Goëthe, si vous m'a-
» vez compris ; et quoique je ne réponde pas de ce que
» vous écrirez, j'accepte d'avance ses enseignemens. »

Je lui promis de te rapporter notre conversation aussi bien que je le pourrais faire. Il m'emmena avec lui à sa répétition à grand orchestre. La salle était toute sombre; je me plaçai seule dans une loge. A travers les fentes et les trous des cloisons, les lueurs du jour venaient à percer, des étincelles brillantes semblaient danser et tournoyer; on eût dit une région du ciel peuplée d'esprits bienheureux.

C'est de là que je vis Beethoven, ce génie immense, conduire sa troupe. O Goëthe ! pas un roi, pas un empereur ne possède le sentiment de sa force au même point que cet homme qui, quelques instans auparavant, dans le jardin, cherchait le principe de sa puissance. Si je parvenais à le comprendre comme je le sens, alors je saurais tout. Il était là, ferme et droit, plein de résolution; sa figure, tous ses mouvemens exprimaient la perfection de son œuvre. Il prévenait chaque erreur, chaque faute d'intelligence; pas un souffle n'était volontaire chez les autres, tout était rempli et mis en jeu par la grandeur de son génie. Oui, on peut hardiment prédire que cet esprit reparaîtra plus tard et animera le corps d'un conquérant du monde.

Hier soir j'ai écrit cette lettre, ce matin je la lui ai lue. « Ai-je vraiment dit tout cela? fit-il ; alors c'est que j'ai » eu une extase. » Il relut le tout attentivement, biffa ce qui est en haut et écrivit entre les lignes, parce qu'il tient à ce que tu le comprennes. Réponds-moi bientôt, afin de lui prouver que tu l'apprécies. Tu sais bien que ce fut toujours notre plan de parler musique ; je désirais vivement le mettre à exécution, mais Beethoven m'a prouvé que je n'en aurai jamais la force.

Mon adresse est : Erdberggasse, maison Birkenstock ; ta réponse m'y trouvera pendant environ quinze jours.

BETTINE.

A BETTINE.

Ta lettre, chère et bien-aimée enfant, m'est arrivée dans un bon moment. Tu t'es bravement recueillie pour me dépeindre une grande et belle nature dans ses efforts et dans ses résultats, dans ses besoins et dans ses facultés. J'ai eu bien du plaisir à voir se refléter en moi cette image d'un génie original. Sans vouloir le classer définitivement, je dirai qu'il faudrait un tour de force arithmétique pour en déduire la somme totale de concordance. Pourtant je n'ai rien à objecter à tout ce que ton esprit m'a communiqué à ce sujet par une de ces explosions soudaines. Au contraire, je te dirai que j'ai trouvé dans toutes ces démonstrations un rapport intime avec ma propre nature. Un esprit ordinaire y découvrirait peut-être des contradictions, mais ce qu'il dit, lui, qu'un démon conduit et inspire, doit frapper le profane de respect, et il est indifférent de savoir s'il l'a dit par sentiment ou par intuition. Ce sont les dieux qui agissent en lui et qui par lui sèment le germe d'une intelligence à venir. Puisse ce germe s'épanouir sans encontre ; mais pour que cette intelligence brille à tous les yeux, il faut d'abord que les brouillards qui obscurcissent l'esprit de l'homme se dissipent entièrement. Dis mille choses cordiales de ma part à Beethoven ; dis-lui que je donnerais beaucoup pour faire personnellement sa connaissance, car l'échange de nos pensées et de nos sentimens nous profiterait à tous deux grandement Peut-être auras-tu assez d'influence sur lui pour le décider à venir à Carlsbad, où je suis presque tous les ans et où j'aurais tout le loisir de l'écouter et de m'instruire auprès de lui ; car vouloir lui donner mes enseignemens serait une profanation. Son génie l'inspire et le guide trop bien ; souvent même il l'illumine comme par un éclair, tandis que nous autres restons assis dans l'obscurité et pressentons à peine de quel côté le jour viendra à poindre.

Beethoven me ferait grand plaisir s'il voulait m'envoyer mes deux chansons qu'il a mises en musique, mais lisiblement écrites. C'est une de mes plus grandes jouissances dont je suis très-reconnaissant, quand une poésie inspirée par des dispositions passées m'est de nouveau *rendue sensible par la mélodie*, ainsi que Beethoven le dit très-bien.

En finissant, je te remercie sincèrement de tes communications et de ta manière de me faire du bien. Puisque tout te réussit à merveille et devient pour toi jouissance et instruction, quel souhait peut-on encore former, sinon que cela puisse durer éternellement? éternellement, pour moi, qui ne méconnais pas l'avantage d'être au nombre de tes amis ! Reste donc ce que tu as été jusqu'à présent avec tant de fidélité, tout en changeant souvent de séjour, et quoique autour de toi les objets viennent à varier et à s'embellir.

Le duc aussi te fait saluer et désire que tu ne l'oublies

pas. J'espère recevoir encore de tes nouvelles à Carlsbad, à l'*hôtel des Trois-Maures* [1].

6 juin 1810.
G.

[1] Nous avons cru pouvoir donner ici deux lettres de Beethoven adressées à Bettine. Elles sont extraites d'un spirituel article de la *Revue de Paris*, du mois de janvier 1841, ayant pour titre : *Madame Bettine d'Arnim*, et signé Louis Prévost. A part leur mérite propre, ces lettres nous ont paru curieuses en ce qu'elles font voir la haute opinion que Beethoven avait conçue de Bettine ; de plus, la dernière de ces deux lettres dessine nettement le caractère justement fier du grand musicien et le caractère de courtisan du grand poète. (*Note du traducteur.*)

« Vienne, 11 août 1810.

» Très-chère Bettine,

» Le plus beau des printemps, c'est celui qui vient de s'écouler, car c'est alors que j'ai fait votre connaissance. Vous avez vu vous-même que je suis dans la société comme un poisson qui, jeté sur le sable, se démène et se débat sans réussir à sortir de place, si une bienfaisante Galathée ne vient le rendre à la profondeur des mers. Voilà l'état dans lequel je me trouvais, chère Bettine, lorsque vous apparûtes à mes yeux, et la mélancolie qui régnait en maître sur mon âme s'évanouit à votre vue ; j'ai compris de suite que vous apparteniez à un autre monde qu'à ce monde absurde à qui, malgré la meilleure volonté, on ne peut ouvrir les oreilles. Je ne suis qu'un misérable mortel, et je me plains des autres !...... mais vous me le pardonnez, avec votre bon cœur qui parle par vos yeux, et votre intelligence qui gît dans vos oreilles. Vos oreilles savent du moins flatter en écoutant ; les miennes, hélas! sont une muraille qui empêche toutes les communications que je pourrais avoir avec les autres hommes ; peut-être sans cela me serais-je confié davantage à vous, mais je ne pouvais comprendre que vos regards si expressifs, et ils ont fait sur moi une impression assez vive pour que je ne les oublie de ma vie. Chère, très-chère Bettine ! qui comprend l'art ? Avec qui s'entretenir de cette grande divinité ?... Pendant le peu de jours que nous avons causé ou plutôt correspondu ensemble, j'ai conservé tous les petits billets qui renfermaient vos chères, très-chères réponses, et j'ai ainsi à remercier mes pauvres oreilles d'avoir par écrit la meilleure partie de ces entretiens fugitifs. Depuis que vous êtes partie, j'ai vécu des heures de tristesse, des heures

A GOETHE.

Très-cher ami, j'ai communiqué ta belle lettre à Beethoven, en tant qu'elle le regardait ; il fut rempli de sombres ; pendant lesquelles il m'est impossible de travailler. Alors j'ai erré dans l'allée de Schœnbrunn, mais vous étiez partie, et je n'y ai pas rencontré d'ange pour me gronder comme vous, ange ! Pardonnez-moi, chère Bettine, cette *transition harmonique* (*diese abweichung von der Tonart*), j'ai besoin quelquefois de ces intervalles pour décharger mon cœur. Vous avez écrit de moi à Goëthe, n'est-il pas vrai ? vous lui avez dit que je voudrais pouvoir mettre ma tête dans un sac pour ne rien entendre et ne rien voir de ce qui se passe dans le monde.............
.... L'espérance me soutient ; elle nourrit la moitié de l'univers, et, pendant ma vie, je l'ai eue toujours pour compagne ; que serais-je devenu, autrement !

» Je vous envoie copié de ma main :

« Connais-tu le pays où fleurit l'oranger ? »

comme un souvenir des heures où j'appris à vous connaître. Je vous envoie aussi une seconde mélodie que j'ai composée depuis que j'ai pris congé de vous, ma chère, très-chère Bettine.

« Mon cœur ! mon cœur ! que se passe-t-il en toi ?
» Qu'est-ce donc qui t'oppresse si fort ?
» Quelle étrange et nouvelle vie !
» Je ne te connais plus. »   GOETHE.

» O chère Bettine ! répondez-moi et dites-moi ce qui se passe dans mon cœur depuis qu'il s'est révolté contre moi-même.

» Écrivez à votre meilleur ami,
» BEETHOVEN. »

« Tœplitz, 15 août 1812.

» MA BONNE ET CHÈRE BETTINE,

» Les rois et les princes peuvent bien faire des professeurs et des conseillers privés, donner des titres et des rubans, mais ils ne peuvent faire de grands hommes, de ces esprits qui s'élèvent au-dessus de la boue du monde ; et c'est pour cela qu'on doit avoir du respect pour eux ; quand

joie et s'écria : « Si quelqu'un peut lui faire comprendre
» la musique, c'est moi. » Il saisit avec enthousiasme l'idée

on voit venir ensemble deux hommes comme Goëthe et moi, tous ces grands seigneurs doivent voir comment chacun de nous comprend la grandeur. Hier, en rentrant chez nous, nous rencontrâmes toute la famille impériale. Nous la vîmes arriver de loin, et Goëthe abandonna mon bras pour se mettre de côté; j'eus beau faire et beau dire, il me fut impossible de lui faire faire un pas de plus. Pour moi, j'enfonçai mon chapeau sur ma tête, je boutonnai ma redingote, et, les bras croisés, je traversai le plus gros de la foule. Princes et courtisans ont fait la haie; le duc Rodolphe m'a ôté son chapeau, l'impératrice m'a salué la première : les grands du monde me *connaissent!* Je vis, à mon grand amusement, la procession défiler devant Goëthe; il s'était placé de côté, chapeau bas et profondément incliné. Quand le cortége a été passé, je ne lui ai pas fait grâce, et je lui ai reproché tous ses péchés, surtout ceux dont il est coupable envers vous, très-chère Bettine; car vous étiez précisément le sujet de notre conversation. Dieu! si, comme lui, j'avais pu vivre avec vous ces beaux jours! j'aurais produit encore de bien plus grandes choses. Un musicien est aussi poëte; il peut aussi par deux beaux yeux se sentir transporté dans un monde plus élevé..... Tout cela, je ne le compris pas la première fois que je vous vis au petit observatoire pendant cette douce pluie de mai, qui pour moi aussi fut féconde. Alors les belles images de votre fantaisie pénétraient jusqu'à mon cœur, et y réveillaient ces mélodies qui enchanteront encore le monde quand Beethoven ne dirigera plus son orchestre. Si Dieu m'accorde deux ans de vie, je vous reverrai, chère, très-chère Bettine, et j'obéirai ainsi à une voix qui n'a cessé de retentir dans mon cœur. Les esprits peuvent aussi s'aimer entre eux, et je chercherai toujours à m'unir au vôtre. Votre approbation est, de tout l'univers, celle qui m'est la plus chère; j'ai déjà fait connaître à Goëthe mes opinions sur ce point; je lui ai dit qu'entre égaux, c'est par l'intelligence qu'on veut être apprécié. L'émotion (pardonnez-moi, chère Bettine), l'émotion ne convient qu'aux femmes : chez l'homme, c'est de l'esprit que doit jaillir le feu musical. Ah! chère enfant, il y a bien long-temps que nous professons sur tout la même opinion!... Il n'est rien de tel que d'avoir une belle et bonne âme que l'on reconnaît en tout, et de laquelle on n'a pas besoin de se cacher. *Il faut être quelque chose si l'on veut paraître quelque chose.* Tôt ou tard le monde doit apprécier celui qui en est digne, car il n'est pas toujours aussi injuste qu'on le dit. Il est vrai

d'aller te trouver à Carlsbad, se frappa le front et dit :
« Ne pouvais-je pas le faire plus tôt ? Vraiment, j'y ai déjà
» pensé, et par timidité je ne l'ai pas fait. Cette timi-
» dité me tourmente comme si je n'étais pas quelque
» chose de présentable ; mais maintenant je n'ai plus
» peur de Goëthe. » En conséquence, sois certain de le
voir l'année prochaine.

Maintenant je ne réponds plus qu'au dernier paragraphe
de ta lettre, d'où je tire du miel. Il est vrai que les objets changent autour de moi, mais ils ne s'embellissent pas ;
ce qu'il y a de plus beau au monde, c'est que je te connais, et rien ne me plairait si tu n'étais pas et si je ne pouvais t'exprimer mes pensées. Si tu en doutes, c'est que tu
tiens à mon amour, et cela me donne plus de bonheur que
tous mes amis comptés ou non comptés ne sauraient jamais
m'en donner. Mon Wolfgang, tu ne fais pas partie de mes
amis ; sans cela j'aimerais mieux n'en pas avoir du tout.

que je m'en inquiète fort peu, c'est vers un but plus élevé que je tends... J'espère trouver à Vienne une lettre de vous ; écrivez-moi bien-tôt, bientôt et longuement. Je serai à Vienne dans huit jours. La cour part demain ; aujourd'hui ils jouent encore une fois. L'impératrice a ap-pris son rôle, *lui* (l'empereur) et son duc voulaient me faire exécuter quelque chose de ma musique ; je leur ai refusé à tous deux ; tous deux ils sont amoureux de porcelaine de Chine !..... Il faut bien avoir pour eux quelque indulgence, car ce n'est plus la raison qui tient les rênes ; mais je ne veux point jouer ma partie dans leurs extravagances et faire avec les grands des sottises à frais communs, du moins quand je n'y suis pas obligé par les devoirs de ma place. Adieu ! adieu ! ma chère Bettine ; pendant tout l'été j'ai porté ta dernière lettre sur mon cœur, et elle a été pour moi un baume bienfaisant : les musiciens se permettent tout !

» Dieu ! combien je vous aime !
» Ton plus fidèle ami et ton frère sourd,
» BEETHOVEN. »

Salue le duc ; mets-moi à ses pieds, dis-lui que je n'ai pas oublié le temps, ni même une des minutes que j'ai passés avec lui. Dis-lui que je me rappellerai toujours qu'il m'a permis de m'asseoir sur le tabouret où posait son pied, qu'il me laissa fumer son cigare et qu'il ôta, en ne riant pas du tout, mes tresses des griffes du méchant singe, quoique ce fût chose comique ; je n'oublierai pas non plus comme il suppliait le singe. Ce même jour, le soir, au souper, il tendit une pêche au perce-oreille afin qu'il y entrât, et quelqu'un ayant jeté la petite bête par terre pour l'écraser, il se tourna vers moi et me dit : « Vous, » vous ne l'auriez pas fait ; vous n'êtes pas assez méchante » pour cela ! » Je me recueillis dans ce moment critique et je répondis : « On ne doit pas souffrir les perce-oreilles » près d'un prince. — S'il faut aussi éviter ceux qui ont » la malice derrière les oreilles, il faudra que je me mette » en garde contre vous, » répliqua-t-il. Je me rappelle encore la promenade que nous fîmes pour aller voir les petits canards nouvellement éclos ; je les comptais avec lui ; tu survins et témoignas ton étonnement de notre patience, long-temps avant que nous en eussions fini. Je pourrais te rappeler trait pour trait chaque moment que j'ai passé près du duc. Tous ceux qui sont avec lui sont à leur aise, parce qu'il laisse tout le monde paraître, quoiqu'il soit lui-même présent ; il accorde la plus belle liberté, il ne dispute pas le pouvoir de l'esprit, certain qu'il est de gouverner tout le monde par sa douceur généreuse ; il doit être en grand et en général tel que je l'ai vu en petit et en détail. Le duc est grand et grandit pourtant encore ; il reste toujours égal à lui-même et donne cependant la preuve qu'il sait encore se surpasser. Tel est l'homme de génie ; il lui ressemble, il s'élève jusqu'à ce qu'il en vienne à ne plus faire qu'un avec le génie.

Remercie-le en mon nom de ce qu'il pense à moi, exprime-lui mon tendre respect. Quand il me sera donné de le revoir, j'espère recueillir le plus grand profit de sa grâce.

Demain nous faisons nos paquets et nous allons dans un pays où il n'y a que des villages bohémiens[1]. Que souvent, lorsque je faisais des projets, ta mère me disait : « Ce » sont des villages bohémiens. » Maintenant je suis bien curieuse de voir un village bohémien. Ci-jointes, tu trouveras les deux chansons de Beethoven ; les deux autres sont de moi. Beethoven les a vues et m'en a dit beaucoup de belles choses, entre autres, que si je m'étais dévouée à cet art j'aurais pu concevoir de grandes espérances de réussite. Mais moi je ne l'effleure qu'en passant ; mon art est de rire et de soupirer tout à la fois ; passé celui-là il n'en existe pas pour moi. Adieu ; je reviendrai sur bien des choses quand je serai dans le château bohémien de Bukowan.

BETTINE.

A GOETHE.

Bukowan, cercle de Pragin. Juillet.

Qu'il est commode et agréable de penser à toi sous cet ombrage de sapins et de bouleaux qui tient éloigné au-dessus

---

[1] Locution qui, en allemand, équivaut à celle de *châteaux en Espagne*.

de vous la chaleur du midi ! Les pommes de pin brillent avec leur résine comme mille petites étoiles, et ne font qu'augmenter la chaleur là-haut et la fraîcheur ici en bas. Le ciel bleu couvre ma maison étroite et élevée ; renversée en arrière, je mesure comme il est haut, comme il semble impossible de l'atteindre, et pourtant ce ciel on peut le porter dans son sein ! Il me semble que, moi aussi, je l'ai tenu un instant prisonnier, lui qui s'étend si loin, qui passe par-dessus monts et vallons, qui vole par-dessus ponts et torrens, rochers et grottes, à toute bride, d'un seul trait, jusqu'à ton cœur, pour s'y abattre avec moi.

N'est-il donné qu'à la jeunesse de vouloir ardemment ce qu'elle veut? N'es-tu pas comme moi, ne me désires-tu pas? ne voudrais-tu pas quelquefois être avec moi? Le désir est le vrai chemin, il mène à une vie plus élevée; il donne un pressentiment clair et net des vérités inconnues, il détruit le doute, il est le plus sûr prophète du bonheur.

Tous les empires te sont ouverts : l'empire de la nature, celui de la science, celui de l'art, et tous ont répondu de divines vérités aux questions de ton esprit. Mais moi, qu'ai-je? je t'ai, toi, après mille questions !

Ici, dans la gorge profonde, je pense à toute sorte de choses. Je me suis aventurée dans un chemin à me rompre le cou. Comment remonter sur ces rochers lisses sur lesquels je cherche en vain la trace par où je suis descendue en me laissant glisser? La confiance en soi-même est confiance en Dieu, et Dieu ne me laissera pas dans l'embarras! Je suis étendue sous de belles et grandes plantes qui rafraî- ma poitrine brûlante. Une foule de petits vers et

d'araignées passent sur moi ; tout fourmille, tout est occupé. Les lézards sortent de leurs trous humides et relèvent leur petite tête ; de leurs yeux pleins de sagesse ils me regardent avec étonnement et retournent promptement dans leurs trous se dire que je suis là, moi, la favorite du poëte ; alors il en vient encore plus pour me voir.

Ah ! quelle belle après-midi d'été ! Je n'ai pas besoin de penser ; mon esprit regarde oisivement dans le cristal de l'air. Il n'y a plus pour moi ni raison ni vertu ; l'âme est nue et dépouillée, et Dieu y reconnaît son image.

Il a plu tous ces temps-ci ; aujourd'hui le soleil brûle de nouveau. Je suis étendue entre des pierres couvertes de mousse. Les jeunes sapins exhalent une vapeur de résine, leurs branches touchent ma tête. Je poursuis du regard les petites grenouilles ; je me défends contre les sauterelles et les bourdons, et je suis tout à la fois pleine de paresse ! De quoi te parler ? Ici, où un souffle agite le feuillage, à travers lequel le soleil joue sur mes paupières fermées, de quoi jaser ? Cher maître ! toi qui connais tout, toi qui sens tout, toi qui sais combien peu la parole obéit au sentiment intérieur, apprends par ce murmure que tu rends ma solitude heureuse. — Quand te reverrai-je ? quand ? je ne voudrais que m'appuyer un instant sur toi et m'y reposer, moi paresseuse enfant.

BETTINE.

Lorsque je me réveillai hier de ma paresse et que je rappelai mes idées, les ombres avaient grandi. Il fallut, pour sortir de mon ravin, m'accrocher aux jeunes troncs des bouleaux qui croissent entre les fentes des rochers.

je n'apercevais nulle part le château de Bukowan, avec ses toits rouges et ses belles tours. Ne sachant quel chemin prendre, je résolus promptement de suivre deux chèvres, qui effectivement me menèrent chez des humains, avec qui elles habitent dans une même cabane. Je fis comprendre à ces gens que je voulais aller à Bukowan ; ils m'accompagnèrent. Le jour fut se coucher, la lune se leva ; ne pouvant causer avec mes compagnons, je me mis à chanter ; ils me répondirent et j'arrivai ainsi très-tard à la maison. Par moment j'avais peur qu'il ne vînt à ces gens la fantaisie de me perdre, et je ne fus pas médiocrement contente de me retrouver assise dans ma petite chambre de la tour.

Quelque solitaires que soient ces lieux, je n'y suis pas sans occupation. Un matin, j'ai fait quelques centaines de petites briques. J'aime beaucoup à bâtir. Mon frère Christian est un vrai génie, il sait tout et peut tout. Il vient de terminer le modèle d'une petite forge qui va être exécutée en grand. La faculté d'invention de ce frère est une source intarissable, et je suis son meilleur manœuvre en tant que mes forces le permettent ; les modèles de plusieurs bâtimens imaginaires qu'il a faits sont rangés autour de nous dans une salle, et j'y ai de si grandes tâches à remplir, que souvent le soir je suis toute fatiguée. Cela ne m'empêche pas d'aller au matin attendre le lever du soleil sur le Pedeetch, montagne ronde comme un four, d'où elle prend son nom (car Pedeetch veut dire *four* en bohémien) ; elle est un peu plus élevée qu'une centaine de ses semblables, qui l'entourent comme un camp de tentes. Je vois donc et je revois tous les jours le monde se réveiller à la lumière. Seule et solitaire comme je suis, mon âme entre en lutte avec elle-même; s'il me fallait rester plus long-temps ici, quoique ce pays soit bien beau, je ne pourrais y résister. Il y a peu de temps que j'étais encore dans la grande ville de Vienne. C'était une vie, un mouvement parmi tous ces êtres, comme si cela ne devait jamais finir! On passa les jours du printemps en commun, on se promenait vêtus de beaux vêtemens; chaque jour apportait un nouveau plaisir, et chaque plaisir devenait la source d'intéressantes communications. Au-dessus de tout cela s'élevait Beethoven, lui, le grand *sur-esprit,* qui m'introduisait dans un monde invisible et donnait à la force vitale un tel élan, qu'on sentait son soi-même, étroit et borné, devenir un univers d'esprit. C'est dommage qu'il ne soit pas ici, dans cette solitude ; sa conversation me ferait oublier l'éternel chant de ce grillon, qui ne cesse de me rappeler que lui seul interrompt le silence. Aujourd'hui je me suis exercée pendant toute une heure à mettre, au moyen d'un bâton, une couronne de roses sur une grande croix de pierre qui s'élève sur le bord de la route; mais ce fut en vain, la couronne finit par s'effeuiller. Je m'assis fatiguée sur le banc qui se trouve sous la croix, j'y restai jusqu'au soir, puis je retournai à la maison. Croirais-tu bien que je fus toute triste de m'en retourner solitaire à la maison; que je me figurais ne tenir à rien dans le monde? Je pensai chemin faisant à ta mère. Quand, l'été, je revenais d'une longue promenade par la porte d'Eschenheim, je courais chez elle, je jetais les herbes et les fleurs, tout ce que j'avais rassemblé, au milieu de la chambre ; je m'asseyais près d'elle toute fatiguée et je posais ma tête sur ses genoux. Elle

me disait alors : « Après avoir apporté ces fleurs de si
» loin, voilà que maintenant tu les jettes toutes. » Lisette
lui donnait un vase, elle arrangeait elle-même le bouquet et faisait une réflexion sur chaque fleur; dans ces
momens-là elle disait des choses qui me faisaient du
bien, juste comme si une main chérie m'eût caressée. Elle
se réjouissait fort de ce que j'apportais de tout : des épis
de blé, des graines, des merises sur leurs branches, de
hauts chardons, des feuilles d'une belle forme, des insectes,
des mousses, des pierres variées; elle appelait cela *une
carte d'échantillons de la nature*, et conservait pendant
plusieurs jours ma récolte. Quelquefois je lui apportais des
fruits choisis et je lui défendais de les manger, parce qu'ils
étaient trop beaux; elle mordait à l'instant même dans une
belle pêche bien tachée en disant : « Il faut faire la vo-
» lonté de toutes choses; cette pêche ne me laissera pas
» tranquille jusqu'à ce qu'elle soit mangée. » Je croyais
te reconnaître dans tout ce qu'elle faisait; ses singularités,
ses idées étaient pour moi de charmantes énigmes dans
lesquelles je te devinais.

Si j'avais encore ta mère, je saurais où est mon chez
moi; je préférerais sa société à tout. Elle m'affermissait
dans la pensée et dans l'action; quelquefois elle me disait
de ne pas faire une chose, quand malgré cela j'en avais
fait à ma tête; elle me défendait alors envers et contre tous;
et dans son enthousiasme elle frappait comme le forgeron
frappe son fer rouge sur l'enclume; elle disait : « Quicon-
» que suit la voix qui parle en lui ne peut faillir à sa vo-
» cation; un arbre poussera dans son âme, toutes les vertus
» et toutes les forces fleuriront sur cet arbre; il portera

» les plus belles qualités en guise de pommes, et les idées
» religieuses, loin de lui barrer le chemin, sont appro-
» priées à sa nature. Quant à celui qui n'écoute pas la
» voix intérieure, il est aveugle et sourd ; il est obligé de
» se laisser conduire par d'autres, là où leurs préjugés
» voudront bien le bannir. Ah ! bien oui, continuait-elle,
» j'aimerais mieux être humiliée devant le monde que de
» me laisser conduire dans un passage dangereux par la
» main d'un bourgeois; finalement, il n'y a rien de dan-
» gereux, sinon la peur qui vous prive de vos facultés. » La
dernière année de sa vie elle paraissait encore plus vive,
elle parlait de tout avec un égal intérêt. De ses conversa-
tions les plus simples ressortaient de grandes et belles vérités qui pourraient bien servir de talisman toute la vie durant.
Elle disait : « Il faut que l'homme cherche pour lui la meil-
» leure place et sache se la conserver, et qu'il emploie à cela
» toutes ses forces; ce n'est qu'en agissant ainsi qu'il est
» noble et réellement grand. Je ne veux pas dire qu'il faille
» se chercher une belle place extérieure, mais une place
» intérieure, celle que nous indique sans cesse la voix qui
» est en nous. Que ne pouvons-nous avoir le gouverne-
» ment de nous-mêmes, comme Napoléon a le gouverne-
» ment du monde! le monde se renouvellerait à chaque
» génération et s'élancerait au-dessus de lui-même. Mais
» tout en reste toujours au même point, parce que personne
» ne pousse en soi les choses plus loin qu'elles n'ont été
» poussées; puis, à peine est-on au monde, que l'on com-
» mence déjà à s'ennuyer. Oui, vraiment, on sent tout de
» suite, quand même on l'entend pour la première fois, que
» la sagesse est une vieille chose rebattue. » Elle faisait beau-

coup jaser, sur Napoléon, les militaires français qui logeaient chez elle ; à leurs récits elle éprouvait tous les frissons de l'enthousiasme, et elle disait : « C'est bien lui qui est
» l'homme achevé, lui qui se reflète avec ivresse dans tous
» les cœurs. Il n'y a rien de plus grand que quand l'homme
» se fait sentir dans l'homme ; alors les hommes et les
» esprits deviennent la chaîne électrique par laquelle la féli-
» cité croît, se développe jusqu'à ce qu'elle aille se perdre
» en étincelles dans le royaume du ciel. » Elle disait encore que la poésie existe pour sauver ce qui est noble, simple et grand des griffes du bourgeois ; que tout était poésie à son origine, et que le poëte était destiné à faire reparaître cette poésie première, parce que les choses ne s'éternisent que par elle. — Sa manière de penser est restée profondément gravée en moi ; je réponds dans son sens à toutes les questions que je me fais. Elle était si décidée, que l'opinion générale n'avait aucune influence sur elle. Tout provenait chez elle d'un sentiment profond. Elle me disait souvent que sa préférence pour moi était née de la fausse opinion qu'on avait de moi ; que cela l'avait de suite conduite à pressentir qu'elle me comprendrait mieux que les autres. Je chercherai à me rappeler tout ce qu'elle m'a dit, et ma mémoire ne me sera pas moins fidèle que mon cœur. La dernière année de sa vie, à la Pentecôte, je revins du Rhingau pour la voir ; elle en fut joyeusement surprise ; nous allâmes en voiture dans la petite forêt aux cerises. Il faisait beau, les fleurs tombaient silencieusement sur nous comme de la neige ; je lui parlai d'un jour de fête aussi beau quand j'avais treize ans. Ce jour-là je m'étais assise seule l'après-midi sur un banc de gazon ; un petit chat vint

s'étendre sur mes genoux, au soleil, et s'y endormit ; je restai assise, pour ne pas le déranger, jusqu'à ce que le soleil se couchât ; à ce moment le chat partit tout-à-coup. Ta mère se mit à rire et me dit : « Alors tu n'avais pas encore en-
» tendu parler de Wolfgang ; c'est pourquoi tu te conten-
» tais du chat. »

Oh ! oui, que n'ai-je encore ta mère ! avec elle il n'était pas nécessaire qu'il arrivât de grandes choses ; un rayon de soleil, un tourbillon de neige, le son d'un cor de postillon, réveillaient un monde de sentiments, de souvenirs et de pensées. J'ai honte d'être aussi faible devant toi. Ne m'ai-mes-tu pas et ne m'accueilles-tu pas comme un excellent don ? Peut-on recevoir un présent sans se donner, soi aussi, en présent ? Ce qui ne se donne pas tout entier et pour toujours est-ce un présent ? Y a-t-il un pas en avant qui ne fasse progresser vers la vie nouvelle ? Celui qui recule n'a-t-il pas rompu avec la vie éternelle ? Voici un exemple très-simple de calcul : l'on ne doit pas désespérer, parce que ce qui est éternel n'a pas de limites. Qui posera des limites à l'amour, à l'esprit ? qui a jamais aimé et s'est réservé quelque chose ? Se réserver quelque chose pour soi est l'amour de soi-même. La vie terrestre est une prison ; l'amour est la clef de la liberté qui conduit de la vie terrestre à la vie céleste. — Qui peut être délivré de soi-même sans l'amour ? La flamme dévore l'élément terrestre pour gagner un espace sans limites à l'esprit, et lui alors s'élève vers l'éther ; le soupir qui se résout dans la divinité n'a pas de bornes. L'esprit seul a une action éternelle, une existence éternelle ; tout le reste meurt. Bonne nuit, bonne nuit; voici venir l'heure des esprits.

Ton enfant, qui se presse contre toi, effrayée de ses propres pensées.

A BETTINE.

Puisqu'au milieu des événemens intéressans et des dissipations de la ville populeuse tu n'as pas négligé de m'envoyer des relations si riches de contenu, il serait injuste que je ne t'envoyasse pas dans la retraite où tu te caches un signe de vie et d'amour. Où donc es-tu fourrée? Ce ne peut être loin de moi. Les fleurs de lavande incluses dans ta lettre sans date n'étaient pas encore fanées lorsqu'elles m'arrivèrent; cela signifie que nous sommes peut-être plus proches l'un de l'autre que nous ne le pressentons. Ne néglige pas, au milieu de tout ce que tu fais, et de tes essais singuliers, de bâtir avec des briques fabriquées par toi-même un temple à la déesse Occasion, et rappelle-toi en même temps qu'il faut savoir la saisir hardiment par ses trois cheveux dorés, si l'on veut s'assurer ses faveurs. Il est vrai que je te possède déjà dans tes lettres, dans ton souvenir, dans tes charmantes mélodies, et encore plus dans ton album, dont je m'occupe journellement, afin de m'approprier de plus en plus ton imagination si riche et si sublime ; pourtant j'aimerais pouvoir te dire de vive voix combien tu m'es précieuse.

Tes prophéties sur les hommes et sur les choses, sur le passé et sur l'avenir, me sont utiles et agréables, et je mérite bien que tu me donnes ce que tu as de meilleur en ce genre. Un souvenir fidèle, aimant, a peut-être une meilleure influence sur l'esprit et le sort que la faveur des étoiles, dont nous ne savons pas si elle-même n'est pas du fait de l'amour et de ses conjurations.

Écris-moi tout ce que tu te rappelles de ma mère ; c'est chose importante pour moi. Elle avait du cœur et de la tête pour l'action comme pour le sentiment. Écris-moi tout ce que tu as vu et appris dans ton voyage. Ne te laisse pas attaquer méchamment par la solitude ; tu as assez de force pour lui arracher ce qu'elle a de meilleur.

Il serait beau que les chères montagnes de la Bohême me procurassent ta charmante apparition. Adieu, ma plus chère enfant ; continue à vivre avec moi et ne me laisse pas manquer de tes chères lettres pleines de détails.

GOETHE.

A GOETHE.

Ta lettre m'est arrivée si promptement, qu'avant de l'avoir lue je crus y attraper encore ton souffle. Moi aussi j'ai consulté la carte. Si je partais aujourd'hui d'ici, demain matin je serais à tes pieds, et le ton mineur de ta lettre me fais voir que tu ne m'y laisserais pas long-temps soupirer: tu m'attirerais sur ton cœur ; et la douce paix, qui descend toujours sur moi en ta présence, serait précédée d'une joie impétueuse qui m'ébranlerait comme un final retentissant de tambours et de cymbales. A qui parler de ce petit voyage qu'il faudrait faire pour aller te rejoindre? Oh! non, je n'en dirai rien ; personne ne comprendrait combien il me rendrait heureuse. D'ailleurs n'est-il pas d'usage de condamner la joie de l'enthousiasme, de la qualifier de folie et d'absurdité? Ne crois pas qu'il me soit permis de dire aux autres combien je t'aime; on trouve trop facilement ridicule ce qu'on ne comprend pas. Je suis donc forcée de me taire. D'après ton idée et pour amuser mon impatience, j'ai déjà, avec des briques faites par moi, posé les fondemens d'un temple à l'admirable déesse qui se joue des bourgeois; je vais t'en décrire le plan : C'est une salle carrée; au milieu de ses quatre murailles se trouvent des portes étroites et petites. Au milieu de cette salle il y en a une autre élevée sur des marches, dont chaque pan de muraille a également une porte; cette seconde salle est bâtie diagonalement, de manière que les angles sont en face des portes de la première; puis vient une troisième salle toujours carrée, aussi élevée sur des marches; elle n'a qu'une porte et se trouve dans la direction de la première salle. Trois des angles de ce dernier espace intérieur sont coupés et ouvrent sur le second espace; ils forment les jardins des Hespérides, au milieu desquels est la déesse assise sur un trône, nonchalamment appuyée sur le coussin de son siége. Sans but et en jouant elle lance des flèches sur les pommes d'or des Hespérides, qui voient avec chagrin leurs fruits s'envoler avec les flèches qui les atteignent, et passer par les ouvertures qui donnent dans le second espace. O Goëthe! qu'il est heureux celui qui sait choisir au dehors la vraie porte, qui sait pénétrer sans hésiter jusqu'au temple intérieur, et attraper la pomme au moment où elle s'envole avec la flèche!

Ta mère disait : « Tous les beaux sentimens de l'esprit
» de l'homme, lors même qu'ils ne peuvent être exprimés

» sur terre, ne sont pas perdus pour le ciel, où tout n'est
» qu'en esprit. Dieu a dit *qu'il soit*, et par ce mot il a
» créé tout ce bel univers. La même force est innée dans
» l'homme, et ce qu'il invente en esprit est créé simultané-
» ment dans le ciel. L'homme se fait son ciel à lui-même,
» et ses belles inventions ornent pour lui le séjour éternel
» et infini de l'autre monde. » C'est pourquoi je bâtis un si
beau temple à notre déesse; j'orne ses murailles de pein-
tures aimables et de statues de marbre; je le pave de mo-
saïques, j'y mets des fleurs, je le remplis du parfum de
l'encens; je prépare sur le faite un lit commode à la cigogne messagère de bonheur. De cette façon, je cherche à
passer ce temps d'impatience qui me précipite d'une excitation dans l'autre. Je ne sais plus écouter dans le lointain
comme jadis, lorsque dans la solitude de la forêt j'étais at-
tentive au gazouillement des oiseaux afin de découvrir leurs
nids. Maintenant, en plein midi je suis assise seule dans
le jardin, et je ne voudrais que sentir, ne pas penser, pas
même à ce que tu es pour moi. Le vent arrive tout doucement, comme s'il venait envoyé par toi; il rafraîchit déli-
cieusement mon cœur; il joue avec la poussière qui est à
mes pieds, il chasse parmi les petites mouches dansantes, il
caresse mes joues enflammées, il éloigne la chaleur brûlante
du soleil, il soulève les rameaux non taillés des ceps de
vigne et murmure dans leurs feuilles; puis il passe sur
les prairies et sur les fleurs qui s'inclinent. Ne m'a-t-il pas
apporté un message? L'ai-je bien compris? est-ce vrai?
il est chargé de me saluer mille fois de la part de mon ami,
qui, non loin d'ici, m'attend pour me dire mille fois que
je suis la bienvenue. Ah! je voudrais encore lui deman-

der si....; mais il est parti; laissons-le courir à d'autres qui désirent tout comme moi. Je me tourne vers celui qui seul sait émouvoir mon cœur; ma vie se renouvelle à son esprit, au souffle de ses paroles[1].

Lundi.

Ne me demande pas la date; je n'ai point de calendrier, et je t'avouerai qu'il ne me paraît pas convenable pour mon amour de m'informer du temps. Ah! Goëthe! je ne veux regarder ni derrière ni devant moi. Le temps est le bourreau des momens divins; et, pleine d'un pressentiment timide, je vois briller le glaive qu'il agite au-dessus d'eux. Non, je ne veux pas savoir quand viendra le temps où l'éternité même ne sera pas capable d'étendre le bonheur au-delà des limites du moment. Cependant si tu tiens maintenant ou dans un an, ou plus tard encore, à savoir quand ce fut que le soleil me noircit et que je ne le sentis pas, tant je pensais à toi, je te dirai que nous sommes à l'époque où les groseilles sont mûres, et que l'esprit spéculatif de mon frère veut s'essayer à faire un excellent goseberry-vine que je l'aide à presser. Hier soir, au clair de la lune, nous avons fait notre vendange; une quantité innombrable de phalènes volaient autour de ma tête. Nous avions réveillé tout un monde d'êtres rêveurs par notre vendange nocturne; ils étaient tout troublés. Rentrée dans ma chambre, j'en trouvai une quantité qui voltigeaient autour de la lumière; j'en eus pitié, et voulant les aider à sortir, je tins long-

[1] Imité par Goëthe dans le livre de Suleika.

temps la lumière devant la fenêtre; j'ai passé ainsi la moitié de la nuit, et je n'ai pas regretté ma peine. Goëthe, à ton tour aie de la patience avec moi, lorsque je voltige autour de toi et que je ne puis me séparer des rayons de ta splendeur ; éclaire-moi avec plaisir jusqu'au logis.

BETTINE.

Mardi.

Ce matin, Christian, il exerce aussi la médecine, a guéri une caille apprivoisée qui court dans ma chambre et qui était malade. Il essaya d'abord de lui faire avaler une goutte d'opium; mais le voilà qui marche sur la pauvre caille, de façon qu'elle reste morte et aplatie. Il la saisit promptement, la roule entre ses deux mains, et elle se met à l'instant même à courir comme si elle n'avait rien eu. Sa maladie aussi est passée; elle ne hérisse plus ses plumes, mange, boit, se baigne et chante. Tout le monde regarde cette caille avec étonnement.

Mercredi.

Aujourd'hui nous sommes allés dans les champs pour voir l'effet d'une machine avec laquelle Christian veut arroser les moissons dans les grandes sécheresses; la pluie perlée qu'elle lançait se répandait au loin, et jouait au soleil à notre grand plaisir. J'aime beaucoup à aller me promener avec ce frère-là ; il marche négligemment devant moi et trouve partout quelque chose de remarquable. Il connaît la vie des petits insectes, leur demeure, comment ils se nourrissent et se reproduisent; il nomme toutes les plantes, il connait leur origine, leurs qualités; quelquefois il reste tout un jour planté dans un endroit à réfléchir; qui sait tout ce à quoi il pense alors? Son génie inventif déterre plus de choses qu'il n'y en a à faire dans une ville. Tantôt c'est chez le forgeron, tantôt chez le charpentier, que je suis chargée d'aller exécuter des commissions difficiles. Chez l'un je tire le soufflet; je tiens le cordeau ou l'équerre de l'autre, puis il faut encore que j'agisse de l'aiguille et des ciseaux. Christian a inventé une casquette de voyage dont le haut s'ouvre en parasol, et une voiture également de voyage, ronde comme un tambour, en peau de mouton; cette voiture va toute seule. Il fait aussi des poëmes; il a fait une comédie où il y a de quoi rire pour les lèvres et pour le cœur. Il joue très-avant dans la nuit des variations fort brillantes qu'il a composées pour la flûte et qui retentissent dans tout le cercle de Pragin. Il m'apprend à monter à cheval et à diriger mon cheval comme un homme; il me fait monter sans selle et s'étonne de ce que je reste assise au galop. Au reste, le cheval ne veut pas que je tombe; il me mord le pied pour s'amuser et sans doute pour m'encourager; c'est peut-être un prince métamorphosé auquel j'aurai su plaire. Christian m'enseigne encore à faire des armes de la main gauche et de la main droite; à tirer au but, et ce but n'est autre qu'un grand tournesol. J'apprends tout cela avec zèle, à seule fin que ma vie ne soit pas si bête quand la guerre recommencera. Ce soir, nous sommes allés à la chasse aux papillons; j'en ai tué deux d'un seul coup.

C'est ainsi que la journée s'écoule rapidement. Au commencement j'avais peur que l'abondance du temps ne me fît t'écrire de trop longues lettres, ou bien ne me fît t'illuminer de pensées spéculatives sur Dieu et la religion, parce qu'à Landshut j'avais beaucoup lu la Bible et les écrits de Luther. Maintenant tout me semble rond comme le monde, ce qui ne donne pas matière à réflexion, car nous ne pouvons tomber nulle part. Je chante tes chansons en me promenant; les mélodies viennent d'elles-mêmes. Je fais des progrès sensibles dans le désert, c'est-à-dire de grands sauts d'un rocher à l'autre. J'ai découvert un petit lieu de plaisance des écureuils. Je trouvai sous un arbre une grande quantité de noix à trois côtes; une douzaine de petits écureuils étaient assis sur l'arbre et me jetaient des coquilles sur la tête; je restai tranquille, regardant leurs sauts de ballet et leurs danses mimiques. Tout ce qu'on voit manger avec plaisir vous donne un appétit irrésistible. J'ai ramassé plein mon mouchoir de ces noix qu'on nomme *glands de hêtre* (faînes), et je les ai grignotées pendant toute la nuit, à l'imitation des petits écureuils. Comme les bêtes de la forêt se nourrissent bien! comme elles ont en même temps les mouvemens gracieux, et comme le caractère de leur nourriture s'exprime dans leurs mouvemens! En entendant la chèvre faire claquer sa langue lorsqu'elle mange, on s'aperçoit de suite qu'elle aime de préférence les plantes acides. Je n'aime pas à voir manger les humains, cela m'humilie. L'odeur de la cuisine où l'on prépare toutes sortes de choses me rend malade; on y cuit, on y rôtit, on y larde. Tu ne sais peut-être pas ce que c'est que de larder? c'est une grande aiguille garnie de lard avec laquelle on coud la viande des bêtes. Puis viennent les hommes distingués et instruits qui gouvernent l'état ; ils s'asseyent à table et mâchent en société. A Vienne, on a accordé aux Tyroliens le pardon de leur révolution, qu'on avait fomentée, on a vendu Hoffer aux Français, tout cela à table, le cerveau aviné ; ça s'est arrangé sans grand remords.

Les diplomates ont, il est vrai, la ruse du diable; eh bien, malgré tout, le diable se moque encore d'eux. Cela se voit sur leurs drôles de visages, où il peint et reflète toutes leurs intrigues. La plus grande dignité ne consiste-t-elle pas à servir l'humanité? Quelle admirable tâche pour un souverain, lorsque ses enfans viennent et lui disent : Donnenous notre pain quotidien! de répondre : Tenez, prenez tout; il ne me faut rien autre que de vous voir pourvus. Oui, vraiment, un prince doit-il désirer autre chose que d'avoir tout pour les autres? ce serait le meilleur moyen d'acquitter ses dettes; mais ils n'ont pas payé leurs dettes envers les pauvres Tyroliens. Est-ce que cela me regarde? Le messager va partir, et je ne t'ai rien écrit de tant de choses que j'avais à te dire. Ah! s'il se pouvait que je te visse bientôt! Oui, il faut que cela soit. Alors nous laisserons de côté toutes les querelles du monde, et nous emploierons consciencieusement chaque minute[1].

BETTINE.

[1] Ici il y a une lacune dans la correspondance.

A BETTINE.

Tœplitz.

Tes lettres, charmante Bettine, sont telles, qu'on croit toujours que la dernière est la plus intéressante; il en fut de même des feuilles que tu m'apportas, que je lus et relus attentivement le matin de ton départ. Voici qu'arrive ta dernière lettre qui surpasse toutes les autres [1]. Si tu peux continuer ainsi à te surpasser, fais-le; tu as emporté tant de choses avec toi, qu'il est juste que tu m'en renvoies une partie. Sois heureuse!

GOETHE.

| Il faut que je te prie d'envoyer ta lettre à l'adresse ci-contre. Quelle honte! et que dira-t-elle à ce sujet! | Chez monsieur le capitaine de Verlohren [2], à Dresde. |

A GOETHE.

Berlin, 17 octobre.

Ne m'accuse pas d'avoir emporté tant de choses, car vraiment je me sens si pauvre que je cherche de tous côtés quelque objet qui puisse m'intéresser. Donne-moi une occupation pour laquelle il ne faille ni la lumière du jour ni la société des humains, et qui m'inspire le courage d'être seule. Je n'aime point ce lieu-ci; il n'y a pas de hauteurs d'où l'on puisse voir le lointain.

[1] Les lettres et les feuilles détachées manquent.
[2] Verlohren signifie en allemand *perdu*.

Le 18.

Je montai une fois sur une montagne...—Hélas! qu'est-ce donc qui m'oppresse le cœur? des bagatelles, dit-on. — Faut-il t'écrire avec suite? Mais alors je ne pourrai jamais arriver à dire la vérité. Depuis que nous nous sommes vus à Tœplitz, je ne sais plus que te dire ce que le jour amène avec lui. La vie n'est belle que quand je suis avec toi. Non, je ne puis rien te raconter qui se tienne. Épelle comme toujours mon bavardage ; est-ce que je ne t'écris pas toujours ce que je t'ai déjà répété cent mille fois?—Des personnes revenant de Dresde m'ont beaucoup parlé de tes faits et gestes, juste comme si elles voulaient me dire : Ton dieu lare est devenu l'hôte d'un autre foyer et s'y plaît[1]. Z... a reçu à son tour ton portrait et l'a appuyé contre le sien propre, d'un brun grisâtre. Je regarde le monde et je vois souvent dans ce miroir de fous ton image embrassée par des fous. Tu dois bien penser que cela n'est guère réjouissant pour moi. Toi et Schiller vous étiez amis, rien de plus naturel, votre amitié avait sa base dans le monde des esprits. Mais, Goëthe, ces liaisons postérieures me font l'effet de la queue des vêtemens de deuil d'un temps sublime et passé, traînant dans l'ordure d'une vie ordinaire. Quand je me dispose à t'écrire et que je pense, je me rappelle certains instans de mon existence qui se sont empreints en moi, clairs et tranquilles, tout comme un peintre se rappelle certains sites qui ont de la ressemblance avec ce qu'il point d'après nature. Je pense

[1] Peut-être Zelter le compositeur, ami de Goëthe.

en ce moment à ce soir du brûlant mois d'août où tu étais assis à la fenêtre, tandis que je me tenais devant toi. Nous échangions des paroles; j'avais fixé sur tes yeux mon regard acéré comme une flèche, et je restai longtemps ainsi pénétrant en toi de plus en plus. Nous nous taisions tous deux, et tu passais tes doigts dans mes cheveux défaits. Ah! Goëthe! tu me demandas alors si je penserais à toi à la lumière des étoiles; je te l'ai promis. Nous voici à la moitié d'octobre, et bien souvent j'ai regardé les étoiles en pensant à toi. Un frisson me saisit. Toi qui as banni mon regard vers ces régions, n'oublie pas que bien souvent encore ce regard se tournera vers elles; écris chaque jour dans ces astres que tu m'aimes, afin que je ne désespère pas, mais que la consolation descende pour moi du ciel, maintenant que nous ne sommes plus ensemble. L'année dernière, à cette époque, j'allai un jour me promener bien loin; je restai quelque temps assise, jouant avec le sable que le soleil faisait briller, et dispersant la semence des plantes sèches. Quand la rougeur du soir, luttant avec les brouillards, fut venue, je m'en allai en contemplant tout le pays d'alentour. J'étais libre en mon cœur; car mon amour pour toi me rend libre en moi-même. Quelquefois je me sens oppressée, alors je marche, je marche encore et je m'entretiens avec la nature. Le vent d'orage s'empare avec rapidité de vallées entières; il enveloppe, il ébranle tout, et celui qui le sent est saisi d'inspiration. La puissante nature ne laisse jamais d'espace vide, et tout ce qu'elle embrasse dans son cercle magique y reste enfermé. O Goëthe! toi aussi tu y es enfermé; et dans chaque mot, dans chaque souffle de ta poésie, on voit qu'elle te retient captif. Je m'agenouille de nouveau devant cette incarnation, et je t'aime et je te désire avec toute la nature.

J'avais encore bien des choses à te dire ; mais on vint m'appeler, et ce n'est qu'aujourd'hui, 29 octobre, que je me remets à écrire. Tout est tranquille ou plutôt désert. Pour que la vérité soit, il n'est besoin de personne ; mais pour qu'elle soit démontrée, il faut tous les hommes. O toi dont les os et la chair sont pénétrés de la beauté de ton âme, comment osais-je aimer ainsi un corps et une âme réunis ! Souvent je pense que je voudrais être meilleure et plus belle afin de justifier mes prétentions ; mais le puis-je ? Et je te vois devant moi et je sens que je n'ai rien à t'offrir, si l'amour ne me tient pas lieu de mérite. Mon amour ne saurait être stérile ; cependant je n'ose rechercher s'il t'importe en rien ; la mort serait peut-être le résultat de cette recherche. Oui, certainement, ton cœur est pour moi un berceau, et ce qui viendra m'enlever de là, que ce soit la mort ou la vie, t'enlèvera un enfant. Je voudrais n'avoir qu'un seul et même oreiller avec toi, mais un oreiller dur. Ne dis à personne que je voudrais être couchée près de toi dans le repos le plus profond. Il y a bien des tours et des détours dans le monde, des grottes et des forêts solitaires qui n'ont pas de fin ; mais rien n'est aussi bien arrangé pour le sommeil et pour le bien-être que le sein de Dieu ; je me figure qu'il est large et commode, qu'on y repose la tête appuyée sur la poitrine de ceux qu'on aime, et qu'une chaude haleine, ton haleine, que je désire tant sentir, y passe sur le cœur.

BETTINE.

(Lacune dans la correspondance.)

A BETTINE.

Me voici de nouveau, chère Bettine, de retour à Weimar. Il y a long-temps que j'aurais dû te remercier de tes chères feuilles[1] qui me sont parvenues les unes après les autres, et surtout de ton souvenir du 28 août. Au lieu de te dire comment je me trouve, ce qui ne signifie pas grand chose, je viens te faire une prière. Puisque tu ne cesseras pas de m'écrire volontiers, pas plus que je ne cesserai de te lire volontiers, tu pourrais me faire en même temps un grand plaisir. Je te dirai que je suis en train d'écrire mes confessions : cela deviendra une histoire ou un roman, je ne puis le savoir d'avance; mais en tout cas, j'ai besoin de ton concours. Ma bonne mère n'est plus, ainsi que bien d'autres qui auraient pu me rappeler le passé que j'ai presque entièrement oublié. Tu as vécu assez de temps avec cette chère mère; tu lui as entendu répéter ses histoires et ses anecdotes, et tu conserves tout cela dans ta mémoire vivifiante. Mets-toi donc de suite à écrire ce qui a rapport à moi et aux miens ; tu me feras grand plaisir et tu me rendras ton obligé. Envoie-moi de temps à autre quelque chose, et parle-moi tout à la fois de toi et de ton entourage. Aime-moi jusqu'au revoir.

Weimar, 25 octobre 1810.

[1] Les feuilles manquent.

A GOETHE.

4 novembre.

Tu as toujours une raison pour m'écrire; quant à moi, je n'ai rien conservé de ta lettre ni rien pris en considération, sinon la fin : aime-moi jusqu'au revoir. Si tu n'avais pas ajouté ces derniers mots j'aurais peut-être fait attention à ce qui précédait; mais cette marque d'amitié m'a inondée de bonheur, m'a emprisonnée dans mille douces pensées depuis hier soir jusqu'à aujourd'hui soir. Tu dois voir par là qu'il y a à peu près vingt-quatre heures que ta lettre a apporté de l'air frais dans ma chambre; mais depuis ce temps-là aussi, comme un blaireau qui ne veut pas du temps d'hiver, je me suis enterrée dans le terrain chaud de mes propres pensées. Ce que tu demandes a toujours pour moi le mérite de me paraître digne d'être donné. Je confie donc volontiers à ta garde la nourriture, la vie de deux années bien occupées; c'est peu de chose par rapport à beaucoup, mais c'est énormément parce que c'est unique. Toi-même tu t'étonneras peut-être que j'aie introduit dans le temple des choses que l'on trouve partout, et que j'aie sanctifié par elles toute mon existence. Au printemps on rencontre, on cueille des fleurs à toutes les haies, c'est chose ordinaire; mais n'est-il pas beau, n'est-il pas extraordinaire, cher seigneur, de voir après longues années la modeste fleur qu'on a cueillie fleurir encore et répandre encore des parfums? — Ta mère te mit au monde dans sa dix-huitième année; dans sa soixante-seizième elle savait encore tout ce qui s'était passé dans ton enfance, et elle ensemençait des fleurs éternelles de ses souvenirs le jeune champ dont le sol, quoique bon, ne produisait pas de fleurs propres. C'est pourquoi je pourrais bien te plaire; je suis pour ainsi dire le jardin parfumé de ses souvenirs, le jardin dont sa tendresse était la plus belle fleur, et, oserais-je le dire? ma fidélité la plus grande. Depuis long-temps je désirais que ces choses qui avaient jeté de si profondes racines chez ta mère et qui s'étaient épanouies en fleurs chez moi, devinssent de doux fruits, se détachassent enfin du tronc et tombassent à terre. Maintenant écoute : J'appris à connaître à Munich un jeune médecin à la figure brûlée, déchirée par la petite vérole; il était pauvre comme Job, étranger à tout le monde; c'était une organisation grande et large, mais par cela même achevée et renfermée en elle-même. Il ne considérait pas le diable comme le principe absolu du mal; il ne voyait en lui qu'un drôle à deux cornes et à pieds de bouc (tout simplement parce qu'un homme de courage empoigne facilement un être qui a deux cornes); son inspiration ne le menait pas par une échelle céleste, mais bien par une échelle de poule à sa chambre, où il végétait à ses frais avec de pauvres malades, partageant joyeusement ce qu'il avait avec eux, et les faisant profiter de son talent jeune et enthousiaste. Il avait été muet jusqu'à l'âge de quatre ans; un coup de tonnerre délia sa langue. A quinze ans il dut être soldat; mais ayant dompté un cheval sauvage qui appartenait à un général, celui-ci l'exempta pour sa peine. On lui donna, à Munich, une petite place incommode pour le récompenser d'avoir guéri un fou; c'est alors que j'appris à le connaître. Bientôt il eut ses entrées libres chez moi. Ce bon esprit, si riche en générosité, et qui passé cela ne possédait rien que sa solitude, après les devoirs pénibles de la journée, plein de la passion d'être utile, courait à la rencontre des pauvres Tyroliens prisonniers, pour leur fourrer de l'argent ; ou bien il m'accompagnait à la tour en colimaçon d'où l'on découvrait les Alpes. Là, quand nous apercevions une vapeur ou une lueur rougeâtre au ciel, nous tâchions de deviner si c'était un incendie. Souvent je lui communiquais mon plan de passer aux Tyroliens; nous cherchions ensemble sur la carte le chemin des montagnes; souvent j'ai lu sur sa figure qu'il n'attendait que mes ordres pour partir.

Nous en étions là, lorsque Ausbourg se remplit de lazarets, et que la peste emporta en peu de temps médecins et malades. Mon jeune Eisbrecher se rendit dans cette ville afin de détourner le fardeau et le danger de son vieux maître, qui était père de famille. Il partit plein d'un triste pressentiment ; en lui disant adieu, je lui donnai un mouchoir, du vin vieux et ma parole de lui écrire. Après qu'il m'eut quittée, je repassai dans ma mémoire toutes les bonnes choses qui étaient arrivées durant le peu de temps de notre connaissance, et je conclus que tout ce que je lui avais dit de toi, ce que je savais sur toi et ta mère, formait un trésor sacré qui ne devait pas se perdre. Il me sembla que l'enveloppe de la misère préserverait le mieux et le plus saintement ce joyau; en conséquence, dans les lettres que j'écrivis à Eisbrecher, je me mis à raconter les anecdotes de ta jeunesse, et ces anecdotes arrivant chacune à propos comme des esprits bienfaisans, chassaient loin de nous la mauvaise humeur et le chagrin. Le hasard, que nous appelons sacré, a emporté ces lettres sur ses ailes, qui emportent tant d'objets divers; mais qu'un jour l'abondance et le bonheur reviennent dans ce pays maltraité, et lui aussi laissera tomber le fruit doré de ses ailes pour le bien-être général.

Dans ces lettres j'indiquais en peu de mots et comme si je te parlais, ces récits des temps où je ne te connaissais pas, où je ne t'avais pas encore vu, plongeant ainsi la sonde dans mon heur et malheur. Me comprends-tu? Et pour me comprendre, m'aimes-tu?

Tu veux donc que je te raconte le temps passé ; ce temps où lorsque ton esprit m'apparut je rassemblai toutes mes forces, tout mon pouvoir spirituel pour l'embrasser et pour l'aimer? Pourquoi craindrais-je le vertige de l'inspiration? la possibilité de tomber est-elle donc si effroyable? Comme la pierre précieuse qui, lorsqu'un rayon vient la frapper, réfléchit mille couleurs variées, ta beauté, éclairée par le rayon de l'inspiration, n'en sera que mille fois plus grande.

C'est seulement quand on a tout compris qu'on reconnaît la valeur des détails et des riens. Tu comprendras donc pourquoi je te dis que le lit dans lequel ta mère te mit au monde avait des rideaux bleus à carreaux. Elle avait alors dix-sept ans, et il y avait un an qu'elle était mariée. A ce propos elle disait que comme tu avais pris toute sa jeunesse, tu resterais sans doute éternellement jeune et que ton cœur ne vieillirait jamais. Il te fallut trois jours de réflexion avant d'arriver à la lumière, et tu fis passer à ta pauvre mère des heures bien douloureuses. La colère d'être obligé de sortir de ta demeure, les mauvais traitemens de la sage-femme, firent en sorte que tu arrivas tout noir au monde et sans donner signe de vie. On te mit dans une peau d'animal

et on te lotionna le creux de l'estomac avec du vin, désespérant de ta vie. Ta grand'mère était derrière le lit lorsque tu ouvris les yeux ; elle s'écria aussitôt : « Conseillère, il
» vit... Alors mon cœur maternel se réveilla, me disait ta
» mère dans sa soixante-quinzième, et depuis ce moment-
» là jusqu'à cette heure il a vécu dans un enthousiasme
» continuel. » La difficulté de ta naissance ne fut pas perdue : ton grand-père, excellent citoyen s'il en fut, faisant tourner heur et malheur au bien-être de sa ville, était alors justement syndic, il saisit cette occasion pour faire nommer un accoucheur des pauvres. « Déjà au berceau il
» fut un bienfait pour les hommes ! » disait ta mère. Elle te mit au sein, mais il n'y eut pas moyen de te faire teter ; on essaya donc d'une nourrice : « il se mit à l'instant à la
» teter de bon appétit et avec bien du plaisir, continuait ta
» mère; et comme il se trouva que je n'avais pas de lait,
» nous conclûmes bientôt qu'il avait été plus spirituel que
» nous tous, puisqu'il n'avait pas voulu me teter. »

Te voilà né; je puis un peu me reposer. Tu es au monde; chaque moment m'est par conséquent assez cher pour que je m'y arrête. Je ne veux pas évoquer la seconde période, car elle m'éloignerait de la première. *Où tu es, est l'amour et la bonté; où tu es, est la nature !* Maintenant j'attendrai que tu me dises : Continue. Alors je te demanderai d'abord : Où en sommes-nous restés ? Puis je te parlerai de tes grands parens, de tes rêves, de ta beauté, de ta fierté, de ton amour, etc. Ainsi soit-il.

Conseillère, il vit ! ces mots me pénétraient le cœur chaque fois que ta mère les prononçait avec un cri de joie.

Le glaive du danger est souvent suspendu à un cheveu;

mais aussi le bonheur d'une éternité est souvent dans un seul regard.

On peut bien dire cela de ta naissance.

BETTINE.

P. S. Écris-moi bientôt, enfant de mon cœur ; alors je te ferai croître, arriver aux belles années où ton humeur bouillante te rendait dangereux pour tout le monde, et t'enlevait au-dessus du danger. T'avouerai-je que ces récits me font mal, et que les mille pensées qu'ils réveillent campent autour de moi comme s'y elles voulaient me retenir à jamais prisonnière ?

Zelter[1] me carillonne et me bourdonne tes chansons comme une cloche que ferait sonner un sacristain paresseux. Ça fait bien *bim*, mais le *bam* est toujours en retard. Ces compositeurs tombent tous les uns sur les autres ; Zelter sur Reichardt[2], celui-ci sur Hum-

---

[1] Charles Zelter, né à Berlin en 1759, de maçon qu'il était devint musicien et compositeur très-estimé. Nommé en 1809 professeur de musique à l'Académie de Berlin, il créa dans cette ville la première *Liedertafel*, société de chant, mot à mot *Table de chant*, usage renouvelé du dix-septième siècle, par lequel des amateurs se réunissaient à dîner pour exécuter ensuite des chants en parties ; les liedertafel, qui doivent donc à Zelter leur résurrection, existent maintenant dans toutes les villes d'Allemagne. C'est pour sa société que Zelter composa ses chansons et ses motets devenus si populaires. L'énergie, la naïveté, la netteté, distinguent ces compositions. Parmi les élèves de Zelter, il faut citer Mendelsohn Bartholdy, l'un des plus grands compositeurs de l'époque. Zelter mourut en 1832. Après sa mort on publia sa *Correspondance avec Goëthe*, ouvrage intéressant qui met à nu l'individualité du musicien resté simple et rude, et celle du poëte devenu courtisan.

[2] Joseph Reichardt, né en Prusse en 1751, fut écrivain et musicien. Nommé en 1775 maître de chapelle à Berlin, par Frédéric le Grand, ce fut lui qui composa la célèbre cantate funèbre exécutée aux funérailles

mel¹, Hummel sur Righini², et Righini à son tour sur
Zelter. Si chacun d'eux se bâtonnait lui-même, il ferait
plus de plaisir aux autres que de les engager au concert.
Mais j'exige qu'ils laissent en paix les morts, ainsi que

ce grand homme. A la suite d'un voyage fait à Paris en 1792, ayant
publié un ouvrage intitulé *Lettres confidentielles*, il fut accusé d'idées
révolutionnaires et perdit sa place. Il se retira alors à Hambourg, où il
se fit rédacteur d'un journal, *la France*. Rappelé en Prusse, il se remit
à composer. En 1803, il fut élu membre de l'Institut de France, et mourut
en 1814. Reichardt s'efforça d'unir dans sa musique la profondeur allemande à la mélodie italienne; il y parvint souvent avec succès. Ses principaux ouvrages sont les opéras de *Brenno*, de *Rosmunda*, d'*Andromeda*;
il mit en musique une grande partie des chants de Goëthe.

¹ Jean-Népomucène Hummel, né en Hongrie en 1778, reçut sa première éducation musicale à Vienne. Son talent précoce détermina Mozart
à le prendre pour élève, malgré l'antipathie de ce grand musicien pour
tout ce qui tenait à l'enseignement musical. Hummel resta pendant deux
ans sous la direction de Mozart, qui voulut même l'avoir dans sa maison.
Plus tard, il étudia la composition sous le célèbre Albrechtsberger et
sous Salieri. Il fut d'abord maître de chapelle du prince Esterhazy, et
plus tard maître de chapelle à Stuttgardt et à Weimar. En 1825, il
parcourut la Russie, l'Angleterre; il vint à Paris, et partout il fut admiré
et déclaré le premier pianiste de l'époque, autant pour son exécution
parfaite que pour la richesse de son talent d'improvisation. Hummel est
mort en 1840. Sa belle musique de piano passe pour la meilleure du genre.
Ses compositions les plus estimées sont deux grands concertos et un sep-
tuor pour le piano.

² Vincent Righini, né à Bologne en 1760, eut pour maître dans la
composition musicale le père Martini. Ayant entendu à Vienne la musique
de Mozart, il se mit à l'étudier avec ardeur et chercha à marcher sur les
traces du grand musicien; aussi ses opéras d'*Atalante*, d'*Ariane*, de la
Gerusalemme liberata, se rapprochent-ils du style de Mozart. Righini
jouit de son temps d'une réputation aussi grande que méritée; sa musique fut applaudie aussi bien en Italie qu'en Allemagne. Il est auteur
d'un solfége très-connu. Nommé en 1793 maître de chapelle du roi de
Prusse, il mourut en 1814, à Bologne, sa patrie, qu'il était allé revoir.

(*Notes du traducteur.*)

Beethoven, qui dès sa naissance a renoncé à leur héritage. Tout cela ne signifie rien.... Cher ami! celui qui t'aime comme moi te chante dans le plus profond de son cœur; mais un homme comme Zelter, qui a des os si larges et un gilet si long, ne saurait le faire.

Écris-moi bientôt, écris-moi de suite. Si tu savais qu'un seul mot de toi dissipe souvent un rêve pénible! Dis-moi seulement : Enfant, je suis avec toi! Alors tout ira pour le mieux. Oh! fais-le!

Cela t'intéresserait-il de ravoir des lettres que tu as écrites à des amis d'enfance? Réponds-moi là-dessus. Il me semble que ces lettres pourraient te reporter aux temps passés, et il ne serait pas impossible de les ravoir, du moins en partie. Réponds-moi, cher ami. En attendant je ne laisserai pas passer de jour sans travailler à la tâche que tu m'as donnée.

A BETTINE.

Voici les duos; je n'ai en ce moment que juste assez de temps et de tranquillité d'esprit pour te dire : Continue à être aimable et gracieuse. Fais-moi bientôt baptiser! Adieu.

G.

12 novembre 1810.

A GOETHE.

Mon très-cher ami,

Je ne te connais pas, non, je ne te connais pas! J'explique mal tes paroles. Je suis inquiète de toi tandis que tu es élevé au-dessus de tout esclavage, que jamais le malheur ne jeta d'ombre sur ton visage. Et je craindrais pour l'hôte chéri, l'hôte le plus noble du bonheur? L'amour véritable n'a pas d'inquiétude. J'ai souvent pris la résolution de te regarder comme quelque chose de trop sacré pour craindre misérablement pour toi. Tu ne dois faire naître en moi que joie et consolation. Quoi qu'il en soit, quand même je ne t'aurais pas, je te possède pourtant. N'est-ce pas, tu vois dans mes lettres que je te dis la vérité? Tu m'as dans mes lettres; mais moi, t'ai-je dans les tiennes?... Quand je les ouvre, je suis les traits que ta plume a tracés; je pense qu'une main bienveillante pour moi et le regard qui m'aime ont conduit cette plume; que cet esprit, qui embrasse tant de choses diverses, s'est tourné pendant une minute entièrement vers moi. C'est de cette façon seule que je te possède; te faut-il un commentaire à cela? L'instant est un espace de temps plus convenable pour une apparition céleste qu'une demi-heure. L'instant que tu me donnes me rend plus heureuse que toute la vie.

Aujourd'hui 24, j'ai reçu les duos avec tes quelques lignes qui, à tout hasard, m'ont trompée; il me semble y voir que tu étais malade ou bien... je ne sais tout ce qui me passa par la tête, mais l'idée ne me vint pas que si tu avais exprimé tant de choses en si peu de mots, c'est que

sans doute en ce moment-là ton cœur était trop plein; car il n'y a pas à trembler, il n'y a pas à craindre pour toi. Pourtant s'il en était autrement? Malheur à moi si je ne pouvais te suivre joyeusement, si mon amour ne trouvait pas le chemin qui t'est le plus proche, aussi proche que mon cœur l'est du tien.
BETTINE.

Je t'envoie ci-joint des feuilles remplies d'histoires et de notices sur ta vie et sur celle de ta mère; reste à savoir si tu pourras t'en servir. Écris-moi s'il t'en faut encore plus; dans ce cas il faudrait me renvoyer ce cahier; mais je suis certaine que tu y trouveras plus et mieux que je ne saurais y ajouter. Pardonne tout ce qui s'y trouve de superflu, et tout d'abord les pâtés d'encre et les mots biffés.

A GOETHE.

Le ciel s'étend à l'infini devant moi; toutes les montagnes que mon regard silencieux a jamais mesurées s'élèvent à des hauteurs prodigieuses, les plaines que le soleil levant enserrait tout-à-l'heure dans un bord doré n'ont plus de limites. Tout grandit, tout s'étend; allons-nous entrer dans l'éternité? Faut-il donc tant d'espace à sa vie?

Que dire de son enfance? A peine âgé de neuf semaines, il avait déjà de mauvais rêves. Ses grands parens, son père, sa mère, sa nourrice entouraient son berceau et contemplaient les mouvemens précipités de sa physionomie. Lorsqu'il se réveillait, il se mettait douloureusement à pleurer;

quelquefois même il criait si fort que la respiration venait à lui manquer, et que ses parents craignaient pour sa vie. Ils imaginèrent alors de se procurer une sonnette, et lorsqu'ils remarquaient que son sommeil était agité, ils se mettaient à sonner, afin qu'en se réveillant il oubliât son rêve. Une fois, son père le tenant dans ses bras, lui faisait regarder la lune; tout-à-coup, comme si quelque chose l'eût touché, l'enfant se renversa en arrière; il était tellement hors de lui, qu'il fallut que son père lui soufflât dans la bouche pour qu'il n'étouffât pas. « Pendant une période
» de soixante ans j'aurais sans doute oublié tous ces petits
» détails, disait la mère, si sa vie postérieure n'avait pas
» rendu tout cela sacré pour moi. Ne dois-je point remer-
» cier la Providence d'avoir conservé cette existence qui
» tenait à un souffle et qui maintenant s'est affermie dans
» tant de cœurs? Quant à moi, elle est l'unique chose que
» je possède; car tu dois bien penser, Bettine, que les
» événemens de ce monde ne sauraient plus m'occuper, et
» que les sociétés ne remplissent plus mon âme. Mais dans
» ma solitude où je compte les jours, il ne s'en passe pas
» un que je ne pense à mon fils, et ces pensées sont de
» l'or pour moi. »

Il n'aimait pas à jouer avec les petits enfans, à moins qu'ils ne fussent très-beaux. Un jour, en société, il se mit tout-à-coup à pleurer et s'écria : « Faites sortir cet
» enfant noir, je ne puis le souffrir! » Il ne cessa pas de pleurer jusqu'à ce qu'il fût de retour à la maison, ne pouvant se consoler de la laideur de l'enfant qu'il avait vu. Il avait alors trois ans. Bettine, qui pendant ce récit était assise sur un tabouret aux pieds de madame la conseillère,

faisait ses commentaires là-dessus, et serrait contre son cœur les genoux de la bonne mère.

Il avait la plus grande affection pour sa petite sœur Cornélie[1], encore au berceau ; il lui portait tout ce dont elle avait besoin, et voulait la nourrir et la soigner à lui tout seul. Il témoignait beaucoup de jalousie quand on l'ôtait du berceau où il la gouvernait ; sa colère devenait bientôt indomptable. En général il était beaucoup plus facile de le mettre en colère que de le faire pleurer.

La cuisine de la maison donnait sur la rue. Un dimanche matin, pendant que tout le monde était à l'église, le petit Wolfgang entra dans la cuisine et se mit à jeter toute la vaisselle par la fenêtre, charmé du bruit qu'elle faisait en se cassant, et des encouragemens des voisins que ce manége amusait. Sa mère, en revenant de l'église, fut bien étonnée de voir voler tous les plats par la fenêtre ; c'était la fin de l'exécution. Wolfgang riait de si bon cœur avec les gens qui se trouvaient dans la rue, que sa mère se mit également à rire.

Souvent il regardait les étoiles, qui, lui avait-on dit, présidèrent à sa naissance ; alors il fallait que l'imagi-

---

[1] Cornélie Goëthe, plus jeune que Goëthe, était douée de toutes les qualités du cœur et de l'esprit. Elle avait pour son frère un attachement des plus tendres et des plus dévoués que celui-ci payait de la plus entière confiance. Quoiqu'elle eût désiré passer sa vie avec lui, elle consentit à épouser Georges Schlosser, ami intime de Goëthe, homme de mérite, écrivain et employé dans l'administration. Son mari ayant été nommé préfet d'un grand cercle du duché de Bade, Cornélie alla vivre dans une petite ville ; elle ne fut pas heureuse : la vie de ménage et de province ne pouvait convenir à ses goûts poétiques et à son humeur indépendante. Elle mourut jeune encore en 1776 ou 1777. (*Note du traducteur.*)

nation de sa mère inventât l'impossible pour répondre à ses questions. Bientôt il fut persuadé que Jupiter et Vénus étaient les souverains et les protecteurs de son sort. Dès lors aucun joujou ne sut lui plaire, sinon la planche à compter de son père, sur laquelle il imitait avec des jetons la position des astres, telle qu'il l'avait observée. Il mettait cette planche près de son lit et se croyait ainsi plus près de l'influence de ses bons astres. Il disait souvent à sa mère avec inquiétude : « J'espère que les astres ne m'oublieront pas » et qu'ils tiendront ce qu'ils ont promis à ma naissance ? » Sa mère répondait : « Pourquoi donc veux-tu à toute force » l'assistance des astres, tandis que nous autres nous nous » en passons bien? » Alors il reprenait avec fierté : « Ce qui suffit aux autres ne me suffit pas à moi. » Il avait alors sept ans.

Ce qui parut fort singulier à sa mère, c'est qu'il ne versa pas une larme à la mort de son jeune frère Jacques, qui était son camarade de jeu; il témoigna même une espèce de dépit du chagrin de ses parens. Lorsque plus tard sa mère demanda à ce petit arrogant s'il n'avait pas aimé son frère, il courut à sa chambre, tira de dessous son lit une quantité de papiers remplis de leçons et de petites histoires, et les montrant à sa mère, il lui dit qu'il avait fait tout cela pour l'enseigner à son frère.

Sa mère croyait être l'origine de son talent d'exposition, « car, disait-elle, je ne cessais pas de racon-» ter, et lui ne cessait pas de m'écouter. Dans mes » contes je représentais l'air, le feu, l'eau et la terre, » sous la figure de belles princesses, je donnais une si-» gnification à tout ce qui se passait dans la nature. Tout

» cela prit un sens auquel je crus bientôt moi-même plus
» fermement que mes auditeurs. J'imaginais des routes
» dans le ciel; je disais que nous habiterions un jour les
» astres, quels grands esprits nous y rencontrerions. Per-
» sonne ne désirait tant voir arriver l'heure du récit que
» moi; j'étais très-curieuse de mener plus loin mes aven-
» tures, et j'étais toujours de mauvaise humeur quand
» une invitation venait me priver de ma soirée. Pen-
» dant que je parlais, Wolfgang semblait me dévorer
» de ses grands yeux noirs; et quand le sort d'un de ses
» favoris ne prenait pas la tournure qu'il avait désirée, je
» voyais la veine de son front se gonfler et des larmes rou-
» ler dans ses yeux. Quelquefois il m'interrompait au mo-
» ment de la péripétie en me disant : N'est-ce pas, mère,
» la princesse n'épousera pas le maudit tailleur quand bien
» même celui-ci tuerait le géant [1]? Souvent je m'arrêtais,
» remettant la catastrophe au lendemain soir; alors je pou-
» vais être sûre qu'il inventerait l'événement, de sorte que
» quand mon imagination faisait défaut, la sienne y sup-
» pléait. Quand le lendemain je dirigeais les fils du sort
» d'après ses indications, en lui disant : Tu l'avais deviné,
» c'est bien ce qui est arrivé; il devenait feu et flamme, et
» on voyait battre son petit cœur sous sa fraise. Ordinai-
» rement il allait confier à sa grand'mère, qui habitait
» dans la maison du fond, et dont il était le favori, com-
» ment il croyait que le récit se terminerait; alors je savais
» par elle dans quel sens je devais continuer. Il existait

[1] Dans beaucoup de contes allemands les tailleurs jouent les rôles héroïques, délivrent les princesses et les épousent.
(*Note du traducteur.*)

» ainsi entre nous une négociation diplomatique que per-
» sonne ne trahissait. J'avais la satisfaction de réciter mes
» contes au grand plaisir et au grand étonnement des audi-
» teurs; et Wolfgang, sans jamais se dire l'auteur de ces
» événemens remarquables, suivait d'un regard brillant de
» joie l'accomplissement de ses plans hardis et en saluait la
» peinture d'une approbation enthousiaste. Ces belles soi-
» rées qui me firent bientôt une réputation de talent de
» narrateur, sont pour moi un souvenir des plus réjouis-
» sans. Le théâtre du monde, qui servait toujours de point
» de départ à mes récits, n'était pas alors riche en faits.
» L'événement qui, surpassant par son affreuse réalité
» tout ce qu'il a de fabuleux, fit d'abord irruption dans
» notre monde des contes, fut le tremblement de terre
» de Lisbonne. Tous les journaux en étaient remplis,
» tout le monde en parlait dans le plus grand trouble;
» bref, ce fut un événement qui ébranla les cœurs jus-
» que dans les contrées les plus reculées. Le petit Wolf-
» gang, qui était alors dans sa septième année, ne
» pouvait plus goûter de repos. La mer furieuse qui en-
» gloutit d'un seul coup tous les vaisseaux, puis monta
» sur le rivage pour engloutir encore l'énorme château
» royal; les tours élevées qui tombèrent les premières et
» se trouvèrent ensevelies sous les décombres des modestes
» demeures; les flammes, qui, sortant des ruines, se réu-
» nirent pour former une grande mer de feu, tandis qu'une
» foule de démons, s'élevant des entrailles de la terre, ve-
» naient exercer leur malignité sur les malheureux humains
» échappés à la mort entre des milliers qui avaient péri;
» tout cela avait fait une impression extraordinaire sur

» Wolfgang. Tous les soirs le journal rapportait de nou-
» veaux contes ou des détails plus précis. On prêchait la
» pénitence ; le pape ordonna un jeûne universel. Dans les
» églises catholiques on chantait des *requiem* pour ceux
» que le tremblement de terre avait dévorés; on faisait
» des méditations de tous genres en présence des enfans;
» on ouvrait la Bible, on soutenait ou on attaquait des
» raisonnemens à propos de cet affreux malheur; ces
» choses qui occupaient plus Wolfgang qu'il n'eût été possible
» de le supposer, et il en donna à la fin une explication
» qui surpassa en sagesse tout ce qui avait été dit à ce sujet.

» Un jour, qu'il revenait avec son père d'un sermon où
» la sagesse de Dieu avait été pour ainsi dire défendue
» contre l'humanité consternée, son père lui demanda quel
» sens il avait trouvé à ce sermon; il répondit : Finalement
» tout cela doit être beaucoup plus simple que le prédi-
» cateur ne l'a dit; Dieu doit bien savoir qu'un sort fatal
» ne saurait nuire à l'âme immortelle. »

A dater de ce jour, tu repris le dessus; cependant, à ce que prétendait ta mère, l'excitation révolutionnaire dans laquelle ce tremblement de terre t'avait jeté, se retrouve plus tard dans ton Prométhée.

Laisse-moi encore te raconter que ton grand-père avait, en commémoration de ta naissance, planté un poirier dans son beau jardin de la porte Bockenheim. Cet arbre est très-grand; j'ai mangé de ses fruits, ils sont excellens; mais tu te moquerais de moi si je te disais le reste. — C'était par un beau jour de printemps bien chaud et brillant de soleil ; le jeune poirier, déjà élancé, était couvert de fleurs; je crois que c'était le jour de naissance de ta mère ; les enfans portèrent secrètement dans le jardin la chaise verte sur laquelle elle s'asseyait le soir pour conter ses contes, et qui avait été surnommée la *chaise aux contes*; ils l'ornèrent de rubans et de fleurs; et dès que les invités et les parens furent arrivés, Wolfgang, habillé en berger, portant une gibecière à laquelle pendait un rouleau de papier couvert de lettres d'or, et une couronne verte sur la tête, se plaça sous le poirier, et fit une harangue à la chaise comme au trône de la fable. La joie fut grande de voir ce beau garçon couronné sous les branches fleuries du poirier, emporté par le feu de son discours, qu'il débitait avec la plus grande confiance. La seconde partie de cette belle fête consista en bulles de savon qui, soufflées dans les airs lumineux par les enfans entourant la chaise aux contes, se balançaient et étaient portées de côté et d'autre par le zéphyr; chaque fois qu'une des bulles venait à tomber sur la chaise fêtée, tous les enfans criaient : Un conte! un conte! et quand la bulle, retenue pendant quelque temps par le duvet du drap qui recouvrait la chaise, venait enfin à éclater, ils criaient : Le conte éclate! Les voisins des jardins d'alentour regardaient par-dessus les murs et les haies, et prenaient grand intérêt à cette immense joie, de manière que le soir même cette petite fête fut connue dans toute la ville. La ville l'a oubliée, mais ta mère en a conservé le souvenir et y a vu plus tard une prophétie de ce que tu devais être un jour.

Je t'avouerai, cher Goëthe, que cela me serre le cœur de t'écrire, les unes après les autres, ces différentes choses qui tiennent à mille pensées que je ne puis ni te dire ni te faire comprendre, parce que tu ne t'aimes pas comme je t'aime. Tout cela doit te paroître insignifiant ; tandis que moi je ne voudrais pas perdre un souffle de toi. Que certaines choses ne s'effacent plus, une fois qu'on les a éprouvées, qu'elles reviennent toujours, ce n'est pas cela qui est triste ; mais que le rivage ne puisse jamais être atteint, voilà ce qui aiguise la douleur. Souvent ton amour pour ma mère me revient en idée, et j'y pense. Je pense au bouillonnement de la jeunesse qui se calme de mille manières, car il faut bien qu'un jour il cesse. Quant à moi, ma vie qu'est-elle, sinon un miroir profond de ta vie? Ce fut le pressentiment tout-puissant qui d'abord me parla de toi. Je vins après toi à la lumière, je descendrai après toi dans l'obscurité. Mon cher ami, qui ne me méconnaîtra plus! Je résous pour moi l'énigme de plusieurs charmantes manières ; quoique je me dise cent fois : Ne demande pas à connaître la vérité, laisse faire au cœur.

J'ai vu croître autour de moi des plantes d'une singulière espèce ; elles ont des épines et du parfum. Je ne veux pas les toucher ; mais je ne veux pas en voir manquer. Celui qui se risque dans la vie n'a plus qu'à chercher à atteindre la liberté. Je sais qu'un jour je te tiendrai, que je serai avec toi ; et être avec toi, c'est le but de mes désirs, c'est ma foi.

Adieu ; porte-toi bien, et accueille l'idée que tu me reverras. Il y a des choses que je voudrais prononcer devant toi.

21 novembre.

A GOETHE.

Tu as été, tu es et tu resteras beau comme un ange; aussi, dès ta plus tendre enfance tous les yeux étaient-ils tournés vers toi. Une fois, quelqu'un était avec ta mère à la fenêtre au moment où tu traversais la rue avec plusieurs enfans; ta mère et cette personne remarquèrent que tu marchais avec beaucoup de majesté, et te dirent que ta manière de te tenir droit te distinguait des autres enfans. « C'est par là que je veux commencer, répondis-tu; plus tard, je me distinguerai par toutes sortes de choses. » « Et cela s'est réalisé! » ajoutait ta mère.

Une fois, aux vendanges, à l'heure où le soir on tire des feux d'artifice dans les jardins qui entourent Francfort, et que de tous côtés on voit s'élever des fusées, on aperçut dans les champs, là où la fête ne s'étendait pas, une quantité de feux follets qui sautaient çà et là, se groupant, se confondant, s'éloignant les uns des autres, et qui finirent par exécuter des figures de danses. Dès qu'on faisait mine d'aller vers eux, ils s'éteignaient successivement; quelques-uns faisaient encore un grand saut, puis disparaissaient; d'autres semblaient s'arrêter dans les airs où ils s'éteignaient tout-à-coup; enfin d'autres encore se posaient sur les haies et sur les arbres, et s'évanouissaient; on ne voyait plus rien. Mais à peine le monde était-il revenu sur ses pas, que la danse recommençait; les petites lumières se rallumaient successivement, reprenaient leurs places respectives et dansaient autour de la moitié de la ville. Qui était-ce? Goëthe, qui dansait avec ses camarades. Ils avaient tous mis des lumières sur leurs chapeaux.

C'était une des anecdotes favorites de ta mère; elle y ajoutait toutes sortes de détails, comme quoi tu revenais toujours, après de pareils exploits, très-gai et très-content de tes mille aventures, et ainsi de suite. Il faisait bon écouter ta mère!

« Il était extrêmement original dans ses vêtemens, disait-
» elle; il me fallait lui préparer trois toilettes par jour; je
» mettais sur une chaise une redingote, des pantalons, un
» gilet ordinaire et une paire de bottes; sur la seconde
» chaise, un habit, des bas de soie qu'il avait déjà mis,
» un paire de souliers; sur la troisième, tout ce qu'il avait
» de plus beau, avec une épée et une bourse à cheveux.
» La première toilette était pour la maison, la seconde
» pour aller faire ses visites aux gens de connaissance in-
» time, enfin la troisième pour la sortie de cérémonie.
» Quand le lendemain je revenais dans sa chambre, j'avais
» un beau désordre à réparer; les bottes étaient sur les
» manchettes de parade et sur la fraise; les souliers gisaient
» à l'est et à l'ouest; une pièce d'habillement par-ci et
» l'autre par-là. Je secouais les habits, je changeais le
» linge, enfin je remettais tout dans l'ordre accoutumé.
» Une fois, en secouant de toutes mes forces, près de la
» fenêtre, un de ses gilets, une quantité de petits cailloux
» me sautèrent à la figure; j'étais à me dépiter lorsqu'il
» entra, je le grondai et lui dis que ces cailloux auraient
» pu me crever un œil. Eh bien! ils ne vous l'ont pas crevé?
» répondit-il; pour lors, où sont mes cailloux? aidez-moi à
» les chercher. — Je crois qu'il les tenait de sa bonne amie;
» car il parut très-contrarié de ne pouvoir pas les revoir
» tous, et c'étaient pourtant des cailloux ordinaires. Il mit

» soigneusement dans un papier ceux qu'il retrouva, et
» les emporta. La veille, il avait été à Offenbach, à l'au-
» berge de la Rose. La fille de la maison s'appelait la belle
» Marguerite ; il l'aimait beaucoup ; ce fut à ma connais-
» sance son premier amour[1]. » Est-ce que cela te fâche
que ta mère m'ait raconté cette histoire qu'elle m'a bien
redite vingt fois ? De temps à autre elle ajoutait que le soleil donnait sur la fenêtre, que tu étais devenu rouge, que
tu avais pressé les cailloux sur ton cœur et t'en étais allé
avec, sans même lui faire d'excuses de ce qu'ils lui avaient
sauté à la figure. Vois comme elle s'est bien rappelé de
tout. Quelque petit que fût cet événement, il était pour
elle la source de joyeuses réflexions sur ta vivacité, tes yeux
brillans, ton cœur palpitant, tes joues enflammées, etc.
Elle s'en réjouissait encore sur ses derniers jours. Cette
histoire et celle qui suit m'ont fait la plus vive impression.
Je te vois devant moi dans toute la splendeur de ta jeunesse.
Un beau jour d'hiver, que ta mère avait des étrangers chez
elle, tu lui fis la proposition d'aller voir le Mein : « Mère,
» vous ne m'avez pas encore vu patiner, et le temps est
» beau ; venez donc, et ainsi de suite. Je mets, continuait ta
» mère, une pelisse fourrée de velours cramoisi qui avait une
» longue queue et des agrafes d'or, et je monte en voiture
» avec mes amis. Arrivés au Mein, nous y trouvons mon
» fils qui patinait. Il volait comme une flèche à travers la
» foule des patineurs ; ses joues étaient rougies par l'air
» vif, et ses cheveux châtains tout-à-fait dépoudrés. Dès

[1] La mère de Goëthe ne se trompe pas. Marguerite fut le premier amour de Goëthe ; il en parle dans ses mémoires, et c'est elle qu'il voulut peindre dans Faust. (*Note du traducteur.*)

» qu'il aperçut ma pelisse cramoisie, il s'approcha de la
» voiture et me regarda en souriant très-gracieusement :
» Eh bien! que veux-tu? lui dis-je. — Mère, vous n'avez
» pas froid dans la voiture, donnez-moi votre manteau de
» velours. — Mais tu ne veux pas le mettre, au moins? —
» Certainement que je veux le mettre. Allons, me voilà
» ôtant ma bonne pelisse chaude; il la met, jette la queue
» sur son bras, et s'élance sur la glace comme un fils des
» dieux. Ah! Bettine, si tu l'avais vu! il n'y a plus rien
» d'aussi beau; j'en applaudis de bonheur! Je le verrai
» toute ma vie, sortant par une arche du pont et rentrant
» par l'autre. Le vent soulevait derrière lui la queue de la
» pelisse qu'il avait laissé tomber. Ta mère était avec nous
» sur le rivage; c'était à elle qu'il voulait plaire. »

Je te répéterai, à propos de cette histoire, ce que je te disais à Tœplitz, que je me sens tout enflammée quand je pense à ta jeunesse; c'est pour moi une jouissance pour l'éternité. On aime à voir reverdir et refleurir au printemps l'arbre qui est devant votre porte et que l'on connaît depuis l'enfance.—De même je me réjouis quand je vois tes fleurs qui fleurissaient éternellement pour moi, rayonner d'une couleur plus vive qu'à l'ordinaire; alors j'incline mon visage vers leurs calices, et j'aspire leur parfum!

BETTINE.

28 novembre.

A GOETHE.

Je sais bien que tu ne pourras pas utiliser tout ce que je t'écris sur toi; mais j'ai été heureuse dans mes heures

solitaires de pouvoir me poser sur ces temps passés, semblable à la rosée qui se pose sur les fleurs et réfléchit leurs couleurs. Je te vois toujours transfiguré ; cependant il m'est impossible de te le démontrer. Tu es modeste, tu n'en demanderas pas plus, et tu voudras bien me laisser croire que ton apparition ne rayonnait que pour moi. Jadis, j'étais un être solitaire ; le hasard, ou plutôt une force inconnue, m'a poussée à tes pieds. C'est avec peine, et toujours seulement à peu près, que j'exprime ce qui est intimement lié à mon cœur, ce qui habite mon sein et ne saurait s'en détacher. Pourtant, il ne fallut qu'un mot de toi, et j'ai jeté dans l'immense trésor de tes richesses tous ces joyaux bruts et non polis, tels que je les ai reçus. Mais ce qui s'est empreint dans mon front, ce que la pensée amoureuse a développé dans mon regard tourné plein d'inspiration vers toi, sur mes lèvres, qui, touchées par l'esprit de l'amour, ont su te parler, ne saurait s'exprimer. Ce sentiment m'échappe : il est libre, il est indépendant.

Je voudrais crier adieu à chaque anecdote que j'écris ; mais il faut bien cueillir les fleurs encore fraîches pour pouvoir les conserver dans l'herbier. Je n'y pensais pas, quand, dans ma dernière lettre, je t'offrais si amicalement mon jardin. Tu souris ? — Tu sépareras les feuilles inutiles, tu ne feras pas attention à la rosée et au rayon qui s'évanouiront sans doute hors de mon territoire. L'archer dont l'amour est le but ne se lasse pas de décocher mille et mille flèches. Il retend son arc, il en tire la corde jusqu'à ses yeux, il regarde, il vise. Toi, daigne seulement regarder ces flèches qui viennent tomber à tes pieds, et pense que je ne saurais cesser de te dire éternellement la même chose. Une de ces flèches ne te touchera-t-elle donc jamais, pas même un peu?

Ton grand-père rêvait beaucoup, et expliquait les rêves. Il vit en songe bien des événemens de famille! Une fois, il prédit un grand incendie ; une autre fois, l'arrivée de l'empereur. On n'y avait pas d'abord fait grande attention ; mais lorsque les deux événemens s'accomplirent, ses prédictions excitèrent l'étonnement de toute la ville. Un jour, il confia à sa femme qu'il avait rêvé qu'un des échevins lui avait offert d'une manière pressante de prendre sa place. Peu de temps après, l'échevin mourut d'une attaque d'apoplexie, et la boule d'or ayant été pour ton grand-père, la place lui fut donnée. Une autre fois, quand le syndic mourut, l'huissier du conseil alla fort avant dans la nuit annoncer aux conseillers qu'il y aurait une séance extraordinaire ; la lumière de sa lanterne s'éteignit en chemin ; ton grand-père, qui était couché et dormait, s'écria : « Donnez-lui une autre lumière, car cet homme prend toute cette peine pour moi. » Personne n'avait retenu ces paroles ; ton grand-père lui-même n'en dit mot le lendemain matin, et parut les avoir oubliées. Sa fille aînée (ta mère) seule les avait remarquées, et y crut. Quand donc son père fut parti pour la séance d'élection, d'après ce qu'elle m'a raconté, elle se mit en grandissime toilette et se frisa jusqu'au ciel. Ainsi parée, elle alla s'asseoir, un livre à la main, dans un fauteuil près de la fenêtre. Sa mère et ses sœurs crurent que *la sœur princesse,* c'est ainsi qu'on l'avait surnommée à cause de son horreur pour les ouvrages de ménage et de son penchant pour la lecture et la toilette, était devenue folle. Mais ta mère leur assura que bientôt elles iraient se cacher derrière les rideaux de leurs lits, car les conseillers allaient venir les complimenter, leur père venant d'être nommé syndic. Tandis que ses sœurs continuaient à se moquer d'elle, elle aperçut de son siége élevé leur père, qui arrivait pompeusement suivi des conseillers. « Cachez-vous ! s'écria-t-elle, le voici qui vient, et les conseillers avec lui. » Elles ne voulurent le croire que quand elles eurent mis, l'une après l'autre, leur tête non frisée à la fenêtre, et qu'elles eurent vu la procession. Alors elles se sauvèrent toutes, et laissèrent à la *princesse* le soin de recevoir les conseillers.

Ce don des rêves parut s'être transmis à l'une des sœurs; après la mort de ton grand-père, on ne savait où trouver son testament, cette sœur rêva qu'il était dans le bureau de son père, entre deux petites planches fermées par un secret; visite faite du bureau, elle eut raison. Ta mère n'avait pas cette faculté; elle prétendait que cela venait de son humeur gaie et sans souci, de sa grande confiance en tout ce qui était bon. C'était peut-être là son don prophétique à elle; elle disait que, sous ce rapport, elle ne s'était jamais trompée.

Une fois, ta grand'mère se réfugia après minuit dans la chambre à coucher de sa fille, et y resta jusqu'au matin, parce qu'il lui était arrivé quelque chose qu'elle n'osait dire. Le lendemain, elle raconta qu'elle avait entendu dans sa chambre comme un bruit de papier. Croyant que la fenêtre du cabinet voisin de son mari était ouverte, et que le vent agitait les papiers sur le bureau, elle s'était levée, mais avait trouvé les fenêtres fermées. Lorsqu'elle fut recouchée, le bruit recommença, et s'approcha de plus en plus; c'était toujours un froissement convulsif de papier. Enfin elle entendit un profond soupir, puis un second tout près de sa figure, et elle sentit un souffle froid. Alors elle s'enfuit épouvantée chez ses enfans. Peu de temps après, un étranger se fait annoncer; il s'approche d'elle, et lui présente un papier froissé... elle s'évanouit. Il se trouva qu'un des es amis ayant, dans la nuit où elle avait fait ce rêve, senti venir la mort, avait demandé du papier pour lui recommander une affaire sérieuse; mais avant d'avoir pu achever sa lettre, agité par les convulsions de la mort, il avait saisi le papier, l'avait froissé, roulé sur sa couverture, puis il avait soupiré deux fois et avait rendu l'âme. Quoique ce qu'il y avait d'écrit sur le papier n'en disait pas assez pour faire comprendre les intentions du mourant, ta grand'mère devina qu'elle avait dû être sa dernière prière, et ton noble grand-père s'occupa d'une petite orpheline laissée par cet ami, et qui n'avait pas droit à son héritage; il devint son tuteur, disposa en sa faveur d'une somme prise sur son propre avoir, que ta grand'mère augmenta de maintes petites économies.

A dater de ce moment ta mère ne méprisa aucun pressentiment. Elle avait coutume de dire : « Quand bien
» même on ne croit pas à ces choses-là, il ne faut pas les nier
» ou les dédaigner; le cœur en est toujours ému. Le sort
» prend souvent naissance dans de petites circonstances
» qui paraissent si insignifiantes qu'on n'y fait pas attention,
» et qui travaillent si sourdement et avec tant de souplesse
» qu'on s'en aperçoit à peine. Il m'arrive tous les jours
» des événemens que personne ne remarque, qui sont mon

» monde à moi, ma jouissance et ma gloire. Quand je
» me trouve en société de gens ennuyeux, pour lesquels
» le soleil levant n'est plus un miracle et qui se croient
» au-dessus de tout ce qu'ils ne comprennent pas, je me dis
» en mon âme : Oui, oui, croyez avoir mangé le monde ;
» si vous saviez tout ce que madame la conseillère a éprouvé
» aujourd'hui ! » — Elle me disait qu'elle n'avait jamais
pu se contenter des occupations ordinaires de la journée;
que son esprit solide avait toujours demandé à digérer des
événemens remarquables, et qu'il avait été servi à souhait ;
qu'elle n'était pas seule au monde pour son fils, mais
que son fils y était bien aussi pour elle; qu'elle croyait avoir
part à tes œuvres et à ta gloire ; qu'enfin il n'y avait pas
de bonheur plus parfait et plus élevé que de se voir géné-
ralement considérée à cause de son fils. Elle avait raison,
cela n'a pas besoin d'explication et se comprend de soi-même.
Quoique tu sois resté loin d'elle, et pendant long-temps,
tu n'as jamais été aussi bien compris que par ta mère. Tandis
que savans, philosophes et critiques t'examinaient, toi et
tes œuvres, elle démontrait par son exemple comment il
fallait te comprendre. Souvent elle me récitait des passages
de tes livres, mais tellement à propos, d'un ton et d'un
regard si superbes, que le monde commença à prendre à
mes yeux une couleur plus vive, et que mes frères, mes
sœurs et mes amis rentrèrent au contraire dans l'ombre.
Elle expliquait admirablement le *Laissez-moi paraître
jusqu'à ce que je devienne*[1], et disait que ce chant seul
prouvait que la véritable religion était en toi, car il dé-

---

[1] Chant de Mignon dans Wilhelm Meister.

peignait l'état dans lequel l'âme peut s'élever vers Dieu, c'est-à-dire l'état de pur désir du Créateur, pour lequel il n'existe ni préjugé ni mérite individuel. Elle ajoutait que toutes les vertus au moyen desquelles on veut escalader le ciel n'étaient que folies; que tout mérite doit céder le pas à la confiance de l'innocence; que celle-là seule est la source de la grâce, qui lave tous les péchés; que cette innocence est innée chez tout homme; qu'elle est le principe fondamental de l'aspiration vers la vie céleste; que, même dans le cœur le plus troublé, cet amour, cette innocente confiance, qui ne sont jamais déracinés, pas même par les plus grands égaremens, rattachent la créature au Créateur; qu'il faut s'en tenir à cette innocence, car elle est Dieu dans l'homme; Dieu, qui ne veut pas que l'homme passe avec désespoir de ce monde dans l'autre, mais bien avec l'assurance de son innocence native; car sans cela l'esprit s'envolerait en trébuchant comme s'il était ivre; il interromprait les plaisirs éternels de ses plaintes et de ses lamentations, n'aurait plus aucune dignité et n'en imposerait plus, vu qu'avant tout il faudrait lui remettre la tête à sa place. Elle disait encore de ton chant de Mignon, que c'était l'esprit de la vérité dans le corps puissant de la nature; elle l'appelait le symbole de sa foi. — Toute mélodie semblait misérable et fausse à côté de l'expression qu'elle mettait à le réciter, et à côté du sentiment qui était dans sa voix. *Celui-là seul qui connaît le désir sait ce que je souffre !* Quand elle disait ces mots, ses yeux s'attachaient sur la boule de la tour Sainte-Catherine, dernière limite de la vue de son siège; ses lèvres prenaient une expression amère qui finissait par quelque chose de douloureusement sérieux, tandis que son regard brillait perdu dans le vague. On eût dit que les émotions de sa jeunesse se réveillaient de nouveau. Alors elle me serrait la main et me surprenait par ces paroles : « Tu comprends Wolfgang, toi, et tu l'aimes ! » — Sa mémoire était non seulement remarquable, mais encore admirable. L'impression produite par de profonds sentimens se révélait avec toute sa force dans ses souvenirs. Je vais te raconter ici l'histoire que je voulais déjà t'écrire de Munich, et qui est si singulièrement liée à sa mort. Je vais te la rapporter aussi simplement qu'elle me l'a dite, et seulement pour te prouver son grand cœur. Avant de partir pour le Rhingau j'allai lui dire adieu : le son d'un cor de postillon vint à se faire entendre, elle me dit que ce son lui perçait toujours le cœur, tout comme lorsqu'elle était dans sa dix-septième année. A cette époque, Charles VII[1], surnommé

[1] Charles VII, électeur de Bavière et empereur d'Allemagne, naquit en 1697 à Bruxelles, son père, Maximilien-Emmanuel, étant gouverneur des Pays-Bas. Il épousa, en 1722, une fille de Joseph Ier, empereur d'Allemagne, après avoir renoncé pour lui et la princesse à tous les droits de celle-ci au trône d'Autriche. En 1726, il succéda à son père et devint électeur de Bavière. Vers cette époque, il refusa de souscrire à la pragmatique sanction qui appelait les filles de Charles VI, frère et successeur de Joseph Ier, à hériter des états d'Autriche, à l'exclusion des filles de Joseph. Charles VI étant mort en 1740, Charles de Bavière disputa la possession de l'Autriche à Marie-Thérèse, fille de l'empereur décédé, en vertu des droits de son aïeule fille de Ferdinand Ier. La France, voyant l'occasion de briser la puissance de la maison d'Autriche, soutint les prétentions de Charles et lui envoya des troupes et de l'argent; avec ces deux auxiliaires il s'empara de la Bohême et d'une partie de l'Autriche, et acheta la plupart des princes électeurs qui l'élurent empereur d'Allemagne, et le couronnèrent à Francfort en 1742. Mais Marie-Thérèse, soutenue par les Hongrois et les subsides de l'Angleterre, avait pendant ce temps-là battu les corps d'armée français, repris l'Autriche et la Bohême; et Khevenhuller, son général, occupait Munich, la capitale des états héré-

l'Infortuné, était venu à Francfort ; tout le monde était enthousiasmé de sa grande beauté. Le vendredi saint elle le vit revêtu d'un long manteau noir, et accompagné d'une foule de seigneurs et de pages, aller à pied dans les églises. « Dieux ! quels yeux il avait ! s'écriait-elle ; que son regard,
» voilé par ses cils, était mélancolique ! —Je ne le quittais
» pas, je le suivais dans toutes les églises : partout il s'a-
» genouillait au dernier banc, parmi les mendians, et ca-
» chait pendant un instant sa tête dans ses mains. Chaque
» fois qu'il la relevait, c'était pour moi comme un coup de
» tonnerre dans le cœur. Quand je revins à la maison, je
» ne pus plus m'accoutumer à la vie ordinaire ; il me sem-
» blait que le lit, les chaises, la table n'étaient plus à leur
» place. La nuit vint, on apporta de la lumière ; j'allai à
» la fenêtre et je regardai les rues sombres : j'entendis
» parler de l'empereur, je me mis à trembler comme le
» lierre. Le soir, dans ma chambre, je m'agenouillai de-
» vant mon lit et je posai ma tête dans mes mains, tout
» comme il avait fait. Il me semblait qu'une grande porte
» s'était ouverte dans mon cœur. Ma sœur aussi parlait de
» l'empereur avec enthousiasme, et recherchait toutes les
» occasions de le voir ; je l'accompagnais sans que personne
» ne se doutât quel intérêt je prenais à lui. Une fois que
» l'empereur passait, ma sœur, sautant sur une borne, lui
» cria un grand vivat : il mit la tête à la portière et agita

ditaires de Charles VII. Celui-ci ne rentra dans sa ville que quand Frédéric le Grand se fut mis de la ligue contre Marie-Thérèse et lui eut redonné de la force. Mais il n'y rentra que pour y mourir de chagrin et d'une maladie de langueur à l'âge de quarante-huit ans, en 1745.

(*Note du Traducteur.*)

» son mouchoir ; elle se rengorgea grandement de ce que
» l'empereur l'avait saluée avec bienveillance; mais moi
» je fus intimement persuadée que le salut avait été pour
» moi, car lorsque la voiture fut passée, il retourna la tête
» pour me regarder encore. Oui, chaque fois que j'eus
» occasion de le voir, il arrivait toujours des choses que
» j'étais en droit de m'expliquer comme autant de marques
» de sa faveur. Le soir je m'agenouillais toujours devant
» mon lit, je mettais ma tête dans mes deux mains, réflé-
» chissant à tout ce qui m'était arrivé. Bientôt il se forma
» un amour secret dans mon cœur, et il m'était impossible
» de croire que l'empereur ne le pressentait pas. J'étais
» persuadée qu'il avait trouvé ma demeure, car depuis
» quelques jours il passait plus souvent devant notre mai-
» son, et chaque fois il levait la tête et me saluait. Oh !
» quand il m'avait ainsi saluée, j'étais heureuse pour toute
» la journée; je puis dire que j'en pleurais de bonheur ! —
» Une fois qu'il dînait en public, je me faufilai à travers
» les gardes, et au lieu d'aller avec tout le monde dans la
» galerie, je parvins dans la salle du festin. Les trompettes
» sonnèrent, il parut revêtu d'un manteau de velours rouge
» que deux chambellans lui ôtèrent; il marchait lentement,
» la tête un peu inclinée. J'étais tout près de lui, sans
» penser que ce n'était pas ma place. Les grands sei-
» gneurs présens portèrent sa santé, les trompettes reten-
» tirent de nouveau ; je laissai échapper un cri d'allégresse.
» L'empereur tourna les yeux vers moi, me regarda, prit
» sa coupe pour répondre à la santé qu'on lui portait et
» me fit un signe de tête. Vraiment, il me sembla alors
» qu'il buvait à ma santé, et aujourd'hui même je le crois

» encore; il m'en coûterait trop de renoncer à cette idée,
» qui m'a fait verser tant de larmes de joie. Et pour-
» quoi ne l'aurait-il pas fait? Il devait lire mon enthou-
» siasme dans mes yeux. Mais je pris cet honneur telle-
» ment à cœur que j'en fus tout étourdie et que je me
» sentis défaillir; ma sœur eut grand'peine à me tirer de la
» salle et à me conduire à l'air; elle me gronda d'être cause
» qu'elle eût été forcée de renoncer à voir dîner l'empe-
» reur. Quand j'eus bu un peu d'eau à la fontaine, elle
» chercha à rentrer dans la salle du festin; quant à moi,
» une voix secrète me disait que je devais me contenter de
» ce qui m'avait été accordé en ce jour; je ne l'accom-
» pagnai donc pas. Je me retirai dans ma solitaire petite
» chambre, je m'assis sur une chaise près de mon lit, et
» le souvenir de l'empereur me fit verser des larmes d'a-
» mour, tout à la fois douces et amères. Le lendemain
» l'empereur partit. C'était le 17 avril; il était quatre
» heures du matin, le jour commençait à poindre, j'étais
» au lit : tout-à-coup j'entendis sonner les cors des pos-
» tillons; c'était lui! je sautai à bas du lit avec tant de
» précipitation que je tombai au milieu de la chambre;
» mais je n'y fis pas attention et je courus à la fenêtre. En
» ce moment la voiture impériale passait; l'empereur avait
» le regard fixé sur ma fenêtre avant même que je ne
» l'eusse ouverte : il m'envoya des baisers et agita son
» mouchoir jusqu'à ce qu'il fût sorti de la rue. A dater de
» ce jour je n'ai jamais entendu le son d'un cor sans
» penser à cet adieu; et même maintenant que j'ai tra-
» versé le fleuve de la vie dans toute sa longueur et que
» je suis sur le point d'aborder, ce son éveille en moi

» un sentiment de tristesse, tandis que j'ai vu disparaître
» sans chagrin bien des choses auxquelles on attache un
» grand prix. N'y a-t-il pas de quoi faire de singuliers
» commentaires, quand on voit qu'une passion, chimé-
» rique dès son origine, a survécu à la réalité et s'est
» conservée dans un cœur auquel la prétention à la pas-
» sion est défendue depuis long-temps comme une folie?
» Aussi n'ai-je jamais eu envie d'en parler; c'est aujour-
» d'hui la première fois que cela m'arrive. — Dans la chute
» occasionnée par mon empressement à courir à la fenêtre,
» je m'étais blessée à un grand clou qui sortait du plancher;
» la tête du clou entra au-dessus du genou droit, la plaie
» était profonde; en se fermant elle forma une cicatrice
» qui prit la forme d'une étoile très-régulière. Je la con-
» sidérais souvent pendant les quatre premières semaines
» qui suivirent ma guérison, et au bout desquelles toutes
» les cloches de la ville annoncèrent la mort de l'empe-
» reur. On sonna pendant quelque temps tous les jours
» une heure durant. Hélas! quels tristes momens j'ai
» passés alors! C'était toujours le bourdon de la cathédrale
» qui commençait : il débutait par de grands coups iso-
» lés, comme si le battant chancelait dans son désespoir de
» côté et d'autre; peu à peu les autres cloches de l'édifice,
» celles des églises lointaines l'accompagnaient; elles sem-
» blaient toutes pleurer et gémir. C'était après le coucher
» du soleil, l'air était obscur; au bout d'une heure les
» sons cessaient, les cloches se taisaient les unes après les
» autres, le bourdon de la cathédrale finissait comme il
» avait commencé, et exhalait ses derniers soupirs dans
» le crépuscule. La cicatrice au-dessus de mon genou

» était encore toute fraîche ; je la regardais chaque jour,
» et je repassais dans ma mémoire tout ce qui m'était ar-
» rivé. »

Ta mère me montra alors son genou, au-dessus duquel on voyait fort distinctement une étoile régulière. J'allais partir; elle me tendit la main et me dit encore à la porte qu'elle n'avait jamais parlé de cela à personne autre qu'à moi. A peine arrivée dans le Rhingau, j'écrivis cette histoire de souvenir, et autant que possible dans les termes dont elle s'était servie, car je pensai qu'elle t'intéresserait. La mort de ta mère est venue couronner admirablement cette naïve histoire d'amour, et en faire quelque chose de beau et d'achevé, capable de toucher tout cœur d'homme, et surtout le cœur de l'empereur. — Au mois de septembre on m'écrivit dans le Rhingau que ta mère était indisposée; je hâtai mon retour. Mon premier soin fut de courir chez elle; le médecin y était; elle paraissait très-sérieuse. Quand il fut parti, elle me tendit en souriant la recette qu'il avait écrite : « Lis, me dit-elle, et vois
» quel singulier présage : une compresse de vin, d'huile,
» de vinaigre et de feuilles de laurier, afin de renforcer
» mon genou, qui a commencé cet été à me faire souffrir;
» il s'est amassé de l'eau sous la cicatrice. Mais tu verras,
» ces ingrédiens impériaux, le vin, le laurier et l'huile,
» dont on se sert au sacre des empereurs, ne serviront à
» rien. Je vois venir les choses : l'eau montera au cœur,
» et tout sera fini. » Quand je m'en allai, elle me dit qu'elle me ferait savoir quand je pourrais revenir. Quelques jours après elle me fit appeler; elle était au lit et me dit :
« Me voici couchée, malade de mon genou, comme jadis,

» quand j'avais seize ans. » J'en ris avec elle, et lui dis en plaisantant toutes sortes de choses qui la touchèrent et l'égayèrent. Elle me regarda avec feu, me serra la main et me dit : « Tu es bien juste ce qu'il faut pour soutenir » mon courage dans ce temps de ma passion, car je sais » bien que je m'en vais. » Elle me parla encore de toi ; elle me dit de ne pas cesser de t'aimer, d'envoyer en son nom des bonbons à son petit-fils à l'époque de Noël, ainsi qu'elle avait coutume de le faire. Deux jours après, le soir, on donnait un concert non loin de sa maison : « En » m'endormant, dit-elle, je penserai à la musique qui va » bientôt me recevoir dans le ciel. » Elle se fit couper les cheveux et recommanda qu'on me les remît, ainsi qu'un tableau de famille de Seekatz [1] où elle était représentée dans un beau paysage avec ton père, ta sœur, et toi habillé en berger. Le lendemain matin elle n'était plus ; elle avait passé dans l'autre monde en dormant.

Voici l'histoire que je te promis à Munich ; maintenant qu'elle est écrite, je ne sais comment tu la prendras. Quant à moi, elle m'a toujours semblé extraordinaire, et j'ai fait bien des vœux chaque fois que j'y ai pensé.

Ta mère m'a raconté toutes sortes de choses de ton père. C'était un fort bel homme, qu'elle avait épousé sans affection déclarée. Elle savait le prendre à l'avantage de ses enfans, pour lesquels il était assez sévère quand il

---

[1] Joseph Seekatz, né dans le Palatinat en 1719, fut un bon peintre de genre en grande réputation en Allemagne. Ses tableaux, qui représentent des fêtes champêtres, sont encore recherchés. Seekatz était très-lié avec le père de Goëthe ; et Goëthe, dans ses mémoires, le nomme toujours le bon *Seekatz*. Il mourut en 1768. (*Note du traducteur.*)

s'agissait d'études. Cependant il devait avoir une grande bienveillance pour toi, puisqu'il causait pendant des heures entières avec toi des voyages que tu aurais à faire, et qu'il te dépeignait ton avenir aussi brillant que possible. Elle me parla aussi de la grande maison que ton père fit bâtir, et me dit quelle frayeur elle avait quand elle te voyait courir, toi petit enfant, sur les échafaudages. Quand la bâtisse, qui avait changé votre vieille maison délabrée, à escaliers tournans, à étages inégaux, en une belle demeure dont les appartemens étaient ornés de précieux objets d'art, fut achevée, ton père forma une bibliothèque à laquelle il t'employa. Ta mère parlait beaucoup de la passion de voyager qu'avait son mari. Des cartes, des plans de grandes villes pendaient aux murs de ses appartemens, et tandis que tu lui lisais des relations de voyages, il cherchait du doigt sur la carte les lieux que tu nommais. Tout cela ne cadrait guère avec ton impatience et le tempérament vif de ta mère. Vous soupiriez tous deux après des incidens qui vinssent interrompre l'ennui de ces soirées d'hiver. Il fut en effet interrompu par l'arrivée d'un commandant français [1] qui vint loger chez vous dans les appartemens de cérémonie ; mais cet événement n'arrangea pas les choses : ton père était inconsolable de ce que sa maison, à peine organisée et qui lui avait coûté tant de sacrifices, servît pour ainsi dire de caserne. Cela amena des difficultés que ta mère s'entendait à merveille à aplanir.

[1] Le lieutenant du roi, comte de Thorane. Les Français s'étaient emparés, en 1759, de la ville de Francfort ; ils y restèrent plusieurs mois. Leur chef logea chez le père de Goëthe. Goëthe fait dans ses mémoires un grand éloge de son caractère et de son esprit. (*Note du traducteur.*)

Ci-joint je t'envoie quelques feuilles de notices que je ne saurais mieux préciser ; mais elles te rappelleront sûrement mille choses dont tu retrouveras l'enchaînement : par exemple, ton intrigue amoureuse à Offenbach avec une certaine Marguerite, tes promenades nocturnes et autres choses semblables que ta mère ne racontait jamais avec suite, et Dieu sait si j'osais l'en prier !

BETTINE.

A GOETHE.

La musique, des plumes non taillées, du mauvais papier, de l'encre bourbeuse, et mille autres raisons qui ne manquent jamais d'arriver ensemble, m'ont retenue captive.

Le 4 décembre il faisait froid, un temps triste ; il neigeait, pleuvait, gelait tour à tour. . . . .
. . . .
Qu'ai-je de mieux à faire que de tenir chaud à ton cœur ? J'ai fait le gilet aussi chaud que possible[1]. Pense à moi.

J'ai entendu la musique que le prince Radziwill a faite pour *Faust*. La chanson du berger a une telle vérité d'expression, bref, elle possède tellement bien toutes les qualités louables, qu'il est impossible de faire une meilleure musique sur ce sujet. Le chœur : *Là dedans il y a quelqu'un de prisonnier*, vous fait frissonner. Le chœur des esprits, quand Faust s'endort, est admirable ! On y reconnaît le Polonais ; un Allemand n'aurait pas commencé de

---

[1] Bettine parle ici d'un gilet qu'elle envoya à Goëthe.

la sorte ; ce n'en est que plus charmant. Il faut l'exécuter avec une légèreté semblable aux fils d'araignée qui volent à la lumière du soleil.

Zelter vient quelquefois chez nous ; je cherche à définir ce qu'il est. Il n'est pas policé, il a tort et raison. Il prétend t'aimer ; il voudrait servir le monde entier et se plaint de ce qu'il ne veuille pas être servi, et que lui, Zelter, soit obligé de garder toute sa sagesse pour lui. Il s'est choisi un point de vue d'où il abaisse ses regards sur ce pauvre univers. Quant au monde, peu lui importe que Zelter soit perché sur le faîte avec les grues et qu'il le contemple s'agiter. A la *Liedertafel*, société de chant, il est César et se réjouit de ses victoires ; à l'académie musicale, il est Napoléon, il épouvante tous ses musiciens par sa parole puissante, et ses troupes vont avec confiance à travers plaines et taillis ; par bonheur qu'on y chante, mais qu'on n'y sabre et n'y pointe pas. Son garde du corps, la basse, est enrhumé. Dans le monde, dans la société, en voyage, il est Goëthe, et un Goëthe très-humain, plein de bienveillance ; il marche, il s'arrête, jette un mot bref, hoche amicalement de la tête aux choses insignifiantes, met les mains derrière son dos ; tout cela va bien ; mais quelquefois il crache de tout son cœur, et toujours à côté ; alors l'illusion s'en va au diable.

Le désordre que la partie magique de l'art cause toujours chez les bourgeois est arrivé à son comble pour la musique. Zelter ne laisse passer la douane qu'à ce qu'il comprend, et pourtant la véritable musique ne commence que là où le raisonnement s'arrête. Comment ces esprits de traverse, éternellement destructeurs avec toutes leurs bonnes intentions, qui exigent la compréhension dans l'art, ne voient-ils pas qu'ils dégradent l'essence sublime du langage divin en voulant lui faire exprimer ce qu'ils comprennent, c'est-à-dire des choses communes; que jamais ils n'ont eu de révélation, puisqu'ils n'ont jamais eu affaire avec ses envoyés, l'inspiration et l'imagination? Quoique dans la musique les formules magiques soient éternellement vivantes, le bourgeois, de crainte de ne pas les comprendre, ne les prononce qu'à moitié ou de travers ; alors ces accens si pathétiques, si éblouissans, deviennent ennuyeux, insupportables, fades et incompréhensibles.

Que l'homme inspiré est tout autre! Plein d'une confiance secrète, il cherche et il trouve un monde qui ne se laisse pas définir, qui fait bien sentir à l'âme son effet, mais qui lui cache son origine; et le génie, jusqu'alors perdu dans une contemplation déréglée de lui-même, apparaît soudain dans toute sa maturité; il se produit à la lumière du jour sans s'inquiéter si les profanes le comprennent, lui (Beethoven) qui parle avec Dieu! En musique le génie ne se révèle pas aux bourgeois parce qu'ils ne reconnaissent que ce qu'ils comprennent. — Cela me fait penser à mon cher Beethoven, qui sentant son génie s'écrie joyeusement : « Je suis de nature électrique, c'est
» pourquoi ma musique est si admirable! »

Il faut le concours des sens pour produire une apparition de l'esprit; il faut la réaction continuelle et vive de l'esprit sur les sens pour produire la musique.

Singulier destin du langage musical de ne pas être compris! De là vient la rage contre tout ce qui n'a jamais été entendu; de là vient l'expression d'*inouï*. Le savant en musique est toujours une bûche en face du génie en musique. (Zelter devrait éviter de se trouver en face de Beethoven.) Il supporte ce qu'il connaît, non pas parce qu'il le comprend, mais parce qu'il y est habitué comme l'âne est habitué à son chemin journalier. Avec la meilleure volonté du monde, que peut faire le musicien tant qu'il ne s'abandonne pas au génie, à ce génie qui échappe au contrôle et ne souffre pas que la science vienne gâter ses œuvres? La science ne comprend tout au plus que ce qui existait déjà, mais non pas ce qui existera; elle est insuffisante à délivrer l'esprit de la lettre et de la règle. Tout art est là de sa propre autorité, pour chasser la mort et conduire l'homme au ciel. Mais quand le bourgeois vient se mettre en faction devant l'art et s'ingérer de prononcer en maître sur son sort, c'en est fait de l'art, il a la tête rasée : alors ce qui devrait être vie libre, volonté indépendante, devient ouvrage d'horlogerie; alors on a beau écouter, croire, espérer, il n'en résulte rien. On n'arrive à l'art que par des chemins barrés au vulgaire, par le chemin de la prière, de la discrétion du cœur, par la confiance en la sagesse éternelle, et même en ce qui est incompréhensible. — Nous restons au pied de la montagne inaccessible, et pourtant ce n'est qu'en haut qu'on apprend à connaître la volupté qu'il y a à respirer.

A ta femme le petit souvenir ci-joint ainsi que mes souhaits pour le jour de l'an; à M. R.[1] le gilet non fait. Sa perfection m'a trop aveuglée à Tœplitz pour que j'aie pu me rappeler sa mesure. Les épingles d'ici ne sont pas

---

[1] Sans doute Reimer.

assez bon goût, c'est pourquoi je ne lui en envoie pas ; mais que va-t-il dire de toutes ces fleurs de *ne m'oublie pas* (myosotis) qui couvrent le gilet ? Il n'a qu'à en être fier ! Si son goût n'était pas assez formé pour le trouver joli, il peut m'en croire sur parole, tout le monde lui enviera son gilet. Je lui ferai encore observer que cela sert de gilet de dessous. J'espère qu'il m'écrira et qu'il me remerciera. — Et toi, hein ?

Toi, seul être qui me rende la mort amère !

BETTINE.

Mille choses cordiales de ma part à ta femme ; personne ne l'aime autant que moi.

Adieu, montagne magnétique ! — Quand bien même je voudrais diriger mon navire d'un autre côté, tu l'attirerais toujours et tu lui ferais faire naufrage à tes pieds.

Adieu, unique héritage de ma mère !

Adieu, fontaine où je m'abreuve !

A BETTINE.

Tu apparais de temps en temps, chère Bettine, soit personnellement, soit par tes dons, comme un génie bienfaisant. Cette fois-ci encore tu as causé un grand plaisir pour lequel reçois les remercîmens de tout le monde. . .
. . . .
Je suis content de savoir que tu te trouves quelquefois avec Zelter ; et j'espère que tu finiras par mieux le comprendre, cela me ferait grand plaisir. Ton esprit embrasse

bien des choses; pourtant de temps à autre tu es d'un entêtement très-borné; à propos de la musique surtout, tu as laissé de singulières boutades se pétrifier dans ta petite tête; je les aime pourtant, parce qu'elles t'appartiennent, c'est pourquoi je ne te tourmenterai et ne te ferai pas la leçon à leur sujet; bien au contraire, je t'avouerai franchement que je désire que toutes tes idées sur l'art en général, et celles sur la musique en particulier, soient pour moi. Tu n'as rien de mieux à faire dans tes heures solitaires que de poursuivre ce cher entêtement et de me le confier. Je ne te cacherai pas que tes idées, malgré leur étrangeté, trouvent une certaine résonnance en moi, et réveillent des sentimens que je portais jadis dans mon âme alors plus délicate; chose qui vient juste à point en ce moment. Il serait à désirer qu'il t'arrivât ce que les sages de ce monde exigent comme condition essentielle de l'immortalité : que l'homme sorte entièrement de lui-même et se montre à la lumière. Je te recommande le plus instamment possible de suivre ce conseil autant que faire se peut; car, quoique je ne croie pas que tout ce qui est en toi à l'état d'énigme et d'incompris parvienne jamais à s'éclaircir entièrement, nous pourrons toujours en obtenir quelques résultats très-réjouissans.

Une partie de la belle musique que je te dois, a déjà été étudiée, et même, souvent répétée. En général, notre petit établissement musical marche fort bien et fort tranquillement cet hiver.

J'ai peu de choses à te dire de moi, sinon que je me porte bien. A force d'occupations extérieures, il ne s'est rien développé intérieurement. Je pense que le printemps et quelque peu de solitude feront pour le mieux. Je te remercie le plus joliment du monde de ton évangile *juventutis* dont tu m'as envoyé quelques péricopes. Continue de l'écrire de temps à autre, selon que l'esprit te le dictera.

Maintenant adieu, et reçois encore une fois mes remercîmens pour le brillant gilet chaud. Ma femme te salue et te remercie de son mieux. Riemer t'aura déjà écrit lui-même.

G.

Iéna, où je me rends pour quinze jours, 11 janvier 1811.

A GOETHE.

Ainsi donc mon cher ami est seul! j'en suis charmée; puisque tu es seul, pense à moi! porte ta main à ton front et pense que moi aussi je suis seule. Tu trouveras dans les feuilles ci-incluses la preuve que tu remplis ma solitude; d'ailleurs, pourrais-je avoir de semblables contemplations, si je ne me croyais pas en ta présence?

Puisque tu es assez aimable pour vouloir tout connaître, j'ai veillé pendant une froide nuit cherchant à suivre le fil de mes pensées; mais ces pensées sont trop éphémères, je n'ai pu toutes les noter. Ah! certainement, Goëthe, si je t'écrivais tout ce qui me passe par la tête, ce serait bien singulier. Contente-toi de ce que je t'envoie, complète-le dans mon sens, dans lequel tu es chez toi. Toi seul tu m'as demandé de te communiquer mon âme, et la raison pour laquelle je voudrais me montrer à la lumière, c'est que toi seul tu m'éclaires.

Les feuilles ci-jointes ont été écrites dans la nuit du lundi.

Sur l'art. Je n'ai pas étudié l'art; je ne connais pas son origine, son histoire, son point de vue; mais son action, la manière dont les hommes le comprennent, me semblent fausses.

L'art est la sanctification de la nature sensible; en disant cela je dis tout ce que j'en sais. Ce qui est aimé doit servir l'amour. L'esprit est l'enfant chéri de Dieu; Dieu le voue au service de la nature sensible; c'est là l'art. L'art est la révélation de l'esprit par les sens. Ce que l'on sent devient pensée, et ce que l'on pense, ce que l'on invente, devient sentiment. Ce que les hommes produisent, ce qu'ils atteignent, ce qu'ils font de trop ou de trop peu dans l'art peut donner matière à contradiction, mais ce n'en est pas moins épeler la parole divine : Que la lumière soit.

Qu'est-ce qui nous touche dans la représentation d'une forme qui ne se meut pas, qui est incapable de développer sa tendance spirituelle? qu'est-ce qui nous parle dans un ciel peint, où le pressentiment du soleil levant ne sera jamais réalisé? qu'est-ce qui réveille en nous le désir du pays à la vue d'une cabane peinte? qu'est-ce qui nous attire vers l'animal imité, si ce n'est l'esprit générateur qui est en nous, qui se reconnaît dans ces œuvres d'art et leur donne sa sanction?

Pourquoi me questionner sur l'art? je n'ai rien de satisfaisant à te répondre. Questionne-moi sur l'amour, c'est là mon art, à moi; c'est dans l'amour que je suis destinée à produire, à me recueillir, à me sanctifier.

J'ai peur de toi, j'ai peur de l'esprit que tu évoques en

moi et que je ne sais exprimer. Tu me dis dans ta lettre: « Il faut que l'être entier sorte de lui-même et se montre au jour. » Jamais je n'avais compris ce commandement simple et sûr; mais maintenant que ta sagesse m'appelle au jour, je n'ai à montrer que des fautes dont je me suis rendue coupable envers l'être intérieur que j'ai opprimé et maltraité. — Mais cette action de sortir de soi-même et de se produire au jour, n'est-ce pas l'art? — L'art n'est-il pas cet être intérieur qui demande la lumière, qui demande que le doigt de Dieu lui délie la langue, l'ouïe, réveille tous ses sens, afin qu'il reçoive et qu'il donne? Et alors l'amour n'est-il pas le seul maître, et nous, dans chaque œuvre que nous faisons par inspiration, ne sommes-nous pas ses élèves?

Nous ne voyons l'art que dans les chefs-d'œuvre; c'est par eux que nous croyons le connaître et en jouir; mais l'art est aussi supérieur à ce que les hommes lui attribuent, que la puissance productive de Dieu, dans le cœur et l'esprit, est supérieure à l'idée que nous nous en faisons et aux lois que nous lui prêtons dans la vie passagère. Celui qui croit comprendre l'art ne saurait produire au delà du domaine de la raison; mais celui dont les sens sont soumis à l'esprit, celui-là a la révélation.

Toute production d'art est un symbole de la révélation, et souvent l'esprit qui perçoit a plutôt part à cette révélation que l'esprit qui crée. — L'art est la preuve que la langue d'un monde supérieur peut être entendue sur terre; et si nous l'acceptons sans nous permettre de le soumettre à l'analyse, il devient pour nous la préparation à la vie supérieure de l'esprit dont il n'est que l'expression. Il n'est pas nécessaire que nous comprenions cette langue divine, mais seulement que nous croyions à elle. La foi est la semence qui fait naître son esprit en nous et dont procède toute sagesse, car elle est la semence d'un monde immortel. Puisque le plus grand miracle peut être vrai, tout ce qui est entre ce miracle et la réalité doit rapprocher de la vérité; le jugement de l'homme seul est sujet à l'erreur. Qu'est-ce qui doit nous étonner, si ce n'est notre propre petitesse? — Tout est Père, Fils et Saint-Esprit. Les bornes de la sagesse terrestre sont les petits humains éclairés par les étoiles qui radotent à propos de cette lumière. — La chaleur de ton sang est sagesse, car l'amour seul donne la vie; la chaleur de ton esprit est sagesse, car l'amour seul anime l'esprit. Et l'amour, n'est-ce pas la sagesse? Que ton esprit, que tu as soufflé en moi, réchauffe mon cœur, alors j'aurai l'esprit de Dieu, lui seul peut me le donner.

J'ai passé cette nuit froide à mon bureau, à écrire la continuation de l'*Evangelium juventutis*. J'ai pensé à beaucoup de choses que je ne puis pas redire.

L'expérience générale a amassé et emmagasiné des avantages : savoir s'en servir selon ses besoins, c'est ce qu'on appelle être *maître*; savoir en faire profiter l'élève, c'est savoir enseigner. Quand l'élève a tout compris, qu'il est capable de faire l'application des théories, il est émancipé. Voilà de quelle manière l'art se perpétue. Toutes les fausses routes sont ouvertes à l'élève émancipé; la vraie route seule lui est fermée. Une fois sorti de la demeure dans laquelle la doctrine de l'expérience l'a retenu si longtemps captif, le désert de l'erreur devient son monde d'où il n'ose plus sortir ; quelque chemin qu'il choisisse, ce sera toujours un des sentiers de l'erreur. Malgré l'esprit divin effectif en lui, entraîné par les préjugés, il cherche à mettre son savoir-faire en œuvre ; en a-t-il fait l'entière application, alors il a fait ce qu'on appelle un chef-d'œuvre. Jamais les efforts d'un artiste formé aux écoles de l'art n'ont eu un plus grand résultat. Quiconque est réellement arrivé à quelque chose a dû oublier le savoir-faire appris; il a dû faire naufrage et perdre son chargement d'expérience, et le désespoir seul l'a poussé vers le bon rivage. Ce qu'il produit alors à cette époque de violence saisit, ébranle, mais ne saurait convaincre l'école, parce que l'expérience et le savoir-faire, qui servent toujours d'échelle à l'entendement et au jugement du vulgaire, ne peuvent expliquer une production à laquelle ils n'ont point participé, et parce que le préjugé ne permet pas qu'il existe quelque chose en dehors de lui, c'est ce qui empêche *les maîtres* de pressentir le monde supérieur. La pauvreté d'invention se justifie par la maxime : il n'y a rien de nouveau sous le ciel, tout a déjà été trouvé. Les productions en général se divisent en abus des choses déjà inventées, afin d'arriver à en créer d'autres; en une invention factice, apparente, par laquelle l'œuvre d'art n'exprime pas une idée, mais cache l'absence de l'idée sous le savoir-faire et l'expérience acquise; enfin en œuvres dont l'expression et le caractère vont aussi loin qu'il est permis à l'esprit formé par l'éducation de comprendre l'expression et le caractère des choses. Plus la production est sage, plus elle est compassée, plus elle est libre de fautes, plus elle est sûre, mieux elle convient à la foule et mieux elle est comprise d'elle. Voilà ce que nous appelons une œuvre d'art.

Quand nous avons à faire la statue d'un héros, nous cherchons d'abord à connaître les circonstances de sa vie, puis nous les allions à sa gloire acquise, et nous tâchons d'en former un tout; de telle sorte que chaque partie corresponde au caractère général de l'individu, et que l'ensemble réponde à la mesure de beauté donnée par l'expérience; cela fait, nous sommes contens. Telle n'est pas la tâche de l'œuvre d'art que crée le génie; elle ne se contente pas de satisfaire, elle subjugue; elle ne se fait pas le représentant d'une apparition, elle est la révélation du génie sous une forme donnée; elle ne veut pas qu'on dise seulement : voici l'image d'un homme qui fut un héros, mais bien : voici la révélation de l'héroïsme qui s'est fait corps dans cette œuvre d'art. Pour exécuter cette tâche, il ne s'agit pas de calcul, mais de passion; ou plutôt, il s'agit d'être sous le coup de l'oppression divine. Et l'artiste qui sait exprimer l'héroïsme (je regarde l'héroïsme comme le représentant de toutes les vertus, car toute vertu est une victoire), l'artiste qui sait l'exprimer de manière à ce que son œuvre communique l'inspiration qui a été l'essence du modèle, n'est pas seulement capable d'héroïsme, mais l'héroïsme est inné en lui. Dans l'art de la forme, le sujet est là, ferme, inébranlable comme la foi; l'esprit de l'homme cherche à l'embrasser. L'intelligence dans de la foi, voilà ce qui constitue l'œuvre d'art supérieure.

Dans la musique, la production, c'est l'action de l'intelligence divine même qui vient éclairer l'homme, spontanément et sans sujet, et que l'homme conçoit. Tout n'est qu'une union amoureuse, un entrelacement des forces spirituelles.

Alors toute excitation devient langage, et s'adresse à l'esprit ; l'esprit lui répond : c'est là l'invention. L'invention est donc : le pouvoir de l'esprit de répondre à une question qui n'a pas d'objet défini, mais qui est peut-être la tendance secrète à créer.

La disposition qu'ont les phénomènes spirituels de la vie à s'exprimer, a aussi une cause profondément cachée. Ainsi que le souffle descend dans le sein pour y puiser la vie, ainsi l'esprit générateur se plonge dans l'âme pour y puiser la force de s'élancer de nouveau dans les régions supérieures de la puissance éternellement créatrice.

L'âme vit par l'esprit, l'esprit vit par l'inspiration, et celle-ci est le souffle de Dieu.

Quand l'Esprit divin respire en nous, il crée, il engendre ; quand le souffle divin descend en nous, il enfante, il nourrit notre esprit ; c'est ainsi que la Divinité s'engendre, se produit et se nourrit dans l'esprit ; et par l'esprit dans l'âme, et par l'âme dans le corps. Le corps, c'est l'art ; l'art est la nature sensible engendrée à la vie de l'esprit.

On dit en langage d'artiste : rien de neuf ne peut être inventé, tout existe déjà. Oui, nous ne pouvons inventer que dans l'homme ; hors de lui, il n'existe rien, car il n'existe pas d'esprit. Dieu lui-même n'a d'autre demeure que l'esprit de l'homme. L'amour est l'inventeur. Comme l'embrassement de l'amour crée seul l'existence, il n'y a pas d'existence, d'invention possible en dehors de ce qui est embrassé. Inventer, c'est tout simplement reconnaître, exprimer l'action de l'esprit de l'amour, dans l'existence que cet amour a créée.

L'homme ne saurait donc rien inventer : il ne sait que se sentir lui-même, se comprendre, reconnaître ce que l'esprit de l'amour lui dit, comment cet esprit se nourrit en lui, et comment il l'instruit. En dehors de cette reconnaissance de l'amour divin, de son expression en langage intelligent, il n'est pas d'invention.

Comment l'esprit pourrait-il vouloir inventer de lui-même, puisque c'est lui qui est ce qui est inventé ; puisque le développement de sa vie n'est autre chose que le développement de la passion, que l'amour divin se complaît à lui inspirer ; puisque son souffle est l'exhalaison de cet amour qui se consume, puisque ses productions ne sont autre chose que cette passion prenant un corps.

Ainsi, l'existence, c'est l'embrassement de l'amour, c'est être aimé. L'invention, l'expression, c'est la passion que cet amour inspire à l'esprit de l'homme ; et la beauté, c'est le miroir du bonheur que l'amour éprouve à contenter sa passion. L'amour reflète sa félicité dans l'esprit qu'il a engendré, et qu'il pénètre de passion, afin de s'en faire désirer. Satisfaire les désirs qu'il a excités est son bonheur suprême, et c'est par la beauté que l'esprit exprime sa participation à ce bonheur. L'esprit amoureux pénétrant la forme de sa passion, comme l'amour pénètre la forme de l'esprit qu'il a créé, donne un corps à la beauté. Et ainsi que l'esprit rempli de passion exprime la beauté de l'amour, la forme sensible exprime la beauté de l'esprit ; en sorte que la beauté de la forme terrestre est le miroir de la félicité de l'esprit aimant, comme la beauté de l'âme est le miroir de la divinité aimante.

Comme nous avons aujourd'hui pleine lune, mon ami croit sans doute que je suis lunatique; je le crois aussi.

A GOETHE.

1ᵉʳ août 1817.

Je n'aurais jamais pensé avoir le courage de t'écrire de nouveau. Mais est-ce toi, ou bien le souvenir qui m'apparaît dans la solitude et me regarde de ses grands yeux ouverts? Que souvent je t'ai tendu la main pour que tu y misses la tienne, et que je pusse les porter toutes deux réunies à mes lèvres! Oui, je le sens, il n'était pas facile de me supporter dans ma passion ; je ne sais pas m'y supporter moi-même, et je me détourne en frissonnant des douleurs que la méditation soulève en moi.

Mais pourquoi t'écrire justement aujourd'hui, que des années se sont écoulées; aujourd'hui, que ces instants, durant lesquels je luttais contre les esprits qui me poussaient vers toi, ne sont plus? C'est qu'aujourd'hui j'ai pensé que peut-être, toi aussi, tu n'avais jamais connu d'amour qui ait duré jusqu'à la fin ; c'est qu'aujourd'hui j'ai tenu dans mes mains les cheveux que ta mère se coupa pour me servir, après sa mort, de preuve d'affection ; alors j'ai pris courage. Je t'appellerai encore une fois : qu'en sera-t-il si tu ne m'entends pas?

Le monde va maintenant souvent à l'église ; on communie, on parle de son maître et ami, du fils de son Dieu.

Moi, je n'ai pas même conservé l'ami que je m'étais choisi ; ma bouche s'est tue à son sujet, comme si je ne le connaissais pas. J'ai vu briller sur lui le glaive de la parole, et je ne l'ai pas détourné. Qu'il y a peu de bon en moi ! et pourtant jadis je prétendais être meilleure que tout le monde.

Je rêvai, il y a trois ans, que je me réveillais d'un paisible sommeil ; j'étais assise sur tes genoux devant une grande table servie ; tu me montras une lumière qui avait brûlé bien bas, et tu me dis : « Vois comme je t'ai laissée » dormir longtemps sur mon cœur ! Tous les convives se » sont levés de table ; moi seul je suis resté assis pour ne » pas interrompre ton repos ; ne me reproche donc plus » dorénavant mon manque de patience à ton égard. » Oui, vraiment, j'ai rêvé cela. Je voulais t'écrire alors ; mais une frayeur que je sentais jusque dans le bout des doigts me retint. Maintenant, je te salue encore une fois à travers la nuit du passé, je presse la plaie que je n'ai plus osé regarder depuis si longtemps, et j'attends de savoir, avant de continuer mon récit, si tu veux m'écouter.

Bettine.

Le jour que je commençai cette lettre, le théâtre brûla ; j'allai sur la place afin de jouir avec la foule de ce spectacle inaccoutumé. Les flammes, semblables à des dragons de feu sortant du toit, descendaient en formant des anneaux le long des murs, ou bien étaient déchirées par le vent ; la chaleur avait divisé ou dévoré les nuages, quelques gouttes de pluie seules étaient tombées ; on pouvait contempler la face du soleil à travers la lueur du feu et de la fumée qui la couvrait d'un voile rougeâtre. Bientôt la flamme descendit dans les appartements intérieurs et sauta en dehors, sur la frise qui entoure le bâtiment ; la toiture s'abîma tout à coup sur elle-même ; c'était admirable à voir. Je t'avouerai qu'au milieu de ces horreurs, je me sentais pleine d'allégresse. Moi aussi je brûlais ; mon corps terrestre semblait se consumer, et avec lui toute l'ivraie qui est en moi. A travers la porte ouverte de l'édifice et les fenêtres encore sombres, on vit tomber le rideau consumé. A l'instant même, le théâtre, envahi par la flamme, ne fut plus qu'une mer de feu ; les fenêtres craquèrent faiblement, puis disparurent. Ah ! qu'ils font du mal ces esprits du feu, quand une fois ils ont rompu leurs chaînes ! Dans ce monde nouveau où je me trouvais, je pensais à toi, que j'avais abandonné depuis si longtemps. Tes chants, que je n'avais pas chantés depuis des années, erraient sur mes lèvres. Moi seule sans doute, parmi ces milliers d'êtres, qui étaient là à frissonner, à gémir, moi seule, j'étais pleine d'une inspiration solitaire, et je sentais que tu es fort comme le feu. Une énigme était résolue pour moi ; la douleur qui avait jadis tourmenté mon cœur était expliquée. Oui, cet incendie qui dévorait un vieux bâtiment usé et sombre me faisait du bien ; je sentais mon âme libre et légère, et un air de patrie soufflait autour de moi. Encore une chose : le feu avait achevé son rôle dans l'intérieur avant le soir ; lorsque la lune se leva, les petits esprits des flammes se mirent à sauter et à jouer sur les appuis des fenêtres ; et dansant dans les ornements, ils éclairaient les mascarons noircis. Le troisième jour, les flammes sortaient encore des fondations profondes. Veux-tu me tendre la main par-dessus ces décombres? veux-tu me savoir pleine d'amour pour toi jusqu'à la fin? Dis un mot, mais bientôt, car j'ai soif.

Pendant les longues années qui se sont écoulées, j'ai désappris l'art d'écrire; mes pensées sont forcées de traverser un chemin raboteux pour se produire au jour; malgré cela je me figure être encore la coupe écumante dans laquelle tu aimes boire.

Si la feuille ci-jointe a encore sa couleur, tu verras quelle couleur a mon amour pour toi. Il me semble qu'il est toujours d'un rouge vif, solide, et parsemé de poussière d'or. Ta couche est préparée dans mon cœur, ne la dédaigne pas!

Mon adresse est rue Saint-Georges, nº 17.

A GOETHE.

Weimar, 29 octobre 1821.

C'est à toi que j'ai à parler; non pas à celui qui m'a repoussée, qui a méprisé mes larmes, qui n'a ni malédiction ni bénédiction à me donner; non, ma pensée recule devant lui. C'est à toi que j'ai à parler; à toi génie, à toi qui embrases et qui conserves; qui, de tes ailes puissantes, fais renaître de la cendre la flamme déjà éteinte. A toi, qui, plein d'un secret ravissement, voyais jadis la jeune source bruyante se cabrer devant les rochers, les obstacles, et accourir chercher un lit tranquille à tes pieds, car il me suffisait d'embrasser tes genoux.

OEil de mon âme! unique existence! il n'y a pas d'inspiration au-dessus de toi, pas de félicité au-dessus de celle de te voir, d'être vue de toi !

Tu demandes si je t'ai aimé? Répondez-lui, vous génies, au-dessus de nos têtes! Crois en moi; crois en un instinct brûlant, que j'appellerai instinct de la vie, et je saurai encore chanter. Tu sommeilles, tu rêves? je rêverai avec toi!

Oui, le temps d'alors est maintenant un rêve; l'éclair de l'inspiration avait consumé ton vêtement terrestre, je te vis tel que tu étais, fils de la beauté. Maintenant ce n'est plus qu'un rêve.

Semblable à la graine encore verte cachée dans son enveloppe, mystère silencieux et sévère, je m'étais déposée en sacrifice à tes pieds; j'espérais mûrir à la chaleur de ton amour tutélaire. Je voulais t'avouer mes péchés, mes fautes involontaires; je voulais apaiser par mes larmes et mon sourire le courroux qu'ils t'auraient inspiré, je voulais effacer leur trace dans ta pensée par la flamme de mon cœur, que tu ne retrouveras pas une seconde fois; maintenant, tout cela n'est qu'un rêve.

Dix ans de solitude ont passé sur mon cœur et m'ont séparée de la source où je puisais la vie; depuis ce temps, je ne me suis plus servie des mêmes mots; tout ce que j'avais senti, espéré, tout s'est évanoui. Ma dernière pensée avait été : il viendra un temps dans lequel j'existerai, car maintenant on a enseveli mes sens, on a voilé mon cœur.

Ce temps à venir plane au-dessus de moi, ami, semblable aux vents du désert qui enterrent mainte existence sous un sable léger. Ta voix seule saurait me réveiller. Mais cette espérance aussi sera un rêve, n'est-ce pas?

Jadis je demandais, comme grâce unique, qu'il me fût donné de baiser ton dernier souffle; je voulais toucher ton âme de mes lèvres au moment où elle s'envolerait; voilà ce que je voulais, Goëthe! Temps passés à l'horizon lointain, retournez-vous encore une fois vers moi, car vous emportez l'image de ma jeunesse enveloppée de voiles épais.

Non! tu ne peux être ce que tu sembles maintenant : dur et froid comme la pierre! Sois ainsi pour ce monde, pour ce temps fugitif; mais là-haut, où les nuages se déroulent en lumières triomphales, sous lesquelles passent tes chants pour monter vers le trône, où toi leur créateur, toi le créateur de ton monde, tu te reposes après avoir achevé l'œuvre de ta journée, après lui avoir donné la vie; là-haut, laisse-moi être avec toi; laisse-moi y être au nom de mon amour, qui m'a été apporté par les esprits de ce monde supérieur, ainsi que le miel est apporté dans le creux de l'arbre sauvage par mille abeilles laborieuses. Cet arbre ne renferme-t-il pas alors en lui un trésor, étranger il est vrai, mais plus précieux que les plus nobles fruits? Oh! laisse le cep sauvage enlacer ses racines aux tiennes, ou consume-le si tu ne le peux souffrir.

Oui, c'est vrai, je suis trop violente. Vois, la digue que l'habitude avait bâtie est emportée, et des sentimens inusités inondent mon cœur et mon papier. Pleurs inusités, vous aussi vous inondez mon visage tourné aujourd'hui vers le soleil; ce soleil qui ne veut pas paraître!

23 novembre.

Cueillir les fleurs qui se sont attardées dans le jardin, rassembler dans la saison avancée les roses et les raisins, n'est pas une œuvre immorale et ne mérite pas la colère de celui auquel on offre ces fruits et ces fleurs. Pourquoi aurais-je peur de toi ? — Il y a déjà long-temps que tu m'as repoussée de la main que je voulais baiser; peut-être penses-tu autrement aujourd'hui. — Je dépose ce bouquet dans la coupe où tu auras bu : qu'elle accorde à ces dernières fleurs un asile pour cette nuit, qu'elle soit leur tombe; demain jette ce bouquet et remplis ta coupe comme à l'ordinaire. C'est ainsi que tu as fait avec moi : tu m'as rejetée de la coupe que tu as l'habitude de porter à tes lèvres.

Du 22.

L'âme voltige un instant sur terre, mais bientôt elle s'élève dans l'éther rafraîchissant. — La beauté, c'est l'éther; elle rafraîchit, elle n'embrase pas. Reconnaître la beauté c'est l'action de l'amour. — L'amour n'est pas une erreur; mais, hélas ! l'erreur le poursuit. — Tu le vois, je cherche un début pour te parler; mais j'ai beau chausser le cothurne, le corps est trop faible pour porter l'esprit; les branches trop chargées laissent traîner leurs fruits à terre. Hélas ! bientôt ces rêves auront fini de flamboyer !

---

29 juin 1822.

Tu dois voir que cette lettre est déjà vieille, et que je la porte depuis long-temps avec moi. Je l'écrivis l'année dernière, sitôt que je t'eus quittée. Tout-à-coup il me sembla que mes pensées et moi nous allions nous briser; je dus cesser d'écrire. Et pourtant de temps en temps une voix me crie que je dois tout te dire. Je pars pour la campagne ; là , si cela se peut, je porterai mon regard au-dessus de la vie de cette terre ; je l'entourerai de brouillard, afin qu'il n'aperçoive que toi. Hormis le soleil qui absorbe la goutte de rosée, il ne doit rien voir. Toute fleur qui s'ouvre à la lumière contient une goutte de rosée, et cette goutte de rosée sait refléter la force vivifiante; mais la racine et la tige de la fleur restent enfoncées dans la terre noire et dure. Si la fleur n'avait pas de racines elle aurait sans doute des ailes.

Il fait chaud aujourd'hui. Aujourd'hui abandonne-toi aux pensées que cette lettre fera naître en toi; que le temps et l'espace disparaissent d'entre nos cœurs. Si cela arrivait je n'aurais plus rien à demander, mon cœur se tairait.

BETTINE.

Écrit de la main de Goëthe sur cette lettre : Reçue le 4 juillet 1822.

A GOETHE.

Souvent je me suis préparée en esprit à t'écrire; mais des pensées et des sentimens tels qu'aucune langue ne saurait les exprimer, remplissent mon âme, et mon âme ne peut rompre le silence.

La vérité est une muse qui dépose le germe harmonique de ses mélodies dans l'âme de celui qu'elle favorise, mais ne les lui fait pas entendre. Ce n'est que quand tous les besoins terrestres se taisent, que la science de ce monde est devenue muette, qu'elle déploie les ailes de ses chants. — L'amour, cet instinct de toute inspiration, l'amour régénère le cœur, ramène l'âme à la naïveté, à la pureté. Que souvent mon cœur s'est réveillé sous l'enveloppe de la vie du monde, doué de cette force mystique de se révéler ! J'étais morte au monde, mon âme n'était plus qu'un écho de l'amour ; mes pensées, mes sentimens n'étaient qu'une invocation à toi. Viens, disais-je, sois avec moi ; viens me trouver dans cette obscurité. C'est mon souffle qui se joue sur tes lèvres, qui rafraîchit ta poitrine ! — Voilà ce que je pensais loin de toi, et mes lettres te portaient ces mélodies. Je ne désirais qu'une seule chose, que tu te souvinsses de moi. J'étais prosternée à tes pieds en pensée ; j'embrassais tes genoux, et je désirais que ta main s'appuyât sur moi en me bénissant. Tels étaient les accords fondamentaux de mon esprit ; ils cherchaient à se résoudre en toi. Alors j'étais, ce qui seul s'appelle être heureux, un élément emporté par des puissances supérieures. Mes pieds ne marchaient pas, ils planaient au-dessus des sentiers de cette terre ; je volais vers un avenir rempli ; mes yeux ne voyaient pas, ils créaient les images de ma félicité ; et ce que mes oreilles entendaient de toi, devenait le germe de la vie éternelle, germe que mon cœur couvait de toute sa chaleur fécondante. Vois, je remonte par ces souvenirs vers les temps écoulés ; je retourne en arrière ; d'écueil en écueil, j'arrive dans la vallée de ma jeunesse solitaire ; là je te retrouve, mon cœur ému s'apaise sur ton sein ; je me sens remplie de cette inspiration par laquelle l'esprit du ciel se révèle dans les sensations humaines.

T'expliquer serait mettre le sceau à mon amour; par là je donnerais une preuve de nature divine, et par conséquent une preuve de ma parenté avec toi. Ce serait résoudre l'énigme à la manière du torrent de la montagne, qui long-temps caché jaillit tout-à-coup à la lumière, et plein d'un enthousiasme voluptueux risque le saut effrayant de la cascade, par lequel et après lequel l'existence s'agrandit pour lui. — O destructeur! tu as détruit en moi le libre arbitre ; ô toi, générateur! tu as fait naître en moi le sentiment du réveil; tu m'as ébranlée par mille étincelles électriques prises dans la nature sacrée. Par toi, j'ai appris à aimer la jeune vigne grimpante et à baigner ses fruits mûrs de mes larmes ; à ton intention, je baisais la jeune herbe, je présentais ma poitrine à la rosée tombante, j'épiais le papillon et l'abeille qui voltigeaient autour de moi. C'était toi que je voulais sentir dans le cercle sacré de tes jouissances. O toi, qui joues en secret avec la nature, ta bien-aimée, ne devais-je pas, moi, qui avais pénétré ce mystère, devenir ivre d'amour?

Comprends-tu le frisson qui m'agitait quand les arbres répandaient leurs parfums et leurs fleurs sur moi? — Je pensais, je sentais, je croyais fermement que tes caresses à la nature, ta félicité de posséder sa beauté, ses langueurs, son abandon dans tes bras, agitaient les branches des arbres, en détachaient les fleurs et les faisaient ainsi tomber doucement sur moi. O vous, nuits qui serviez de miroir à la lune, vous éleviez mon esprit à la hauteur de la coupole de votre ciel! Les rêves que vous m'envoyiez m'ôtaient la conscience de ce monde, de telle sorte qu'au réveil il m'était devenu étranger. Dans l'approche de l'orage je pressentais mon ami, mon cœur le devinait; mon souffle s'élançait au devant de lui; la vie esclave brisait ses liens à la lueur des éclairs, au fracas du tonnerre.

Je ne me demande pas ce qui réjouit le plus dans le paradis, ce qui répond le mieux à l'idée que nous nous faisons de la béatitude, de retrouver ses amis, ou d'être entouré d'une infinité d'esprits bienheureux, ou bien enfin de goûter simplement le repos dans lequel l'esprit se recueille, plane et médite sur ce que l'amour a créé en lui? Cette question n'est d'aucun intérêt pour moi; je n'aime, je ne désire que me réfugier dans les lieux les plus solitaires; là, le visage caché dans mes mains élevées pour la prière, je baise silencieusement l'apparition de celui qui agite mon cœur.

Un roi traversait les rangs de son peuple : semblable au flux et reflux de la mer, la foule l'élevait et l'abaissait tour à tour. Un enfant, séduit et embrasé par le rayon de ses yeux, saisit le bord de son vêtement et l'accompagna jusqu'aux marches du trône; mais là, le peuple, ivre d'enthousiasme, repoussa le pauvre enfant innocent, inconnu, inexpérimenté, derrière les bannières déployées des bourgeois. Maintenant il est allé attendre près de la tombe; là il élèvera haut le mur qu'il bâtira autour de l'autel du sacrifice, de manière que le vent ne viendra pas éteindre la flamme quand elle consumera, en l'honneur de l'objet aimé, les fleurs apportées en sacrifice et qu'elle les réduira en cendres. — Est-ce toi, nature, qui caches celui qui n'est plus? — Non, non; les sons qui s'échappent de la lyre, s'ils meurent à la terre, naissent à la lumière, et semblable au chant, l'esprit aimé s'envole dans la liberté des régions supérieures. Plus la hauteur où il s'élève est incommensurable, plus celui qui reste en arrière est loin, si l'esprit délivré ne le reconnaît pas, ne le touche pas, ne le sanctifie pas au moment de s'envoler.

Quand, ô Goëthe! tu ne seras plus, et que dans un lieu solitaire je méditerai sur toi, le désespoir percera mon cœur; si en partant ton esprit ne m'a touchée, la nature me semblera une prison qui me retiendra seule captive. Oh! n'anticipe pas sur cet avenir, ne meurs pas d'avance à mon enthousiasme; laisse le secret de l'amour refleurir encore une fois entre nous. L'affection est en dehors des limites du temps. C'est ainsi que mon amour pour toi est une source originelle de jeunesse, qui bruit, qui court pleine de force et de vie jusqu'à la fin.

Minuit a sonné pendant que j'écrivais ces dernières lignes et que j'y réfléchissais. Nous sommes dans la nuit de la Saint-Sylvestre, durant laquelle, dit-on, il est donné aux hommes d'apercevoir un instant la marche du temps. Aux sons de la trompe du crieur de nuit qui vient de saluer le changement de l'année, je t'en supplie, pense que ce que je te dis est vrai; la vérité seule a le privilége de survivre au temps passé. Il n'y a pas seulement un souvenir, il y a une union intime entre le temps d'alors et le temps d'à présent. Ainsi que le regard de l'amant se change souvent en une espèce de baguette magique qui va frapper au loin celui qui est aimé, le rayon qui s'échappe des temps passés vient frapper mon esprit. Ce

contact du passé me donne la conscience de ce que je
suis, du vrai sens de ma vie; et tandis que le sort
et le monde sont restés dans le fond, semblables à
des fantômes, et qu'ils n'eurent jamais de véritable influence sur moi, la croyance que je te suis intimement
alliée, que tes yeux, tes oreilles, ton sentiment, se sont
abandonnés durant un instant à mon influence, cette
croyance seule m'a amenée à me connaître moi-même. Le
souvenir est le chemin qui me conduit vers toi; par lui je
vis en communauté avec toi; il me donne des visions, puis
les visions correspondantes. Le langage de nos communications et ce qui était pour moi des énigmes, comme de
regarder dans nos entretiens le mouvement de tes traits
plutôt que d'écouter tes paroles, de compter les battemens
de ton cœur, de calculer la profondeur et la précipitation
de ton souffle, d'examiner les plis de ton manteau, d'aspirer avec amour l'ombre par toi projetée, toutes ces choses
n'ont plus rien d'énigmatique pour moi; elles te rendent
plus sensible à mes yeux, et leur souvenir fait battre mon
cœur et précipite ma respiration.

Vois, je t'ai devancé aux limites de l'autre vie, devant
lesquelles la force de l'esprit ploie sous le poids de la pesanteur terrestre, où jamais l'amour ni l'admiration n'ont
osé essayer leurs ailes et traverser le brouillard dans lequel
s'enveloppe celui qui quitte cette terre; oui, je t'ai devancé
pleine d'une amoureuse attente, et tandis que tes amis,
tes enfans, tes protégés, le peuple, qui te nomme *son poëte*,
tous se préparent à te dire adieu et te suivent lentement
et solennellement, moi je vole, je marche, je viens à ta
rencontre, je te salue avec allégresse, plongeant mon âme

dans le parfum des nuages qui te portent, toi et ta félicité. Nous comprenons-nous dans ce moment, ô mon ami! toi qui encore revêts le corps terrestre, ce corps qui répandit sur moi son esprit, source de grâces, qui me sanctifia, me transforma, qui m'apprit à adorer la beauté dans le sentiment, qui étendit sur toute ma vie cette beauté comme un manteau protecteur, et éleva sous cette enveloppe ma vie à un saint état de mystère? Non, ami, je ne te demanderai pas si nous nous comprenons dans ce moment de profonde émotion. Sois ému comme je le suis; laisse-moi pleurer à mon aise, laisse-moi cacher tes pieds dans mon sein; puis attire-moi sur ton cœur, entoure-moi de tes bras, pose ta main sur cette tête qui s'est consacrée à toi, bénis-moi, inonde-moi de ton regard! Non, fais plus encore, laisse ton regard s'obscurcir et se perdre dans le mien, et que tes lèvres prennent sur les miennes possession de mon âme! Toutes ces jouissances, je te les demanderai dans l'autre monde.

A l'heure de minuit, entourée des souvenirs de ma jeunesse, ayant derrière moi tous les péchés dont tu veux m'accuser et que j'avoue complètement, devant moi, le ciel de la réconciliation, je saisis la coupe du breuvage nocturne et je la vide à ton bien-être, et en voyant la couleur sombre du vin sur le bord de cristal, je pense à tes yeux si beaux.

———

1er janvier.

J'y pense encore aujourd'hui, premier jour de l'année. Aujourd'hui je me sens aussi ignorante qu'au premier jour de ma vie, car je n'ai rien appris, je n'ai essayé d'aucun art ; je ne connais pas la sagesse ; seulement le jour où je t'ai vu j'ai compris ce qu'était la beauté. Rien ne parle mieux de Dieu que quand il parle lui-même par la beauté. Bienheureux donc celui qui voit, car il croit. Depuis le jour où je t'ai vu, je n'ai rien appris que par intuition. La science et les arts acquis me semblaient choses mortes et peu dignes d'envie. La vertu, qui n'est pas en même temps la plus grande volupté, est triste et ne saurait durer. Celui qui la poursuit croit l'embrasser, mais elle fuit, il faut qu'il la poursuive de nouveau ; à la fin elle s'évanouit ; alors il est satisfait, il est au moins délivré de la peine de l'acquérir. C'est ainsi que je vois les artistes se contenter de l'habileté, tandis que le génie s'envole ; ils se mesurent entre eux et trouvent toujours que l'échelle de leur propre mérite est la plus haute ; ils ne se doutent pas que l'enthousiasme incommensurable est la moindre échelle du génie. — J'ai senti tout cela à propos de ta statue de marbre qu'on fait faire. La prévoyante logique du sculpteur ne laissera pas la haute main à l'inspiration ; elle va former un corps inanimé, que ne sanctionnera même pas la puissance légitime de l'esprit inventif. Le Goëthe inventé devrait pouvoir représenter tout à la fois un Adam, un Abraham, un Moïse, un législateur ou un poète, mais non pas une individualité ordinaire.

J'ai conçu le désir de t'exprimer selon le saint idéal de mon enthousiasme. Le dessin ci-joint te donnera la preuve de ce que peut l'inspiration sans l'exercice de l'art ; car je n'ai jamais ni dessiné ni peint, je n'ai fait que regarder les artistes travailler, et je me suis émerveillée de leur persévérance à rester dans les restrictions. Ils n'estiment que ce qui est passé à l'état de locution dans l'art ; ils font cas du mot dénué de pensée, mais jamais de la pensée qui devrait sanctifier le mot. La manière de procéder traditionnelle ne saurait arriver à réunir en une œuvre d'art l'esprit, le prophète et le dieu, et à établir une paix éternelle entre eux. Le Goëthe que j'ai dessiné sur ce papier d'une main tremblante, mais d'après une contemplation brûlante, ce Goëthe diffère déjà du *droit chemin* des sculpteurs, en ce qu'il incline légèrement du côté où la main pendante tient négligemment la couronne de lauriers oubliée. C'est le moment de l'inspiration ; l'âme est gouvernée par les puissances supérieures, elle évoque la muse dans des épanchemens amoureux ; la naïve Psyché, debout devant le poète, exprime son secret sur la lyre ; son pied n'a pas trouvé d'autre moyen d'atteindre la lyre que de monter sur le tien ; elle s'en est fait, pour ainsi dire, un piédestal. Ta poitrine s'offre aux rayons du soleil ; le bras qui tient la couronne repose sur les plis moelleux du manteau ; l'esprit, sous la forme des cheveux hérissés, s'élève au-dessus de la tête ; derrière toi se trouve une inscription que tu comprendras sans doute ; j'ai cherché à y exprimer ta position vis-à-vis du public. J'ai d'une part voulu dire : tout ce que les yeux du corps ne voient plus s'est élancé au-dessus du monde vers le ciel. Puis j'ai encore voulu dire autre chose que tu sentiras, mais que je ne saurais exprimer. Bref, cette inscription me fait l'effet de miel sur mes lèvres, tant je la trouve douce, tant elle répond bien à mon amour. Dans la frise du trône, où tu es assis, j'ai dessiné de petits génies qui ressemblent malheureusement à des gamins; ils sont tous occupés de toi : ils pressent ton vin, ils allument le feu, ils préparent le sacrifice, ils versent de l'huile dans la lampe qui éclaire tes veilles; l'un d'eux, celui qui est derrière ta tête, joue du chalumeau et enseigne à chanter à de petits rossignols qui se trouvent dans un nid. Sur l'un des montans du trône Mignon est représentée au moment où elle renonce à son amour en ce monde (et moi avec elle, en répétant en pleurant ce beau chant qui apaise toujours l'âme agitée). Permets que je lui aie donné cette place à elle, et en même temps à l'apothéose de mon amour. De l'autre côté, celle qui porte mon nom est représentée au moment où elle se rejette en arrière; elle est moins bien réussie. Sur le piédestal, moi enfant de Francfort comme toi, j'ai voulu faire honneur à ma bonne ville : j'ai gravé sur les côtés les titres de tes œuvres au milieu de branches de laurier qui, tournant à l'entour, viendront couronner et enlacer l'aigle de Francfort. Derrière on pourra mettre les noms et les armoiries de ceux qui feront élever cette statue. Ce monument, que j'ai inventé une nuit que je ne dormais pas, a l'avantage de te représenter, toi et personne d'autre, d'être un et complet, d'exprimer toute ta consécration sans le secours d'aucun accessoire, et en même temps l'amour des citoyens de Francfort et ce que tu leur as donné; enfin il exprime le secret de ta glorification, qui a préservé ta nature sensible et spirituelle de tout ce qui est commun. C'est sans doute mal rendu, et cela doit être, car je t'assure que je n'ai jamais dessiné; tu n'en seras que plus persuadé de la vérité de mon inspiration, qui a créé cela dans un mouvement de colère excité par le manque d'intuition du statuaire qui devait faire cette œuvre sacrée pour le monde. S'ils réfléchissaient combien le passé doit éclairer l'avenir, quels regards de feu la jeunesse, qui ne t'aura jamais vu, attachera sur ce marbre, s'ils réfléchissaient à tout cela, les artistes, au lieu d'aller à tort et à travers, pleins d'une vaine arrogance et de leur entêtement académique, prieraient le Saint-Esprit d'être avec eux. Moi je l'invoque pour qu'il vienne au moins rendre témoignage qu'il m'a aidée, et pour qu'il te fasse jeter sur ce dessin un regard impartial, si ce n'est aveuglé par l'indulgence. J'en ai envoyé un calque à Bethmann; c'est à sa prière que je me suis risquée à faire ce dessin, déjà composé lors de son séjour ici. N'est-ce pas trop exiger que de te demander de m'en accuser réception par quelques mots ?

Bettine.

11 janvier 1824.

FIN DES LETTRES.

LIVRE DE L'AMOUR.

Je voudrais dire dans ce livre les pensées mystérieuses que j'ai eues aux heures solitaires de la nuit, dire comment l'amour, semblable au soleil du midi, a su mûrir mon esprit.

Je veux chercher la vérité; je lui demanderai d'évoquer pour moi la présence du bien-aimé, de celui que je pourrais croire loin de moi.

L'amour est une union intime : s'il est vrai que je t'aime, je ne suis pas séparée de toi.

Je regarde les vagues qui m'accompagnent tout le long du rivage, les espaliers chargés de fruits qui se réfléchissent dans l'eau, le jeune jour, les brouillards fugitifs, les cimes lointaines qu'embrasent les rayons du matin, et comme l'abeille qui dans toutes les fleurs sait récolter du miel, l'emporte et le conserve dans sa cellule, dans tout je récolte l'amour, je m'en empare et le conserve dans mon cœur.

Telles étaient mes pensées, quand ce matin je passais sur les bords du Rhin, et que je me frayais un passage à travers la vie agitée de la nature pour atteindre le soir silencieux et solitaire; le soir, heure à laquelle une voix me dit : le bien-aimé est là ! où je puis semer devant lui en guise de fleurs les souvenirs de la journée; où je puis m'incliner vers la terre et la baiser pour l'amour de toi, cette belle terre qui porte mon bien-aimé et qui me conduit vers lui.

***

Schwalbach, dans la chaumière de mousse.

Aucun nom ne te nomme !

Je me tais et je ne te nomme pas, quoiqu'il serait doux de t'appeler par ton nom.

Ami ! homme élancé ! toi, le silencieux, aux gestes gracieux et arrondis ! — comment faire, que dire qui exprime ton nom ? — Appeler par son nom celui qui est loin, c'est le forcer invinciblement à penser à vous; mais là, sur les hauteurs où les gorges boisées renvoient sept fois l'écho, je ne veux pas prononcer ton nom, pour ne pas entendre une autre voix t'appeler avec autant d'ardeur, avec autant d'instance que moi.

O toi... ! non, je ne veux pas te le dire à toi-même ce nom; je ne le confierai pas non plus au livre, pas plus que je ne le confie à l'écho.

Je le passerai sous silence ; c'est dépouillé de toute possession terrestre que tu es à moi.

Ems.

Quelque fatiguée que je sois, je n'irai pas me coucher sans t'avoir parlé ! Mes paupières s'affaissent et me séparent de toi. Ni les montagnes, ni les fleuves, ni les temps, ni ta propre froideur, l'ignorance même où tu es de mon amour, rien de tout cela n'est capable de me séparer de toi, et le sommeil m'en sépare ? Mais non ; je me couche sur ton sein, les flammes de mon amour embrasent ton cœur, et je m'endors.

* *
*

Non, je ne te nommerai pas, toi auquel je dis : écoute-moi ! Tu aimes à entendre parler, écoute-moi donc aussi, non comme ceux qui parlent de toi, contre toi. Mon langage est tout autre ; car c'est près de toi, c'est de la contemplation de ton être que naissent mes pensées. Semblable à la source qui fend le roc, bouillonne et s'élance à travers la vallée embrasée et rafraîchit les fleurs dans sa course, je passe devant toi et je te rafraîchis de mon souffle, doux ami !

Le ruisseau ne sait que murmurer ; il clapote, il bégaye, il a peu de modulations ; mais écoute-le avec bienveillance, et tu l'entendras se réjouir, se plaindre, prier, se révolter, et tu seras initié à des secrets brillans, admirables, que celui-là seul qui a l'amour sait comprendre.

* *
*

Je ne suis plus fatiguée, je ne veux plus dormir ; la lune s'est levée en face de moi, des nuages la couvrent en passant, mais elle s'en dégage et luit de nouveau à mes yeux.

Je pense à ta maison; je suis assise en idée sur le sentier qui y conduit et qui est plongé dans l'obscurité; tandis qu'en face la plaine est éclairée par la lune. Je pense que le temps court, vole, se forme et se transforme de mille manières comme ces nuages; que l'homme tient à ce temps et s'imagine que tout passe avec lui; aveugle qu'il est! il ne voit pas qu'une lumière pure perce le temps, tout comme la lune perce les nuages fugitifs.

Oh! je t'en prie! vois mon amour, et pense que le temps fugitif renferme quelquefois en lui une éternité de bonheur.

* *
*

Il y a long-temps que minuit a sonné; je suis restée jusqu'à présent à la fenêtre, et en me retournant je vois que la lumière s'est presque consumée.

Où étais-je donc en idée? près de toi; je te voyais dormir. Puis j'ai regardé au-delà du fleuve, vers l'endroit où les blanchisseurs ont allumé du feu près de leur linge étendu sur l'herbe; j'ai écouté les chansons qu'ils chantent pour se tenir éveillés. Moi aussi je suis éveillée et je pense à toi. Ce continuel embrassement de ton âme et de mon esprit est un grand mystère de l'amour, et il en naîtra peut-être quelque chose qu'on ne saurait prévoir.

Oui, tu dors; mais rêves-tu? et ce que tu rêves te semble-t-il la réalité comme à moi, lorsque je me vois assise à tes pieds, les pressant contre mon sein? Oh! alors le rêve me tient en laisse, et je n'ai plus d'autre pensée, sinon que je suis près de toi.

*
* *

Bien-aimé ! hier j'étais profondément émue ; on avait parlé de toi ; on avait dit des choses qui ne sont pas, je le sais ; car je te connais. A travers la trame de tes jours passe un fil qui la rattache au monde surnaturel. Un fil semblable ne passe pas à travers toutes les existences ; mais toute existence qui en est privée se brise.

Ce que je désire, c'est que ton existence ne se brise jamais, que tu sois toujours une éternelle réalité. Tu es beau ; tes mouvemens sont beaux, parce qu'ils expriment l'esprit. Comprendre la beauté, n'est-ce pas t'aimer ? Et l'amour ne doit-il pas désirer que tu existes à jamais ? Que puis-je, sinon recevoir en moi l'empreinte de ton image spirituelle ? C'est là mon œuvre de tous les jours, et tout ce que j'entreprends d'autre doit céder à cette tâche. Te servir en secret dans mes pensées, dans mes actions ; vivre pour toi, soit au milieu du tumulte des humains, soit dans la solitude, être toujours aussi près de toi, avoir une sainte tendance vers toi, que tu m'accueilles ou que tu me renies, oui, c'est là mon œuvre de tous les jours.

La nature n'est que le symbole de l'esprit ; elle est sainte en tant qu'elle exprime ce symbole. C'est par elle que l'homme apprend à connaître son propre esprit, et que cet esprit a besoin d'amour, qu'il a besoin de s'attacher à l'esprit de celui qu'il aime, comme les lèvres ont besoin de s'attacher aux lèvres du bien-aimé. Quand même je te posséderais, si je ne possédais pas ton esprit, si lui ne me comprenait pas, je n'atteindrais jamais le but de mes désirs.

Jusqu'où va l'amour? Il déploie ses bannières avec des cris de joie; il s'empare de son empire victorieux, et il retourne vers son créateur éternel. L'amour retourne là d'où il est venu.

Lorsque deux êtres se fondent l'un dans l'autre, la limite du fini n'existe plus pour eux. Dois-je me plaindre de ce que tu ne réponds pas à mon amour? Ce feu en est-il moins en moi et m'en réchauffe-t-il moins? Et cette flamme intérieure n'est-elle pas une félicité qui comprend tout?

La forêt, la montagne, le rivage, me sourient éclairés par le soleil; car mon cœur et mon esprit leur prêtent un printemps éternel.

* *
*

Je ne veux pas te perdre comme hier, belle nuit! je veux aller dormir sur ton sein; tu me berceras jusqu'à l'aurore; alors en m'éveillant je cueillerai des fleurs fraîches écloses en souvenir des rêves de la nuit. Les baisers ressemblent aux roses à demi épanouies, le murmure amoureux, à la pluie de fleurs qui tombe des arbres; les pensées vacillantes sont semblables aux fleurs qui s'agitent dans l'herbe. Lorsque la mesure du bonheur est comble, les yeux laissent échapper des larmes, ainsi les gouttes de rosée tombent en perles des branches de l'arbre; et le cœur palpitant de désir est comme le rossignol dont le chant salue l'aurore avec amour; il est joyeux parce qu'il aime; il soupire d'amour, il demande l'amour. Laisse-moi donc dormir, douce nuit ! laisse-moi dormir jusqu'à l'aurore qui m'apportera tous ces doux fruits d'amour.

***

Ami! le monde intérieur n'est pas un monde imaginaire; il existe, il est fondé sur la science et le mystère, il repose sur une foi supérieure. L'amour est l'esprit qui anime ce monde; il est l'âme de la nature.

Les pensées sont dans le monde spirituel, ce que sont les sensations dans le monde matériel. C'est le désir sensuel de mon esprit qui m'enchaîne à toi, qui me force à penser à toi. Je suis profondément ému que tu appartiennes à ce monde matériel; car ton apparition sensible témoigne de la vérité du pressentiment, de la révélation, qui étaient en moi.

L'amour est l'intelligence. Je ne puis jouir de toi qu'en pensée; mais te comprendre, c'est te sentir. Quand une fois je te comprendrai tout-à-fait, seras-tu alors à moi? Pourrais-tu appartenir à quelqu'un qui ne te comprît pas? Comprendre celui qu'on aime, n'est-ce pas s'unir doucement, sensuellement à lui? Se comprendre lève la barrière qui sépare le fini de l'infini. Deux êtres qui se comprennent sont infinis l'un dans l'autre. Comprendre, c'est aimer; ce que nous n'aimons pas nous ne le comprenons pas; ce que nous ne comprenons pas, n'existe pas pour nous.

Comme je voudrais te posséder, je pense à toi; car, penser apprend à te comprendre, et te comprendre c'est te posséder.

***

Si je ne suis pas ce que je dois être pour que tu puisses m'aimer, toute ma connaissance de toi est détruite. Quand le sentiment que je t'appartiens, que je me suis vouée volontairement à toi, agit seul en moi, je deviens meilleure; je me rapproche de toi, et mes actions et ma vie extérieure se meuvent sur le rhythme de l'amour.

Je ne te possède pas dans le monde extérieur; d'autres personnes se vantent de ta fidélité, de ta confiance, de ton dévouement; s'ébattent avec toi dans le *labyrinthe du cœur*; elles sont sûres de ta possession, elles suffisent à ton désir.

Je ne suis rien, je n'ai rien que tu désires; il n'est pas un matin qui t'éveille pour me demander, pas un soir qui t'amène vers moi. Près de moi tu n'es pas chez toi.

Mais dans le monde intérieur j'ai confiance en toi; tous les chemins merveilleux me conduisent à toi, c'est même toi qui les as frayés.

* *

Au point du jour, sur le Johannisberg.

La lumière du soleil perçant les buissons arrive jusqu'à moi et joue sous l'ombre des feuilles agitées. Pourquoi donc suis-je venue ici avant le jour? ici, où le lointain s'amoncèle et se perd dans l'infini.

Oui, c'est ainsi que tout s'étend, et s'étend encore; les lignes montent les unes après les autres à l'horizon : nous croyons atteindre le ciel en gravissant la montagne; erreur! De riches vallées viennent s'étaler devant vous, des murailles de coteaux sombres les enserrent, et les brebis y paissent tranquillement, tout comme ici. Semblables aux montagnes, les jours se lèvent les uns après les autres, et il n'y aura pas de dernier jour avant celui qui commencera l'éternité !

Quel est le jour, quelle est l'heure qui m'accueilleront avec joie comme je t'accueille, joyeux rayon de soleil ? — Jour de la réunion à venir, accueille-moi aussi ! — Toi que j'aperçois sur les hauteurs de mon existence, dans un éther pur, reçois-moi en toi ; permets que le rayon d'amour, que lancent mes regards, joue dans ton sein, comme le rayon du matin se réfléchit et joue dans mes yeux.

*
* *

Hier j'étais pleine de langueur ; je pensais que le temps était perdu pour moi, parce que je ne t'avais pas.

Te posséder un instant, que cela me rendrait heureuse!

Hier il était de très-bonne heure quand je t'écrivis ; j'avais emporté mon album et mon encrier, et je traversai avant le jour la vallée enserrée des deux côtés par des murailles de montagnes. Les ruisseaux coulaient dans l'herbe molle, leur murmure ressemblait à de petits chants de berceau. Mon cœur, mes lèvres, mes yeux chargés de larmes, débordaient ; je ne pus m'empêcher de me plaindre ; de te dire tristement que je ne te possède pas. — Tout-à-coup quelque chose remua derrière moi. Était-ce un animal sauvage ? était-ce un son lointain ? — Je montai rapidement la montagne ; il me semblait que j'allais t'atteindre. Parvenue au sommet, le lointain se déroula à mes yeux ; les brouillards se divisèrent ; c'était comme si tu venais mystérieusement au devant de mes prières ; comme si tu me regardais et me recevais dans ton sein chéri, que je ne sais expliquer.

Tout instinct éternel se développe et atteint son but ; il est en dehors du temps. — Qu'ai-je à craindre? — Si mon désir est passager, tu passeras avec lui ; s'il ne l'est pas, il atteindra un jour ce qu'il cherche. Et d'ailleurs ne lui dois-je pas déjà un monde intérieur, à part et varié? Les apparitions et les pensées me nourrissent, et je me sens en intime et vivante intelligence avec ton esprit.

La nature est naïve ; elle veut être comprise, et sa sagesse consiste à refléter des images qui sont le miroir de notre monde intérieur. Elle résout les énigmes de celui qui la regarde et qui pénètre dans ses profondeurs. Quiconque s'attache à elle, se sentira compris par elle. Elle dit la vérité à un chacun, à l'homme désespéré comme à l'homme heureux. Elle éclaire l'âme ; offre ses richesses aux nécessiteux, éveille les sens, et ravit l'esprit par l'unité de sa signification.

Tu dois penser à tout cela, quand tu erres seul dans les forêts et dans les vallées, ou bien, quand, à midi, couché à l'ombre, tu embrasses du regard la plaine étendue. Dans ces instans, tu comprends sans doute le *langage du silence de la nature* ; et la nature et toi vous faites un échange d'idées : tu vois ton essence se refléter en elle ; et quoique souvent cette contemplation t'ébranle douloureusement, je ne crois pas qu'elle te fasse peur comme à tant d'autres.

Tant que nous sommes enfants d'âme et de cœur, la nature a pour nous des soins maternels ; elle donne à l'esprit la nourriture qui le fait croître ; elle s'épanouit en nous sous la forme du génie ; elle nous guide vers ce qu'il y a de plus élevé, vers la compréhension de soi-même ; elle éclaire les profondeurs les plus cachées ; et, quels que soient les déchirements, les abîmes, le néant qui existent dans ces profondeurs, la confiance en la nature, comme en notre génie, saura rétablir partout la beauté originaire. — Je te dis ceci avant d'aller me coucher. Je te le dis, à toi, dont je suis séparée par des fleuves et des pays, et plus encore par l'oubli où tu me laisses. Si l'on savait que je te parle ainsi, on me taxerait de folie ; et pourtant je te parle du plus profond de mon âme. Puisque tes sens ne peuvent me voir, mon esprit veut tout te dire ; et la vie extérieure n'est rien pour moi auprès de ce langage de l'esprit. — Tu habites au milieu de mon être intérieur, qui n'est plus un, mais s'est fait deux.

***

Le soir, après l'orage qui est peut-être allé vers toi.

Apaise-toi, cœur agité ; apaise-toi comme s'apaise le vent qui déchire les nuages. Le tonnerre a cessé de gronder, les nuages ne laissent plus échapper de pluie, les étoiles se lèvent les unes après les autres.

La nuit est silencieuse ; je suis seule ; le lointain s'étend à perte de vue : il est sans fin. Là, où vit un être aimant, là seulement, il n'y a plus de lointain. Si tu m'aimais, je saurais où finit le lointain.

Oui, apaise-toi, cœur ! ne sois pas agité ; sache souffrir. Calme-toi comme la nature, qui se calme et se courbe sous le voile de la nuit. Qu'as-tu, mon cœur ? Ne sens-tu pas, ne pressens-tu pas que, quelque chose qui arrive, la nuit te couvrira toi et ton amour ?

La nuit fait naître les roses à la lumière. Quand l'obscurité s'ouvre à la lumière du jour, les roses s'échappent de son sein !

Il fait nuit en toi, mon cœur. La nuit obscure et mystérieuse produit des roses ; et dès que le jour paraît, elle les jette dans le sein de l'amour, et l'amour s'en réjouit.

Mais les soupirs et les plaintes sont ta joie. Tes prières, tes caresses ne cesseront-elles donc jamais ?

J'écris toujours le soir ; et quand bien même ce ne sont que quelques lignes, j'en ai toujours pour jusque tard dans la nuit.

J'ai beaucoup à penser ; j'ai mainte formule à prononcer avant de pouvoir évoquer mon ami dans mon cercle magique. Et lorsque enfin tu es là, qu'ai-je à te dire ? qu'inventer de nouveau pour toi ? quelle ronde mes pensées peuvent-elles danser ?

* *
 *

Sur les bords du Rhin.

Il y a ici sur le coteau un temple bâti sur le modèle du temple de Diane à Éphèse.

Hier au soir, je le voyais dans le lointain ; il brillait fièrement, hardiment, sous l'obscure nuée d'orage ; les éclairs l'enlaçaient comme dans un réseau. C'est ainsi que je me représente ton front lumineux ; il est pour moi semblable à la coupole de ce temple, qui abrite les oiseaux dont l'orage a ébouriffé les plumes : il s'élève fièrement et règne sur tous les alentours.

Quoique ce temple soit à une lieue de ma demeure, comme hier soir j'avais cru y voir ton image, je voulus y venir ce matin et t'écrire d'ici. A peine le jour se faisait-il pressentir, que je me mis en marche à travers les prairies couvertes de rosée. Et maintenant je pose la main sur ce petit autel entouré de neuf colonnes; je les prends à témoin des sermens que je te fais.

Bien-aimé! quoi te jurer? Que je veux toujours t'être fidèle, que tu y tiennes ou que tu n'y tiennes pas? — Ou bien que je veux t'aimer en secret; ne pas te le dire; le dire seulement à ce livre? Je ne saurais jurer de t'être fidèle; ce serait un acte d'indépendance; je me suis donnée à toi, je n'ai plus aucun droit sur moi-même; je ne saurais donc jurer de t'être fidèle. — T'aimer en secret, ne le confier qu'à ce livre, je ne le puis ni ne le veux ; ce livre n'est que l'écho de mes secrets, et c'est ton cœur seul qui sait renvoyer cet écho. — O agrée, bois ce vin brûlant de l'amour! Qu'il te restaure; qu'une seule fois, par une chaude matinée, ton regard se ferme enivré par ce vin clair et brûlant!

Que te jurer?

**

Je vais te dire ce que j'éprouvais hier, là bas dans ce monument d'un âge plus beau, alors qu'inondée de la lumière du matin aux mille couleurs, je posai la main sur cet autel qui sans doute n'a jamais été approché. A propos de choses mystiques, dans ce moment, Seigneur, mon cœur fut singulièrement embarrassé; je te demandai en riant, d'un ton doucement sérieux : Que te jurer? — Puis je me dis : Est-ce donc ici le monde dans lequel tu vis habituellement? peux-tu plaisanter avec toi-même, au milieu de cette nature solitaire, où tout se tait et prête une attention solennelle à ta voix intérieure? là bas, dans ces champs lointains d'où l'alouette s'élance avec allégresse, ici, sous l'abri de ce temple, où l'hirondelle cache son nid en chuchotant? — Alors j'appuyai mon front contre la pierre, et je pensai à toi. Je courus au rivage cueillir des herbes embaumées, et je les mis sur l'autel en disant : Puissent les feuilles de ce livre d'amour exhaler autant de parfum pour ton esprit, que les feuilles de ces plantes en exhalent pour l'esprit des temps passés. — Ton esprit, à toi, n'exprime-t-il pas, ainsi que ce temple, la sainte harmonie de la beauté? Et n'est-il pas en définitive indifférent que je lui sois ou que je lui reste chère?

Oui, doux ami, devrais-je demander si je te suis quelque chose, moi qui sais, que ce n'est pas en vain que l'alouette s'élève joyeusement dans les airs; qui sais, que le murmure du vent ne laisse pas le feuillage insensible, que toute la nature plongée dans le silence n'en est pas moins comprise? Pourquoi craindrais-je de n'être pas sentie par toi, comprise de toi? — Je ne te jurerai donc pas de t'être à jamais quelque chose, car je sais positivement que je suis à ton cœur ce que peut lui être un son harmonieux de la nature, le contact spirituel de ce monde sensible.

Dans le mois de juillet.

Ces jours, ces contrées ressemblent au paradis. L'abondance me sourit dans les blés mûrissans, la vie jette en moi des cris de joie; je suis solitaire comme le premier homme, et j'apprends comme lui à gouverner le sort; je lui dis : que le monde soit selon ma volonté. Ma volonté est que tu me rendes bienheureuse, car je te sais et je te connais, car ton sentiment est l'espace où naissent mes créations spirituelles; ce n'est qu'en toi seul que je puis déposer ce monde de sensations, ce n'est qu'à toi que je puis faire apparaître les phénomènes de mon émotion exaltée. — Ta beauté est la bonté qui me nourrit, qui me protége, me récompense, me console et me promet le ciel. Jamais chrétien fut-il mieux partagé que moi?

* * *

Me voici encore une fois de cœur et d'âme au milieu de cette riche nature, et je suis de nouveau amenée à t'écrire sur ce sujet.

J'ai visité aujourd'hui un autre temple situé sur la hauteur, et qui commande au plus superbe des fleuves d'Allemagne, juste à l'endroit où il est dans toute sa splendeur, où l'on voit paître sur ses rives d'innombrables villes et villages, qui sont là couchés comme des troupeaux, se reposant sous un ciel brillant de lumière.

Que me veut cette splendeur de la nature? que me veut cette vie qui fourmille, cette activité diverse qui semble passer et repasser à travers les prairies émaillées? — Les barques glissent et filent les unes à côté des autres, chacune d'elles court vers un but déterminé; comme ces barques, toi aussi tu as un but, et tu passes devant moi; ta course est rapide, ton chemin est court, comme l'est toujours celui des heureux, comparé à la longueur du sentier que parcourt le malheureux solitaire. — Je n'entends plus parler de toi, je ne sais si tu t'inquiètes de moi. Sans doute mes soupirs s'effacent de ta mémoire avec les traces de mon souvenir.

Voilà ce que je pensais là-haut dans le temple, en abaissant mes regards sur les résultats de l'activité multiple des hommes, et en récapitulant les intérêts nouveaux qui doivent nécessairement te captiver à chaque instant et me bannir tout-à-fait de ta sphère; et j'entendais les vagues mugir au-dessous de moi, des oiseaux de nuit voltigeaient à l'entour, l'étoile du soir m'avertissait de retourner à la maison. Laisse-moi me rapprocher encore plus de toi. Oh! ouvre-moi tes bras, laisse-moi me reposer sur ton sein et calmer cette appréhension pleine de larmes, que je ne suis rien pour toi, que tu m'as oubliée. Non, oh! non, ne m'oublie pas! Accueille-moi, retiens-moi embrassée, et que le silence prononce sur nous la bénédiction !

*_*_*

Tu m'as recommandé au départ de t'écrire exactement tout ce que je pense et tout ce que je sens; je ne demande pas mieux. Mon chéri, comment te dépeindre les chemins singuliers parcourus par mon esprit, et que la raison éclaire à peine d'une torche tremblante? Les rêves de mon bonheur (car je rêve que je suis heureuse) sont si orageux, d'une si singulière nature, ce que je pense a si peu de bornes, que je ne saurais comment t'en parler.

Comment te décrire le bonheur tel que je le comprends ? Écoute : c'est le croissant de la lune sur un ciel sans nuages, un tilleul aux larges branches, éclairé par sa douce lumière, une tonnelle touffue, et sous son feuillage murmurant deux êtres qui murmurent aussi amoureusement et se tiennent embrassés. L'un, embrasé d'un amour brûlant, semble demander à l'autre sa protection, et celui-ci s'incline plein de bienveillance et écoute ses paroles d'amour. Puis, il faudrait encore que la lune et les étoiles n'allassent pas se coucher jusqu'à ce que ces âmes, rassasiées l'une de l'autre, aient déployé leurs ailes et se fussent envolées vers des mondes meilleurs.

Voici, ô cher ami, ce qui exprimerait mon bonheur, ce qui l'exprimerait dans toute son étendue, dans son sens le plus complet.

Ainsi que l'œil, l'esprit embrasse la beauté, et, bien plus, il embrasse tout à la fois l'ensemble de la beauté extérieure et l'ensemble de la beauté intérieure ; par ses paroles caressantes il les accorde entre elles. Le corps agit magiquement sur l'esprit, et l'esprit réagit sur le corps, de telle sorte que tous deux fleurissent l'un par l'autre. C'est là, la beauté qui inspire, ami ; quand deux êtres qui s'aiment se disent qu'ils sont beaux, c'est là, le vrai murmure d'amour.

Où l'âme trouve-t-elle son lieu de repos, où se trouve-t-elle assez en sûreté pour respirer et pour méditer? — Dans un espace étroit, dans le sein de son ami. — Être dans ton cœur, y être comme dans une patrie, c'est ce qui me fait vivre et penser.

Que je suis heureuse quand, comme un enfant, il m'est permis de jouer devant toi; quand tout ce que je fais est sanctifié par ta présence; quand je puis m'ébattre dans ta nature que personne ne connaît, que personne ne pressent! — Qu'il est beau d'être seule avec toi, là, où les étoiles se reflètent dans les profondeurs limpides de ton âme!

Souffre que j'aie ainsi placé mon monde en toi; ne va pas détruire par ta volonté ce que le bon plaisir n'aurait jamais su créer.

Je baise la trace de tes pas; je ne veux pas pénétrer de force dans le monde de tes sentimens, mais sois avec moi dans celui de mes pensées. Étends avec bienveillance la main sur cette tête, qui s'incline parce qu'elle est consacrée à l'amour.

Le vent ébranle mes vitres; sur quels pays a-t-il déjà passé? d'où vient-il? en combien de temps a-t-il parcouru l'espace qui nous sépare? n'a-t-il pas dans sa furie, dans sa promptitude, emporté avec lui un souffle de toi!

Je crois à une révélation de l'esprit; elle n'est pas dans le sentiment, dans la vue ou dans l'ouïe, elle est dans la réunion des organes qui perçoivent. Quand tous les organes sont soumis à l'amour ils révèlent l'objet aimé, ils sont le miroir du monde intérieur.

Se détacher de l'existence des sens pour ne plus exister

que dans l'objet aimé, quoi de plus propre à nous démontrer et notre puissance spirituelle et notre immortalité?

*_**

Aurais-je quelque chose à te dire aujourd'hui? — Qu'est-ce qui me dérange si matin? Peut-être les moineaux ont-ils chassé les hirondelles du nid qui est sous ma fenêtre? — Les hirondelles sont bavardes, mais elles sont en même temps aimables et paisibles. Les moineaux, eux, argumentent sans cesse, ils s'entêtent et tiennent à leurs idées. Quand l'hirondelle revient, après avoir terminé ses rondes autour du logis, son petit gosier déborde de communications caressantes, le gazouillement réciproque des deux époux témoigne de leur joie amoureuse. Le moineau vole de côté et d'autre, il a sa part d'égoïsme; il ne vit pas, comme l'hirondelle, dans le sein de son ami.

Et voici que l'hirondelle est partie ; le moineau s'est emparé de son nid, où les doux mystères et les doux rêves ont tour à tour joué leur rôle.

Hélas! — Toi..... Tandis que je me laisse aller à ma colère contre le moineau qui a chassé l'hirondelle, ma plume en courant a failli écrire ton nom. — Je suis l'hirondelle, tu dois savoir qui est le moineau ; ce qu'il y a de certain, c'est que je suis l'hirondelle.

*_**

A minuit.

On chante sous ma fenêtre. Ceux qui chantent ainsi sont assis sur un banc devant la porte de la maison. La lune, qui joue avec les nuages, les aura sans doute engagés à chanter, ou bien encore l'ennui du repos. Les voix se répandent à travers la solitude de la nuit ; le bruit des vagues, qui clapottent près du rivage, remplit les longs intervalles du chant.

Qu'est-il donc pour moi, ce chant? — Pourquoi suis-je tellement en sa puissance que je ne puis retenir mes larmes en l'entendant? — Il me semble un appel dans le lointain. Que n'es-tu là-bas où ses derniers sons vont mourir! que n'éprouves-tu à ton tour ce désir intime qu'il a éveillé en moi, tout en sachant qu'il t'est donné d'accomplir mon désir?

Hélas! pourquoi être obligée de dormir! pourquoi ne plus écouter ce chant! Je n'ai pas encore entendu l'écho lointain lui répondre en harmonie.

Sans doute ce que je te raconte doit te sembler futile; qu'est-ce? un chant monotone, le clair de lune, des ombres épaisses, un silence de mort, mon attention fixée sur le lointain à l'effet de saisir une réponse; tout cela est peu de chose, et pourtant mon cœur, tout plein de toi, n'a rien d'autre à te dire.

***

Ami! le crépuscule du matin m'éveille déjà, et pourtant j'ai veillé tard cette nuit. Ami, doux ami, bien-aimé! mon sommeil m'a semblé court, j'ai rêvé de toi. Quand je suis avec toi, endormie ou éveillée, les coursiers du temps courent, s'emportent, volent. Cette suite sans pitié des heures bienheureuses me fait battre le cœur et les tempes, et coflamme mes joues. Si la crainte de voir fuir la possession n'existait pas, l'amour et le plaisir seraient une paix profonde, un sommeil, un sentiment de repos. Quand nous passons devant des tombeaux et que nous pensons comme ils sont là couchés, cachés et en repos, ceux dont les cœurs ont battu si vite, une émotion solennelle s'empare de nous. Pourquoi l'amour ne peut-il s'ensevelir à deux? il en sent si bien le besoin! Pourquoi ne peut-il s'ensevelir profondément, solitairement, comme dans la tombe, laissant l'histoire du présent danser au-dessus de lui? Quel intérêt aurait-elle pour nous, cette histoire? Cette question, je puis la faire, mais toi non.

Je vais te dire ce que j'ai rêvé. Nous étions appuyés l'un contre l'autre à la lueur du crépuscule; la lumière des étoiles se reflétait dans tes yeux; lueur de rêve, lueur d'étoiles, lueur des yeux, se reflétaient les unes dans les autres. — Mon regard, qui suit en ce moment les lignes que je trace pour toi, hélas! si loin d'ici (ton cœur seul peut décider à quel point tu es éloigné de moi), mon regard a vu la lumière de la lune se refléter dans tes yeux,

J'ai rêvé de toi : tu rêvais avec moi, tu me parlais; je sens encore le son de ta voix. Ce que tu disais, je ne le sais plus; des choses flatteuses, sans doute, car tes paroles me donnaient des frissons de volupté.

Dieu a tout créé; il a tout créé par sagesse, et toute sagesse pour l'amour; et pourtant on dit que celui qui aime est fou.

La sagesse est l'atmosphère de l'amour; celui qui aime respire la sagesse; elle n'est pas en dehors de lui, non, elle est en lui. Son souffle, son regard, ses sensations sont de la sagesse; elle est son milieu, elle l'isole de tout ce qui n'est pas la volonté de l'amour, qui n'est autre que la sagesse.

La sagesse de l'amour donne tout : elle est le guide de l'imagination dans l'empire des rêves; elle donne aux lèvres le doux fruit qui apaise leur soif, tandis que ceux qui n'aiment pas, ceux qui n'ont pas l'enthousiasme, s'inclinent péniblement vers la terre, et lui confient la semence du bonheur; mais la prévoyance rend stérile et tue.

Ces rêves, ces joies que font naître une douleur ou un bonheur fictifs, sont pour moi une source de jouissances; car alors, la sagesse, que mon exaltation fait surgir, m'emporte sur ses hautes et fières vagues, bien loin, au delà de la pensée ordinaire que nous appelons esprit, bien loin, au delà des intérêts de la carrière terrestre dans lesquels nous cherchons le bonheur.

Qu'il est beau que la sagesse de l'amour gouverne ainsi mes rêves, que cette déesse dirige le gouvernail et qu'elle me conduise pendant mon sommeil vers le but que j'espère atteindre! Pourquoi ne rêves-tu pas de moi? Pourquoi ne m'appelles-tu pas près de toi? Pourquoi ne pas me prendre dans tes bras et plonger amicalement ton regard dans le mien? —

Tu es ici; ces sentiers, éclairés par le soleil, courent, s'entrecroisent et conduisent enfin vers toi. Oh! viens, parcours-les; là, où ton regard rencontrera le mien, leur enchaînement inextricable cessera, comme l'énigme de mon sein, qui se résout quand ton esprit touche le mien.

* *

J'ai relu aujourd'hui ces feuilles : rien que des soupirs et des désirs.

Que je serais confuse si jamais tu lisais ce livre ! Mais alors faut-il donc qu'il reste caché et écrit seulement pour ma propre honte? — Non, je crois qu'un jour tout cela passera devant ton esprit. Je suis forcée de penser à toi, quand bien même quelquefois il me semble que je voudrais te fuir, toi et ces caprices du désir. Je les nomme caprices, car ils veulent tout et ne veulent rien. Quand ils m'ont détournée de toi, je sors, j'escalade les montagnes aux premiers feux du jour, je cours après toi comme si je pouvais t'atteindre, et qu'arrive-t-il? que je reviens à ce livre. A qui la faute? D'ailleurs, qu'ai-je à perdre à me recueillir ainsi?

.

Je suis sortie de bonne heure; j'ai pris le premier chemin de traverse venu; il était si matin que je faisais lever les perdrix. Les prairies étaient étendues à la lumière couvertes de fils blancs auxquels étaient enfilées des gouttes de rosée.

Quelquefois la nature contre-balance notre imagination; alors je comprends toute la vérité de ces paroles : *Fuis, rêve; quelque doré que tu sois, ici est l'amour, est la vie.* Une promenade faite ainsi le matin me rend solitaire au milieu des humains, quand je retourne parmi eux.

Hélas! je ne comprends pas l'esprit des humains apprivoisés. L'esprit que je comprends dirige, montre, vole en avant sur des routes nouvelles, ou bien il vient à nous comme la passion, il descend dans notre âme et il y vit. L'esprit est fugitif comme l'éther qui nous environne; l'amour le poursuit, et quand enfin il l'a atteint, il s'épanouit en lui, et le suit partout.

Toi, je te suis dans les sentiers solitaires, quand tout est calme et silencieux. Alors il me semble que le murmure de chaque feuille parle de toi. J'arrête mes pensées, j'écoute, et tous mes sens s'étendent comme un réseau pour t'emprisonner. Je n'en veux pas au grand poète, à cette gloire exaltée par l'univers : ce que j'aime, c'est ce qui est dans tes yeux, dans les mouvemens négligés et solennels de tes membres, dans les intonations de ta voix, dans le silence, dans les intervalles que tu observes, jusqu'à ce que le langage du fond de ton cœur se soit traduit en paroles; c'est la manière dont tu arrives, dont tu t'en vas, ton regard que tu laisses errer sur toutes choses, voilà ce qui me plaît, ce qui me réjouit, et rien d'autre; et les brillantes qualités ne valent pas pour moi ces choses qui éveillent ma passion.

Je vagabonde entre les haies, je passe à travers les broussailles. Le soleil brûle, je m'étends sur l'herbe; je ne suis pas fatiguée; mon monde n'est-il pas un monde de rêves? Il ne m'attire que pour quelques instans; bientôt je suis enlevée vers toi, que je ne saurais comparer aux autres hommes, mais que je compare aux lueurs errantes et à leurs ombres bleues, aux nuages qui passent sur la montagne, au chant des oiseaux dans la forêt, aux eaux qui murmurent entre les cailloux, au vent qui fait balancer au soleil les branches feuillées; c'est à tout cela que j'aime à te comparer; toutes ces choses me représentent ton humeur, tes caprices. — Le bourdonnement des abeilles et des mouches me rapproche de toi ; l'aboiement lointain des chiens, que m'apporte le vent de la nuit, éveille en moi ton idée ; quand les nuages jouent avec la lune, qu'ils nagent dans sa lumière, tout me semble esprit, esprit exhalé par ton sein, et je crois que tu viens au devant de moi, content d'être bercé par le souffle de l'amour comme par des vagues.

J'aime la nature parce que je t'aime ; j'aime à me reposer, à m'abîmer en elle, parce que j'aime à m'abîmer dans ton souvenir.

Puisque tu n'es nulle part et que pourtant tu es là présent, puisque je te sens, toi, au-dessus de tout le reste, tu es sûrement dans tous ces objets, échos multiples du sentiment qui m'anime.

***

Je connais quelqu'un qui s'est fait ami de la sagesse et de la science, comme on se fait ami du sourire de l'enfant. La vie de la nature est pour lui la religion et le temple tout à la fois ; tout en elle est pour lui prophétie, regard d'esprit ; il s'identifie aux objets qu'elle renferme, il les tutoie ; dans ses chants résonne la joie divine de se sentir vivre en tout, de comprendre tous les mystères et de se comprendre en eux.

***

Quand la semence est dans la terre, elle se fait vivante; bientôt cette vie cherche un nouvel empire et s'élance dans l'air; mais si la semence ne portait pas dans son sein le principe de vie, la vie ne saurait être éveillée en elle; c'est l'existence qui passe à l'état d'existence. Si l'homme ne portait pas dans son sein le principe de la félicité céleste, il ne saurait atteindre cette félicité. — Le germe du ciel est renfermé dans l'âme, comme le germe de la fleur est renfermé dans la semence. — Pour l'homme, la félicité c'est fleurir, s'épanouir à l'élément supérieur, comme pour la semence, la plante, c'est fleurir, naître à l'élément supérieur, à l'air. — Toute existence est nourrie par un élément supérieur; où cet élément vient à manquer, l'existence meurt.

La connaissance, la révélation, voilà la semence d'une vie plus sublime; la vie terrestre est le sol dans lequel elle est semée; en mourant, toute cette semence s'élance à la lumière. Croître, fleurir, porter les fruits de la semence, que l'esprit a déposée ici-bas en nous, c'est là, la vie après la mort.

Tu es l'éther de mes pensées; elles volent en toi; elles sont soutenues par toi comme les oiseaux sont soutenus par l'air.

Penser à toi, s'arrêter dans la conscience d'être en toi, c'est se reposer de son vol comme l'oiseau qui se repose dans son nid.

L'esprit dans l'esprit est infini; mais embrasser l'esprit par les sens, par le sentiment, c'est embrasser l'infini par le fini.

Mes pensées volent autour de toi comme les abeilles vokent autour de l'arbre en fleurs. Elles touchent mille de ces fleurs; elles quittent les unes pour visiter les autres, les trouvant toujours nouvelles : l'amour se répète ainsi, et cette répétition lui semble chose nouvelle.

L'amour est toujours nouvellement né; il est éternellement un moment suprême : le temps n'est rien pour lui; il n'est pas dans le temps, puisqu'il est éternel. L'amour est court. L'éternité est le temps abrégé du ciel.

Rien de ce qui est divin ne saurait passer; mais ce qui est temporel passe devant ce qui est divin.

_

Il y a là sur la table des raisins parfumés, des pêches couvertes de duvet, et des œillets peints de mille couleurs : plus en avant est une rose; elle reçoit l'unique rayon de soleil qui pénètre à travers les volets fermés. Comme la rose est ardente! Je l'appellerai Psyché. — Comme sa rougeur semble inviter le rayon à pénétrer dans l'intérieur de son calice! — Comme elle embaume! — Ici l'œuvre fait honneur au maître. Rose, tu fais honneur à la lumière, comme Psyché fait honneur à l'amour! — L'amour est indéfiniment beau; sa beauté illumine Psyché comme la lumière illumine la rose. Et moi, qui crois être aussi illuminée par ta beauté, je m'approche de la glace, et je regarde si cela m'embellit comme elle.

Le soir est venu effacer le rayon, la rose est sombre. Je parcours la plaine et la forêt; et dans ma route solitaire, je pense que toi, tu m'illumines toujours.

_

L'aspiration et le pressentiment sont contenus l'un dans l'autre; l'un fait naître l'autre.

L'esprit veut être uni à la compréhension Je veux être aimée, je veux être comprise : c'est une seule et même chose.

L'esprit est bienfaisant, en ce qu'il nous fait sentir comment la vie spirituelle se développe de la vie matérielle, passe à la vie céleste, et atteint l'immortalité.

L'amour est l'œil de l'esprit ; c'est lui qui reconnaît ce qui est divin : c'est le pressentiment de vérités sublimes qui nous fait désirer l'amour.

Je vois en toi mille germes qui se développent pour l'immortalité. J'aurais envie de les caresser de mon souffle. Quand les esprits se rencontrent et se touchent, c'est là l'électricité divine.

Tout est révélation. La révélation donne d'abord l'esprit; puis l'esprit de l'esprit. Nous avons en nous l'esprit de l'amour, et l'esprit de cet esprit est l'art de l'amour.

Tout est néant ; la volonté seule est plus puissante que ce néant : elle seule peut être divine.

* *
*

Que l'âme est avide de vérité! comme elle en est altérée! comme elle la savoure! Tout juste comme la terre altérée boit la féconde pluie d'orage.

La vérité est électrique comme l'éclair. — Je sens le ciel et ses nuages errants dans mon sein ; je sens le vent humide d'orage dans ma tête; j'entends en moi le roulement du tonnerre. D'abord il est faible; bientôt il augmente ; il devient puissant ; il accompagne le feu électrique de l'esprit. — La vie est une carrière que l'amour et l'esprit terminent par la mort ; c'est un feu caché, secret, qui va se perdre dans la lumière.

Oui, c'est un feu électrique qui brûle, qui gronde, dont les pensées sont les étincelles.

Quand je suis dans le sentiment de ma spiritualité, et que je viens à être touchée, aussitôt mon esprit s'enflamme, il gronde comme l'orage ; il ressent toutes les pulsations de la tempête ; il s'y complaît, il s'ébat au milieu du frisson électrique qui ébranle l'air. Voilà ce que je ressentis, lorsqu'en causant ensemble, tu me touchas la main.

Écrit après l'orage. Le temps allait s'éclaircir, lorsque la nuit vint détrôner le jour qui cherchait à reparaître.

* *
*

Quoique bien jeune encore, j'ai déjà résolu bien des préjugés. Je voudrais pouvoir résoudre celui-ci : qu'il n'y a pas de prescription pour le temps ; que la faim et la soif ne vieillissent pas. Il en est de même de l'esprit : le présent engage déjà l'avenir. Mais celui qui devance le temps, celui qui met ses prétentions dans l'avenir, comment pourrait-il être soumis au temps ?

En examinant les arbres, j'ai vu que toujours, sous l'attache de la feuille qui tombe, se trouve caché le germe d'une fleur à venir. De même, dans un jeune corps fort et vigoureux, la vie est l'enveloppe nourrissante de la fleur de l'esprit ; et lorsque dans le temps terrestre, cette enveloppe se fane et tombe, l'esprit, fleur divine, éternelle, en sort et lui succède.

J'ai recueilli ces maximes de sagesse dans les jours d'automne, quand en passant près des haies j'en arrachais les feuilles mortes, ou bien en ouvrant les boutons, en déterrant les racines, et partout j'ai vu que la somme totale des forces du présent contenait le germe de l'avenir. Il n'y a donc ni âge, ni vieillesse, ni mort, mais un éternel sacrifice du temps à la vie toujours jeune et toujours nouvelle. Qu'il serait malheureux celui qui ne se sacrifierait pas à l'avenir !

.*.

Je suis née pour le service du temple ; là, où je ne sens pas l'air natal du sanctuaire je ne me crois pas en sûreté, je me crois égarée.

C'est toi qui es mon temple ; quand je veux aller à toi, je me purifie des misères journalières comme quelqu'un qui met un habit de fête. Tu es le parvis de ma religion.

J'appelle religion ce qui s'empare de l'esprit et le fait prospérer, comme le soleil fait prospérer les fleurs et les fruits. Tu me regardes comme le soleil, tu me rafraîchis comme le vent d'ouest, et mes pensées fleurissent sous cette double incitation.

Ce qui veille réveille ; bien sûr, ce qui me réveille veille en toi. Il sort de toi une voix qui appelle mon âme ; mais ce que cette voix réveille est un mystère ; ce mystère réveillé c'est l'illumination.

Je vois et je sens bien des choses difficiles à exprimer.

Celui qui aime apprend à savoir, et à son tour le savoir apprend à aimer. Il se pourrait alors que ce qui n'est encore que pressentiment chez moi devienne un jour révélation. Il me semble que du moment où il me vint à l'esprit de verser mes pensées, ma vie spirituelle, dans ton sein, je me suis élancée des profondeurs d'une vallée obscure dans les airs lumineux.

***

La vigne vierge grimpait bien haut contre le mur, dans le jardin où je me promenais étant enfant. Souvent alors je contemplais ces petites trompes veloutées par lesquelles elle cherchait à s'accrocher à la muraille; j'admirais comme elle savait suivre tous les joints de la pierre, s'y nicher et s'y cramponner. Puis, quand le printemps était épuisé, que les feux de l'été avaient incendié la vie tendre et délicate de cette plante frêle, ses feuilles teintes de rouge tombaient une à une dans l'herbe, comme pour orner l'automne. Hélas! moi aussi, mourante, mais toujours brûlante, je prendrai un jour congé de toi, et ces écrits, comme les feuilles rougies de la vigne vierge, joueront sur l'herbe verte qui recouvrira ce temps.

***

Je ne suis pas fausse avec toi. Tu m'as dit : *Si tu étais fausse, cela ne te ferait guère honneur, car je suis facile à tromper.*

Je ne saurais être fausse ; mais je ne te demande pas si toi, tu es faux ; je veux te servir tel que tu es.

Le solitaire n'ira pas trahir l'étoile qui luit tous les soirs à ses yeux.

Que m'as-tu fait qui pût m'engager à être fausse ? Tout ce que je comprends en toi me rend heureuse ; tu ne saurais offenser ni mon esprit ni mes yeux ; je suis élevée au-dessus de toute considération puérile, depuis qu'il m'est permis de te tout confier ; et je ne sais que te verser du fond de mon cœur le vin clair et pur dans lequel ton image se réfléchit.

N'est-ce pas, tu ne me crois pas fausse ?

Il y a de méchans défauts qui font irruption en nous comme la fièvre ; ils ont leur cours, et en guérissant nous sentons que nous avons été douloureusement malades. Mais la fausseté est un poison qui se produit dans le milieu du cœur. Si je devais ne plus t'abriter dans ce milieu de mon cœur, que deviendrais-je ?

Je n'ai pas voulu te parler de cela dans mes lettres ; mais dans ce livre, je te fais toucher la plaie de mon âme. Cela me fait mal, que tu aies pu douter de moi. Je vais te raconter l'histoire de mon enfance, du temps qui s'écoula avant de te connaître. Tu sauras, que toute ma vie d'alors n'était qu'une préparation à toi ; qu'il y a long-temps que je te connais ; que souvent je t'ai vu les yeux fermés, et que ce fut chose merveilleuse quand enfin, par la présence, la réalité vint se rattacher à l'attente, nourrie depuis si long-temps.

˳

J'ai été élevée dans des jardins qui ressemblaient aux jardins suspendus de Sémiramis, moi, jeune chevreuil, brun, lisse, apprivoisé, aimable pour tout être caressant, mais indomptable dans mes penchans naturels. Qui parvint jamais à me faire abandonner le rocher brûlant où j'étais étendue au soleil du midi? Qui m'eût empêchée de gravir les sommets les plus escarpés, de grimper jusqu'à la cime des arbres les plus élevés? Qui eût pu m'arracher aux rêveries du passé auxquelles je m'abandonnais au milieu de la société des vivans? qui eût osé troubler mes courses nocturnes dans les sentiers couverts de brouillards? Elles me laissaient faire, toutes ces parques, ces muses, ces grâces, enfermées dans l'étroite vallée[1]. Cette vallée renvoyait à la forêt voisine un triple écho du tic tac des moulins; elle était coupée dans toute sa longueur par le fleuve au sable d'or. Les bords du fleuve étaient occupés, d'un côté par une bande de Bohémiens qui avait affermé ce rivage, et y pêchait l'or pendant le jour, tandis que la nuit elle se retirait dans la forêt voisine; de l'autre, par les blanchisseurs, par les chevaux hennissans et les ânes qui appartenaient aux moulins. Là, les nuits d'été étaient remplies du chant des veilleurs solitaires et des rossignols; le matin s'annonçait par le cri des oies et des ânes, et la tristesse de la journée contrastait d'une façon bien marquée avec les hymnes de la nuit.

J'ai passé là bien des nuits à la belle étoile, moi petit être de huit ans; crois-tu que ce n'était rien? ce fut mon âge vraiment héroïque, car j'étais hardie sans le savoir.

---

[1] Les religieuses du couvent où Bettine était élevée.

Tout le pays, aussi loin que je pouvais l'embrasser du regard, me servait de lit. Il m'était indifférent de dormir sur le rivage battu des flots, ou sur le roc escarpé mouillé par la rosée; mais, mon ami, quand au matin le crépuscule s'éclaircissant, étendait sa pourpre au-dessus de moi et me réveillait aux sons d'allégresse de tous les gosiers emplumés, que penses-tu que je croyais être? — Ni plus ni moins que de nature divine, et j'abaissais mes regards sur l'humanité. Je me rappelle surtout deux de ces nuits où il faisait lourd. Je traversai les rangées de pensionnaires qui dormaient profondément, et me glissant dehors la salle, où l'on étouffait, je courus à l'air. L'orage me surprit bientôt; je m'abritai sous le large tilleul en fleurs. Les éclairs brillaient à travers ses grandes branches traînantes, illuminant tout-à-coup la forêt voisine et les crêtes des rochers; je frissonnai, j'eus peur, et j'embrassai l'arbre qui n'avait pas de cœur pour répondre aux battemens du mien.

O cher ami! si j'avais senti battre la vie sous l'écorce de cet arbre, je n'aurais pas eu peur. Ce faible mouvement, ce battement dans le sein inspire de la confiance et change le lâche en héros. Oui, vraiment, si je sentais ton cœur battre sur mon cœur, quand bien même tu me conduirais à la mort, j'y courrais triomphante avec toi!

Mais cette fois-là sous l'arbre, pendant la nuit d'orage, j'eus bien peur; mon cœur battait violemment. Je ne connaissais pas encore cette belle chanson : *Qu'elle est bonne et douce cette nature qui me tient contre son sein!* J'étais seule au milieu du fracas de l'orage, et cependant je me sentais bien, mon cœur était brûlant. Le tocsin de la tour du couvent sonna ; les parques et les muses coururent en vêtemens de nuit, leurs cierges bénits à la main, au chœur voûté de l'église. De dessous mon arbre ébouriffé par la tempête, je voyais leurs lumières errer dans les longs corridors ; bientôt j'entendis leur *Ora pro nobis* ; chaque fois qu'il éclairait, elles sonnaient la cloche bénite, croyant que le tonnerre ne pourrait pas tomber aussi loin que le son s'en ferait entendre.

Et moi, j'étais seule sous mon arbre, en dehors de l'enceinte cloîtrée, dans cette nuit effroyable, tandis que les gardiennes de mon enfance, comme un troupeau effarouché, se réfugiaient au fond de leur temple, sous les voûtes à l'abri du feu, et chantaient des litanies afin de détourner le danger. Cela me parut très-réjouissant, sous mon toit de feuillage, dans lequel sifflait le vent, pendant que le bruit du tonnerre, semblable à un lion rugissant, dévorait le bruit des litanies et des cloches en branle. Pas une religieuse n'eût restée avec moi en cet instant dans le lieu où j'étais ; cette idée me donna la force de lutter contre la seule chose effrayante, contre la peur. Je ne me sentis plus abandonnée au milieu de la nature qui embrasse tout. Puisque la pluie qui tombait par torrens n'abîmait pas les fleurs sur leur tige délicate, en quoi pouvait-elle me nuire, à moi ? J'aurais eu honte de trembler ; j'aurais eu peur de la confiance des petits oiseaux.

*

Je devins bientôt confiante et familière avec la nature ; et pour m'amuser je me soumis à une foule d'épreuves. Le vent et l'orage, au lieu de m'effrayer, finirent par m'attirer au dehors, ce qui me rendait toute heureuse. Je ne craignais pas non plus la chaleur du soleil. Souvent je prenais des fleurs à ma bouche et je me couchais dans l'herbe, au milieu des abeilles qui voltigeaient à l'entour ; j'étais persuadée que, vu mon intimité avec la nature, elles n'oseraient pas me piquer. C'est ainsi que je défiais tout ce que les autres craignaient. La nuit, les chemins effrayans et les fourrés sombres me charmaient ; je me sentais partout à l'aise, je ne craignais plus rien.

En haut, dans le jardin supérieur, était l'église du couvent ; elle s'élevait sur une pelouse entourée d'un berceau de vigne. Ce berceau menait à la porte de la sacristie. Je venais souvent m'asseoir devant cette porte, quand j'avais fait mon service à l'église, car j'étais sacristain, charge qui consistait à nettoyer le ciboire dans lequel on conservait les hosties consacrées, et à laver les linges du calice. Cet emploi n'était confié qu'à la favorite d'entre les jeunes vierges, et les religieuses m'avaient choisie à l'unanimité pour le remplir. Bien souvent, dans les après-midi chaudes, j'allais m'asseoir sous l'arcade de la porte ; j'avais à gauche, dans l'angle du bâtiment, la cabane aux ruches, bâtie sous des ifs élancés ; à droite, le petit jardin des abeilles, planté d'herbes odorantes et d'œillets dont les abeilles suçaient le miel. De là, je pouvais voir le lointain, le lointain qui éveille des sentimens si merveilleux dans l'âme de l'enfant ; ce lointain toujours le même, étendu devant nous, agité seulement par les variations de la lumière et de l'ombre, lui qui le premier nous donne le pressentiment effrayant d'un avenir voilé. Et je regardais les abeilles qui revenaient de leurs expéditions; je les voyais se rouler dans la poussière des fleurs, voler loin, plus loin encore, puis enfin disparaître dans l'éther lumineux. Alors au milieu des accès de mélancolie qui s'emparaient de moi, j'avais le pressentiment d'un bonheur immense.

Oui, la mélancolie est le miroir du bonheur; en elle on voit le bonheur qu'elle appelle, qu'elle désire. Puis, cette même volupté douloureuse vient à percer à son tour l'éclat du plaisir dont on jouit. Le bonheur est donc, lui aussi, le miroir de cette mélancolie qui s'élève du sein de profondeurs qu'on ne peut sonder. Maintenant encore, comme aux jours de l'enfance, mon âme se sent dans cette disposition qui s'emparait doucement de moi avec le crépuscule, et s'évanouissait, quand la lumière du soleil avait fait place à la lumière des étoiles, et que la rosée du soir défrisait mes cheveux. L'air froid de la nuit m'enhardissait; je jouais, j'agaçais les milliers de regards que l'on croit voir briller dans chaque buisson. Je grimpais sur les châtaigniers, je me couchais, svelte et souple, sur leurs branches élastiques; et quand le vent sifflait à travers, que chaque feuille murmurait à mes oreilles, il me semblait que tout cela parlait ma langue. Je grimpais encore sur l'espalier adossé au mur de l'église; là, j'écoutais les hirondelles bavarder dans leurs petits nids. A moitié rêvant, elles gazouillaient des sons de deux ou trois syllabes; puis, après un profond silence, leur petit sein exhalait un soupir de contentement, c'était un soupir de bonheur amoureux, de plaisir en sentant leur petit lit tout pénétré d'une chaleur amie.

O malheur à moi! mon cœur souffre une douleur inexprimable! car dans les jours de mon enfance j'ai appris à connaître la vie de la nature; j'ai entendu ces mille soupirs d'amour qui gémissent durant les nuits d'été, moi enfant solitaire, solitaire jusqu'à la moelle des os; j'ai épié les félicités, les ardeurs des créatures; j'ai fouillé dans le calice des fleurs pour y trouver leurs secrets; j'ai savouré avidement leurs parfums comme une leçon de sagesse, et j'ai béni le raisin avant de le manger.

Il y avait dans le premier jardin un arbre élevé, aux branches fantastiques, aux larges feuilles veloutées, qui s'étendait comme un toit de verdure. Souvent je me couchais sous ses frais arceaux, au travers desquels la lumière semblait lancer des regards; puis, le cœur libre, je m'endormais profondément. Un jour, les fruits mûrs venant à se détacher de l'arbre, tombèrent sur ma poitrine, et leur suc la rougit. Je ne connaissais pas le sang foncé des mûres; je ne l'avais jamais vu; et pourtant mes lèvres le burent avec confiance comme les amans boivent le premier baiser d'amour. Il y a des baisers qui ont pour moi le même goût que les mûres.

Dis-moi, ces choses-là sont-elles des aventures? et sont-elles dignes de t'être racontées?

₊

Faut-il encore te parler de ces événemens, ordinaires comme le souffle qui soulève la poitrine, et qui pourtant sont restés inscrits en caractères ineffaçables sur la tablette du souvenir alors neuve encore? La nature matérielle alimente les forces de l'enfance au berceau jusqu'à ce qu'il ait atteint l'âge viril, et qu'il puisse manier le cheval et l'épée ; de même le sentiment de la spiritualité de la nature alimente l'esprit. Si cela n'était pas, verrais-je en souvenir les rayons du soleil de jadis? me rappellerais-je, comme d'événemens sublimes, le passage des nuages? les formes et les couleurs des fleurs des printemps d'autrefois, me souriraient-elles encore aujourd'hui? et la mémoire de ces fruits mûrs que je caressais avant de les goûter, aurait-elle conservé, après de longues années évanouies, tout le charme d'une joie secrète? Les pommes rondes, les poires rayées, les cerises noires que j'allais chercher en grimpant sur les branches les plus élevées, comme elles me souriaient !... Oh! il n'y a pas de souvenir qui me tienne autant au cœur et aux lèvres que celui-là ! Ni toi, ni d'autres, ne m'avez dédommagée un seul instant de la perte de cette douce nourriture des cerises, mûries et cueillies au soleil sur les cimes élevées, ou des fraises solitaires trouvées sous l'herbe couverte de rosée. Et puisque ces jouissances de l'enfance sont aussi profondément gravées que les lettres de feu de la passion, elles doivent être une révélation divine, et leur action est grande dans le cœur où elles se sont empreintes.

Les pensées aussi sont des plantes ; elles s'élèvent dans l'éther de l'esprit; le sentiment est le sol maternel dans lequel elles étendent et nourrissent leurs racines; l'esprit est l'air vital où elles épanouissent leurs fleurs et répandent leurs parfums. L'esprit dans lequel beaucoup de pensées ouvrent leurs fleurs, est un esprit que j'appellerai odorant; près de lui nous respirons le parfum de la béatitude. Toute la nature n'est que le miroir de ce qui se passe dans la vie spirituelle. Je n'ai pas couru impunément après un seul papillon ; mon esprit y gagnait la faculté d'apprendre à poursuivre le charme idéal et secret ; et quand je pressais mon cœur contre les herbes hautes, je croyais être couchée sur le sein d'une nature divine qui versait un baume rafraîchissant sur l'ardeur, sur les élans de mon âme, et ce baume changeait mes désirs en visions intellectuelles.

Les troupeaux qui défilaient le soir au crépuscule en faisant tinter leurs clochettes, et que je regardais, remplie d'une silencieuse extase, du haut de la muraille ; la cornemuse du pâtre qui, au clair de la lune, appelait les moutons vers d'autres pâturages ; l'aboiement du chien dans le lointain, les nuages qui fuyaient, les vents du soir qui soupiraient, le bouillonnement du fleuve, le doux clapotement des vagues sur les galets du rivage, le sommeil des plantes, leur aspiration de la lumière du matin, les combats et les jeux du brouillard, oh ! dis-moi, quel esprit m'a jamais offert des jouissances semblables à celles-là ? M'as-tu aussi amoureusement caressée que les ombres du soir ? ta voix m'a-t-elle, comme la cornemuse lointaine, pénétrée d'une douce mélancolie ? comme la voix du chien, m'a-t-elle annoncé que celui au-devant duquel s'élancent les battemens de mon cœur vient vers moi par le sentier secret ? Et, semblable à cette nature ivre de sommeil, me suis-je, après des heures de délices, endormie dans la conscience du bonheur ? Non ! Ce n'est que dans le miroir de la nature que j'ai vu tout cela ; là seulement j'ai vu les images d'un monde supérieur. Accueille donc ces confessions comme l'histoire de hautes jouissances et de charmantes aventures amoureuses. Que de choses n'ai-je pas appris à sentir et à pressentir par elles! Et d'ailleurs, que pouvons-nous demander de plus à la vie, que peut-elle faire de mieux en nous, si ce n'est de nous rendre habiles au bonheur? Quand mon cœur et mon esprit étaient émus par la vie de la nature, quand sa soif, l'étanchement de cette soif, ses ardeurs, son absorption, son action génératrice et nourrissante, quand tout cela m'inondait le cœur de délices, dis-moi, que me restait-il à connaître du bonheur de l'amour? Quelle fleur fleurira, et quel fruit mûrira encore pour moi dans le paradis?

Accueille-les donc favorablement ces hiéroglyphes d'une félicité sublime! accueille-les tels que ma mémoire me les dicte. Vois, le livre du souvenir s'ouvre en ta présence, tout juste à ces passages remarquables. Peut-être est-ce toi qui cueilleras pour moi dans le paradis le fruit non défendu; peut-être me réveillerai-je là-haut sur ton sein, et peut-être les mélodies d'une création bienheureuse feront-elles passer alors ma joie dans ton âme.

***

Retiens ceci dans ton cœur : tu m'as fait la plus pure impression de beauté, et je lui ai de suite rendu hommage. Rien ne saurait le disputer à l'élément premier de ton organisation, et mon amour est intimement d'accord avec cet élément.

***

La félicité ne s'élève qu'autant qu'elle est comprise. Ce que l'esprit n'embrasse pas, ne le rend pas heureux ; vainement les chérubins et les séraphins l'emporteraient sur leurs ailes, il ne saurait jamais se soutenir dans les régions élevées, s'il ne les comprenait pas.

**
**

Le pressentiment, c'est l'envie qu'éprouve l'esprit de déployer ses ailes et de s'élever ; l'aspiration est la preuve que l'esprit cherche une félicité supérieure. L'esprit n'est pas seulement le don de concevoir, il est encore le sentiment, l'instinct de l'élément sublime, dont procède sa manifestation. La pensée n'est donc pas l'essentiel : nous pourrions nous en passer, si elle n'était pas pour l'âme le miroir où celle-ci reconnaît sa spiritualité.

**
**

Et quand même j'écrirais dans ce livre que je suis triste, cela me consolerait-il ? Que ces lignes sont vides de sens! Hélas ! elles indiquent le temps de l'abandon. L'abandon! mais ai-je donc jamais été réunie à ce que j'aimais? ai-je été aimée ? Hélas ! pourquoi désirer être aimée ? Tout est mystère, la nature entière, son charme, l'amour, son bonheur et ses douleurs. Le soleil luit, il fait pousser les fleurs et les fruits ; mais l'ombre et le temps d'hiver lui succèdent. Les arbres sont-ils aussi désolés, aussi désespérés durant l'hiver, que le cœur l'est dans l'abandon ? Les plantes aspirent-elles vers quelque chose ? s'efforcent-elles de fleurir, comme mon cœur s'efforce aujourd'hui d'aimer, d'être compris? Toi me comprendre?... Qui es-tu, pour que je puisse te demander de me comprendre? Hélas! l'univers est mort; le sein d'un chacun est désert! N'y a-t-il pas un cœur, un esprit qui se réveillera pour moi?

*
**

Viens, parcourons encore une fois les jardins suspendus où s'écoula mon enfance ; viens, laisse-moi te conduire le long des allées couvertes, jusqu'à la tour, où mon bras tirait avec facilité la cloche pour annoncer le dîner et la prière. Le soir, à sept heures, je sonnais trois fois l'angélus pour appeler les anges à la garde de ceux qui allaient s'endormir. A cette époque, la rougeur du soir et l'or dans lequel les nuages descendaient, me déchiraient le cœur. Je me rappelle, comme si c'était aujourd'hui, le mal que je ressentais, quand j'errais solitaire dans les champs de fleurs, que je voyais au-dessus de moi le ciel chassant en toute hâte ses nuages comme un troupeau qu'il eût désiré conduire plus loin, et se revêtant tour à tour de rouge, de bleu, de jaune et d'autres couleurs, jusqu'à ce que les ombres l'eussent vaincu. Je m'arrêtais à voir les oiseaux attardés retourner bien vite à leurs nids, et je désirais ardemment que l'un d'eux vînt se réfugier dans ma main pour que je sentisse battre son petit cœur. Que j'eusse été contente si cela fût arrivé! Je m'imaginais qu'un petit oiseau apprivoisé pouvait seul me rendre heureuse. Mais il n'en vint pas se poser sur ma main; chacun d'eux avait déjà fait son choix, et mon désir ne fut pas compris. Je croyais alors que la nature ne consistait que dans la perception des sentimens. Je croyais que, *de là*, venait l'épanouissement des fleurs, que *par là*, la lumière se mêlait à toutes les couleurs ; que *pour cela* le vent du soir agitait le cœur d'un léger frisson, et le ciel et le rivage se réfléchissaient dans les ondes. En contemplant la vie de la nature, j'en vins à croire que cette vie même n'était qu'un esprit, qui répondait à la mélancolie de mon âme, dont les mouvemens, les pensées formaient le cours diurne et nocturne du monde ; et moi, jeune enfant, je me sentais me fondre dans cet esprit ; je sentais que la félicité consistait uniquement à se donner à lui. Je cherchais, sans savoir ce qu'était la mort, à me résoudre en lui ; je ne pouvais me rassasier de boire à longs traits l'air de la nuit ; j'étendais mes mains dans l'air, et mon vêtement qui voltigeait, mes cheveux soulevés me semblaient indiquer l'amoureuse présence de cet esprit de la nature. Je fermais les yeux, et je me laissais caresser par le soleil ; puis je les rouvrais en fixant mes regards sur le globe lumineux. Puisque tu te laisses caresser par lui, me disais-je, tu dois pouvoir le regarder.

Un escalier élevé, au-dessus duquel l'eau se précipitait en écumant, conduisait du jardin de l'église au second jardin. Celui-ci était rond ; ses plates-bandes régulières aboutissaient à un bassin d'où s'élançait un jet d'eau ; de hautes pyramides d'ifs s'élevaient à l'entour ; elles étaient parsemées de petits fruits de couleur pourpre, et chacun de ces fruits transsudait une petite goutte de résine claire comme du cristal. Je me rappelle fort bien tout cela. Mon plaisir favori était de voir les premiers rayons du soleil du matin se refléter sur ces diamans de résine.

L'eau sortait du bassin par-dessous terre et allait jusqu'aux limites du jardin rond ; là, elle se précipitait de nouveau du haut d'un escalier dans le troisième jardin, qui se trouvait situé assez bas pour que les cimes de ses arbres vinssent onduler comme une mer autour du second jardin. Que c'était beau quand ces arbres étaient en fleurs, ou bien quand leurs cerises et leurs pommes étaient mûres ! Ils étendaient alors à portée de la main leurs branches chargées de fleurs ou de fruits. Souvent, à l'heure brûlante de midi, je me couchais sous ces arbres, et dans cet instant où la nature est sans voix, où pas un brin d'herbe ne s'agite, le fruit mûr tombait près de moi dans l'herbe haute. Personne ne viendra te chercher là ! disais-je alors ; et j'étendais la main vers la pomme dorée, je la touchais de mes lèvres, à seule fin qu'elle n'eût pas existé en vain.

**

N'est-ce pas, ces jardins étaient beaux ? ils étaient enchanteurs ! En bas du troisième jardin l'eau se réunissait dans une fontaine de pierre entourée de sapins élevés ; puis elle descendait encore plusieurs terrasses, recueillie à chaque étage dans des bassins ; enfin, passant sous terre, elle atteignait le mur, qui terminait le jardin le plus bas enfermant tous les autres, et lui-même encore assez élevé. De là, elle se répandait dans la vallée, où elle formait un ruisseau, et allait se perdre je ne sais où. D'en-haut je contemplais ses chutes, ses bonds, son cours plus calme ;

je la voyais se réunir, s'élancer en l'air, se briser en mille rayons; elle se cachait, elle revenait, descendait rapidement un escalier élevé; je la suivais à la hâte : arrivée en bas, je la trouvais tranquille et reposée dans la claire fontaine qu'entouraient de noirs sapins où nichaient les rossignols. Là, elle me semblait si familière que je barbotais dedans les pieds nus. Mais l'eau ne s'arrêtait pas, elle repassait encore sous terre, et après un trajet plus long que celui des étages supérieurs, elle se précipitait en dehors du mur; je le voyais, mais je ne pouvais plus la suivre; force était de la laisser courir sans l'accompagner.
— Les ondes avaient beau succéder aux ondes, couler sans interruption le long des escaliers, le jet d'eau de la fontaine avait beau jouer artistement et le jour et la nuit sans jamais tarir, ce n'était pas eux que je désirais, mais bien suivre cette eau qui m'échappait, et qu'hélas, je ne pouvais plus suivre! Si j'avais eu ma liberté, que j'eusse accompagné le ruisseau à travers toutes les prairies, toutes les vallées, tous les déserts, où m'eût-il finalement menée?

C'est ainsi, Seigneur, que je te vois bouillonner, couler, jouer avec art, marcher tranquillement, puis tout-à-coup détourner ton cours, sortir de l'empire de la confiance, où un cœur aimant croyait avoir trouvé sa patrie, sans penser que ce cœur y reste orphelin.

Le ruisseau sur les bords duquel s'écoula mon enfance m'a montré dans ses ondes de cristal l'image de mon destin; déjà alors j'ai gémi du peu de sympathie que j'y rencontrais.

Oh! viens, viens repasser en jouant tous les jours de mon enfance; tu me dois d'exhaler mes soupirs dans tes chants, tant que je n'irai pas plus loin que les désirs enfantins que j'éprouvais près du ruisseau ; eux aussi l'ont vu s'arracher d'auprès d'eux et aller s'ouvrir au loin un cours emporté. Au loin, à l'étranger, où il était bien sûr que mon image ne se réfléchirait plus en lui, l'ingrat ! —

*_**

C'est aujourd'hui le jeudi saint ; ce jour-là j'ai beaucoup à faire, moi, petit desservant du temple. On coupe toutes les fleurs que la jeune année nous accorde ; des perce-neiges, des pâquerettes, et tout un champ d'hyacinthes ornent l'autel blanc. J'apporte les petits surplis ; on en habille douze jeunes filles dont on a dénoué les cheveux ; elles doivent représenter les apôtres. Après avoir fait le tour de l'autel, portant en main des cierges allumés et ornés de fleurs, nous nous asseyons en demi-cercle ; et la vieille abbesse, munie de sa grande crosse d'argent, enveloppée de son voile et habillée du grand manteau à queue, s'agenouille devant nous pour nous laver les pieds. Une religieuse tient un bassin d'argent et y verse l'eau ; une autre présente les linges pour essuyer les pieds ; pendant ce temps-là toutes les cloches sont en branle, l'orgue résonne, deux religieuses jouent du violon, une de la basse, deux sonnent de la trompette, une sixième fait un roulement de timbales, toutes les autres entonnent à haute voix la litanie : « Saint » Pierre, nous te saluons ; tu es le rocher sur lequel est » bâtie l'Église ! » Ensuite vient le tour de Paul, puis celui de chaque apôtre, jusqu'à ce que tous les pieds soient lavés. — Nous nous réjouissions trois mois d'avance de voir arriver le jeudi saint; nous goûtions une demi-béatitude dans cette attente. Toute l'église était pleine de monde, on se pressait le long de notre procession ; on versait des larmes d'attendrissement sur ces innocens et rians apôtres.

A dater de ce jour, on ouvre le jardin, que l'hiver avait rendu inabordable; chacune court à son petit parterre : là, le romarin a survécu; là, on déblaye les plants d'œillets des feuilles mortes qui les avaient recouverts, et maint petit germe annonce sa floraison de l'année dernière qu'on avait déjà oubliée. On repique les fraises, on ôte soigneusement de terre les violettes en fleurs pour les mettre dans des pots; moi, je porte les miennes près de mon lit, je mets ma tête tout près d'elles, afin de respirer la nuit leur parfum.

.

Mais pourquoi raconter tout cela à l'homme qui, loin de pareils enfantillages, porte son esprit vers d'autres sphères? Pourquoi te raconter ces choses, à toi que je veux flatter, que je veux attirer à moi? Il faut que petit à petit, sans que tu t'en aperçoives, tu en viennes à m'aimer tandis que je bavarderai ainsi avec toi. Qu'aurais-je d'important à te dire, qui sût t'émouvoir au point de me serrer contre ton cœur plein d'un doux transport, et en m'appelant chère enfant?

Hélas! je ne sais rien de mieux, je ne connais pas de plus beaux plaisirs que ceux de ces premiers printemps, de désirs plus intimes que ceux que j'éprouvais en voyant s'ouvrir mes boutons de fleurs ; de soif plus ardente que celle dont j'étais saisie quand je me trouvais au milieu de la belle nature, que tout prospérait en masse autour de moi. Personne ne m'a caressée avec plus de bienveillance et de compassion que les rayons du soleil de la jeune année, et si tu dois être jaloux de quelque chose, ce serait du temps d'autrefois ; car, vraiment, je voudrais en jouir encore.

**

Le soleil se lève, il réveille ensemble et l'esprit et le jour ; lorsqu'il se couche, eux aussi s'endorment. Quand le soleil se lève, il surgit dans le cœur une sève qui ressemble à la sève du printemps ; quand il est à son midi, l'esprit s'enflamme, s'élance au-dessus des choses terrestres, et puise à la source des révélations ; quand il s'incline vers le soir, la réflexion arrive ; quand il a disparu, c'est le souvenir qui occupe l'esprit ; alors nous nous rappelons dans le silence de l'ombre que nous avons vogué sur la mer de lumière ; nous nous rappelons l'exaltation de l'heure brûlante, et nous nous endormons au milieu de ces rêves. Il y a des esprits qui savent s'élever si haut, que le soleil de l'amour ne se couche plus pour eux, et que le jour qui commence se rattache à celui qui finit.

**

Le souvenir du temps passé dans la solitude m'est seul resté ; tout ce dont je me rappelle m'est arrivé dans la solitude, et tout ce qui m'est arrivé m'a isolée du monde.

L'univers joue sous mille couleurs différentes autour de l'esprit solitaire, il se réfléchit en lui, mais il ne saurait le pénétrer.

L'esprit est par lui-même ; tout ce qu'il perçoit, tout ce qu'il admet est du fait de son pouvoir et de sa tendance propres ; sa révélation la plus sublime, c'est quand il comprend ce qu'il peut. Je crois que la mort seule lui donne cette révélation ; avant la mort il n'en a que des visions incomplètes. Si j'avais eu plus tôt la foi, mon esprit aurait cherché à atteindre ce qu'il croyait impossible ; il aurait atteint ce à quoi il aspirait ; l'aspiration est en elle-même un signe sacré de la réalité du but, elle est l'inspiration, elle donne à l'esprit sa hardiesse.

Il n'est rien de trop hardi pour l'esprit, car l'esprit peut tout : il est le guerrier pour qui toute arme est bonne ; il est le riche dont l'abondance se répand en dons innombrables ; il est le bienheureux pour qui tout est volupté. L'esprit c'est la divinité. La poitrine boit l'air, puis l'expire pour le boire de nouveau ; c'est là la vie. L'esprit boit la divinité, puis il l'expire pour la boire de nouveau ; c'est là sa vie à lui ; tout le reste n'est que hasard, trace, événement de l'esprit, mais non sa vie.

⁎

L'esprit est solitaire, l'amour seul sait l'animer ; l'amour, c'est tout, c'est l'univers. L'amour n'existe que pour celui qui est tout en lui.

Jadis, dans mon enfance, j'étais solitaire ; les étoiles

scintillaient et me regardaient ; je les comprenais, l'amour parle par elles.

La nature est le langage de l'amour ; l'amour parle à l'enfance par la nature. L'esprit est enfant ici-bas sur cette terre. L'amour a créé la douce, la bienheureuse, la naïve nature pour servir de langage à l'esprit.

La nature amène et donne à l'esprit ce qu'il lui faut ; elle l'instruit, elle lui parle, elle crée pour lui, elle le console, le protége, supplée à sa minorité. Peut-être, quand elle l'a guidé à travers l'enfance, le quitte-t-elle et le laisse-t-elle aller librement ; peut-être l'autre vie est-elle le printemps, la jeunesse de l'esprit, comme cette vie-ci est son enfance. N'aspirons-nous pas jusqu'au dernier moment après le printemps, après la jeunesse ? Oui, cette vie terrestre n'est qu'une préparation à la jeunesse de l'esprit ; elle est semblable au grain qui, après avoir couvé le germe, le lance dans l'existence éthérée.

L'esprit, la beauté, l'art, c'est la fleur, et l'effort qui tend vers l'élément supérieur est le parfum de cette fleur.

*_**

Viens avec moi, ami ! n'aie pas peur de la rosée du soir. Je suis enfant, tu es enfant ; nous aimons à nous étendre en plein air sous le ciel, et à regarder la course molle des nuages du soir qui nagent revêtus de pourpre. Oh ! viens ; il n'y a pas de rêve plus bienfaisant, d'événement plus heureux que le repos. Le repos rend heureux parce qu'il est ce qu'il est, parce qu'il n'admet pas la possibilité qu'il puisse être ou devenir autre. Non ! le paradis ne saurait être plus beau que le repos, qui ne rend aucun compte, qui n'analyse pas la jouissance, parce que chacun de ses instans est complétement heureux. J'éprouve tout cela avec toi, quand je m'imagine t'avoir auprès de moi dans mes années d'enfance : là nous n'avons qu'une âme; ce que je sens se reflète en toi, et c'est en toi que j'apprends à comprendre. Que sentirais-je, si je ne sentais pas en toi ? — Par quoi l'esprit se sent-il, par quoi se possède-t-il, si ce n'est par l'amour ? — Moi je te possède, ami ! tu marches avec moi, tu te reposes à mes côtés; mes paroles sont l'esprit qu'exhale ton sein.

**

Toute la nature sensible devient esprit, et l'esprit est la vie sensible de la divinité. — Vous voyez, ô yeux ! vous buvez la lumière, la couleur et la forme; vous vous nourrissez de sagesse divine ; mais tout cela vous le portez en tribut à l'amour. La gloire que le soleil du soir déploie au-dessus de vous, les nuages du ciel qui vous enseignent la sainte harmonie des couleurs, avec laquelle tout concorde, dans laquelle tout se fond; les hauteurs éloignées, la verte moisson, le fleuve d'argent, la forêt noire, le voile des brouillards, toutes ces choses, c'est votre mère la nature qui vous en abreuve, tandis que l'esprit est perdu dans la contemplation de l'objet aimé. Vous, oreilles, le silence règne autour de vous : bientôt s'élève un faible murmure du vent, il croît, il augmente, il vous apporte les sons du lointain; les vagues viennent battre en gémissant le rivage, les feuilles murmurent, tout ce qui s'agite dans la solitude se confie à vous. O sens! tout dans la nature vous nourrit, tandis que vous vous abîmez dans le sein de l'objet aimé; festin de paradis où la nourriture se change en sagesse, où la sagesse est volupté, où la volupté est révélation !

Ces pensées, ces fruits mûrs embaumés qui tombent de l'air, quel arbre les a secoués de ses branches surchargées, tandis que, ta joue appuyée contre la mienne, tu oubliais et j'oubliais et les fruits et le temps? Ces pensées ne sont-elles pas les fruits qui ont poussé sur l'arbre de la sagesse, qu'il a laissés tomber sur ceux qui s'aiment sous son ombre et dans son paradis? — Jadis l'amour était dans mon cœur d'enfant, il comprimait ses sentimens comme le germe comprime ses fleurs pressées et entrelacées; mais déjà *il était*, mon sein s'élargissait sous ses efforts; il s'ouvrit enfin, et l'amour épanouit ses fleurs.

°

Pendant les trois ans que je restai au couvent, nous avons consacré une nonne et nous en avons enterré une autre. C'est moi qui ai posé la couronne de cyprès sur le cercueil de cette dernière. Elle était jardinière, et avait cultivé pendant long-temps le romarin qu'on planta sur sa tombe. Elle avait quatre-vingts ans; un jour la mort la toucha doucement, comme elle repiquait des marcottes de ses œillets favoris; elle resta accroupie par terre, tenant dans ses mains les tiges qu'elle allait planter. Je fus son exécuteur testamentaire, je sortis les plantes de sa main roidie et je les mis dans la terre, déjà préparée pour les recevoir; je les arrosai avec la dernière cruche d'eau qu'elle était allée puiser à la petite fontaine de Sainte-Madelaine, cette bonne sœur Monique! Comme ces œillets poussèrent bien! Ils étaient gros et d'un rouge foncé. Quand plus tard celui *qui me connaît et qui m'aime*, me compara à un œillet foncé, je pensai aux fleurs que, jeune enfant, j'avais sorties de la main glacée de la vénérable religieuse et que j'avais plantées, et je me mis à désirer que la mort vînt aussi me surprendre en plantant des fleurs; la mort, ce héraut triomphant de la vie, cette libératrice du poids de l'existence.

Mais l'autre nonne jeune et belle dont j'ai porté les tresses d'or à l'autel sur le plat aux offrandes! — Je n'ai pas pleuré lorsqu'on enterra la vieille jardinière, quoiqu'elle fût mon amie et qu'elle m'eût appris maint secret de jardinage; sa mort me sembla si douce, si naturelle, qu'elle ne m'étonna pas. Mais ce fut bien différent, quand revêtue du surplis, une couronne de roses sur la tête, tenant un cierge enflammé, je marchais, représentant l'ange gardien, au son de toutes les cloches, devant la jeune fiancée du Christ, habillée de ses plus beaux atours. Oh! oui, cette fois-là, ce fut tout autre chose. Nous arrivâmes à la grille : là se tenait l'évêque; il reçut les vœux de la religieuse; après qu'il lui eut demandé si elle voulait s'unir au Christ, et sur sa réponse affirmative, on lui coupa les cheveux entrelacés de rubans et de perles, et on les mit sur un plat d'or que je tenais. Oh! alors, je ne pus retenir mes larmes, elles tombèrent sur les cheveux, et lorsque arrivée à l'autel je présentai ces belles tresses à l'évêque, je sanglotai, et tout le monde pleura avec moi.

La jeune fiancée se coucha à terre, on étendit un drap mortuaire sur elle; les religieuses s'approchèrent, portant deux à deux des corbeilles de fleurs. Je jetai les fleurs sur le drap mortuaire tandis qu'on chantait un *requiem*. On récita des prières, on dit l'absoute sur la morte; la vie terrestre avait cessé. Alors, figurant l'ange de la résurrection, je levai le drap mortuaire; la vie céleste commençait. Les religieuses entourent leur nouvelle compagne, elles la dépouillent de ses ornemens mondains, la revêtent de l'habit religieux, du manteau et du voile, puis la conduisent de nouveau vers l'évêque, entre les mains duquel elle prononce les vœux d'obéissance, de pauvreté et de chasteté. Ah! que je me sentis oppressée quand l'évêque lui présenta le crucifix à baiser; le crucifix, son fiancé! Je ne la quittai pas; et le soir, quand elle fut retirée dans sa cellule, je m'agenouillai devant elle; j'avais encore sur ma tête la couronne de roses fanée. Cette jeune dame était Française; c'était une comtesse d'Andelot : « *Mon enfant*[1], me dit-elle, *mon cher ange gardien, pourquoi as-tu pleuré ce matin lorsqu'on m'a coupé les cheveux?* » Je restai un instant silencieuse, puis je répondis tout bas : « *Madame, est-ce que Jésus-Christ a aussi une barbe noire?* »

Cette jolie dame, chassée de France avec beaucoup d'autres grandes dames et de chevaliers, qui portaient des ordres et des décorations, s'était, ainsi qu'eux, réfugiée dans notre couvent. Tous ses compagnons d'infortune continuèrent leur route, elle seule resta. Elle se promenait beau-

---

[1] Ces mots sont en français dans l'original.

coup dans le jardin ; elle avait au doigt un anneau brillant qu'elle baisait quand elle était seule dans l'allée sombre. Elle y allait aussi lire ses lettres à voix basse, et essuyait ses yeux en pleurs avec un fin mouchoir blanc. Je l'espionnais, je l'aimais, et je pleurais en secret avec elle. Une fois, un bel homme en uniforme resplendissant vint avec elle au jardin ; ils se parlaient tendrement. Ce jeune homme avait une barbe noire, il était plus grand qu'elle ; il la prit dans ses bras et abaissa ses regards sur elle ; des larmes brillantes tombèrent sur sa barbe noire et y restèrent. Je vis tout cela, car j'étais assise au fond du berceau, et eux se tenaient à l'entrée. Il poussa un soupir bien profond, il la serra contre son cœur, et elle, baisait les larmes qui s'étaient arrêtées dans la barbe du jeune homme.

Souvent encore la belle dame se promena dans l'allée solitaire, souvent encore je la vis pleurer sous l'arbre où il lui avait dit adieu, puis enfin elle prit le voile.

*_*_*

Coblentz.

Il y a plusieurs jours que je n'ai écrit dans mon livre, et pourtant, je désirais bien y écrire ! J'ai pensé à toi en parcourant les rues de cette ville : c'est ici le lieu des jeux et des ébats de ta jeunesse ; là-bas se trouve la forteresse d'Ehrenbréitstein[1]. Elle se nomme comme la base de ta gloire ; c'est ainsi que devra se nommer le soubassement sur lequel s'élèvera ton mausolée.

---

[1] Mot à mot *pierre large d'honneur*.

Hier il me tomba de singulières pensées des nues; j'aurais désiré les écrire, mais je n'étais pas seule; force me fut de les laisser s'enfuir avec les ondes changeantes du fleuve.

⁎

Tout ce qui ne convient pas à l'amour est péché, et tout ce qui est péché ne convient pas à l'amour. L'amour a un pouvoir propre qui a droit sur nous; je me soumets à son contrôle, car lui seul est la voix de ma conscience.

Quelque impulsion que nous donne la vie, quelque tournure inopinée que prenne le sort, l'amour est le chemin des modulations par lequel tous les tons les plus étranges arrivent à se résoudre harmoniquement; il donne la connaissance, la mesure de la véritable grandeur morale. L'amour est sévère, cette sévérité même passionne pour lui. Je brûle du désir de faire ce qui est selon sa volonté; je consens à mesurer à son échelle tout sentiment, toute sensation.

Maintenant je vais me coucher. Que ne puis-je te dépeindre comme je me sens bien!

⁎

Si c'était aujourd'hui le jour de te revoir! aujourd'hui! Si dans quelques instants tu allais entrer ici, dans ma chambre, où depuis tout un été je fais le métier magique de te posséder en esprit! oui, où déjà souvent tu as été à moi, car mon amour t'avait attiré jusqu'ici! Il faut une grande force pour s'approprier, pour posséder quelque chose. Posséder quelque chose, ne fût-ce que pendant quelques minutes, engendre des miracles ; car ce que tu possèdes, tu apprends à le connaître en esprit ; ce que tu reconnais te captive, ce qui te captive t'ouvre un monde nouveau.

***

L'esprit veut être maître absolu de lui-même ; sa possession propre fait sa véritable force. Toute vérité, toute révélation naît du contact de l'esprit avec lui-même. Si tu parviens à pénétrer ton esprit, si ton âme en arrive à se fondre en lui, tu auras tout ce que tu peux avoir ; alors la révélation et la vie deviendront pour toi une science continuelle, et cette science deviendra ton être, ta création. — L'amour, c'est l'intelligence. Il y a un sentiment de bonheur ineffable à aimer, parce que c'est quand on aime qu'on est en possession de sa propre nature divine.

Si tu as jamais aimé, c'était la marque d'une nature divine en toi ; en cet instant-là les limites de ton être sont tombées, et tu t'es étendu, élevé dans l'infini. Ce que tu aimes est le pays où tu es réellement né, où tu peux vivre. Qu'il est grand, qu'il est immense le royaume de l'amour ! et pourtant le cœur humain l'embrasse.

***

Quittons le couvent, où il n'y avait pas de miroir, et où pendant quatre ans j'aurais par conséquent vainement cherché à faire connaissance avec mes traits et ma taille. Au reste, je n'ai jamais eu l'idée de savoir quelle était ma touraure. Ce fut pour moi une véritable surprise un jour, qu'à l'âge de douze ans, je me vis dans un miroir, au milieu d'un groupe formé par moi, mes deux sœurs, et ma grand'mère qui nous embrassait. Je reconnus tout le monde, à l'exception d'une jeune fille aux yeux ardens, aux joues brûlantes, aux cheveux noirs et finement crépus. Je ne la reconnais pas, mais mon cœur s'élance à sa rencontre ; j'ai déjà aimé cette figure en rêve, il y a dans son regard quelque chose qui me touche aux larmes ; je me sens entraînée vers cet être, je me sens forcée de lui jurer foi et fidélité. Quand il pleurera, je pleurerai en silence ; quand il se réjouira, je me réjouirai ; toujours je le servirai. Je lui fais signe ; tiens ! vois : la jeune fille se lève et s'avance vers moi, nous nous sourions ; je ne saurais plus en douter, c'est mon image que je vois dans la glace.

Hélas ! oui, ces pressentimens se sont réalisés : je n'ai pas eu d'autre amie que moi-même ; je n'ai pas pleuré sur moi, mais souvent avec moi. Si à cette époque, quelqu'un m'avait dit qu'on ne cherche que son soi-même en amour, et que le comble du bonheur c'est de s'y trouver, je ne l'aurais pas compris. Trouve-toi, sois-toi fidèle, apprends à te comprendre, obéis à ta voix intérieure, par ce moyen seul tu atteindras la perfection. Ceci est une grande vérité que peu de gens comprendront. En amour on n'est fidèle qu'à l'autre soi-même ; on ne doit aimer que ce qu'on trouve beau, sans cela on est infidèle à sa nature divine.

La nature engendre l'enthousiasme, mais l'enthousiasme de la beauté est à son tour la plus sublime expression de cette beauté ; c'est l'idéal, exalté et glorifié, exprimé par lui-même.

Certainement l'amour change le monde sensible en un monde plus sublime. L'esprit est nourri, soigné, porté par les sens; aidé par eux, il s'élève, monte et atteint l'enthousiasme propre, le génie; car le génie n'est que la vie transsubstantielle et bienheureuse d'un enthousiasme divin, engendré par la nature sensible.

Lorsque je suis devant toi et que je te dis combien je t'aime, tu es pour moi cet enthousiasme divin engendré par mes sens; mais en même temps ton apparition sensible m'élève, me glorifie, et se fait nature divine en moi.

*
* *

Maintenant j'ai treize ans, le moment du réveil approche. Les jeunes pousses des plantes percent l'enveloppe brune, elles arrivent au jour, et l'amour de l'enfant se porte sur les fleurs qui s'épanouissent; son cœur brûle pudiquement et intimement pour leurs charmes parfumés; elle ne songe pas que pendant ce temps-là un monde en germe de sens et d'esprit s'agite dans son sein à elle et s'efforce d'atteindre la lumière et la vie.—Ceci confirme ce que je dis toujours : Aimer à voir s'épanouir le monde des fleurs dans la nature sensible, réveille les germes endormis du monde des fleurs de l'esprit. Tandis que nous admirons la beauté sensible, il s'en forme en nous une image spirituelle, transfiguration céleste de ce que nous aimons par les sens.—Mon premier amour fut dans le jardin. Tous les matins j'étais avec le soleil sous la tonnelle de chèvrefeuille; j'attendais le moment où ses fleurs s'épanouiraient, je m'élançais, pour ainsi dire, au devant d'elles, et quand je voyais leurs calices s'ouvrir, j'aimais et j'adorais le monde dans ces fleurs, et je mêlais mes larmes au miel de leurs corolles. Oui, tu peux m'en croire, je trouvais un charme particulier à y laisser tomber les larmes qui mouillaient involontairement mes yeux, et j'étais tour à tour remplie de joie et de mélancolie. Les jeunes feuilles de figuier, qui sortent si lisses, si épaisses de leurs germes, et qui s'étalent au soleil, Dieu! que je les aimais. Mais pourquoi la beauté de la nature fait-elle donc éprouver une sensation douloureuse? N'est-ce pas parce que l'amour se sent incapable de l'embrasser tout entière? L'amour le plus heureux est plein de mélancolie, parce qu'il n'est jamais complètement satisfait. C'est pourquoi l'amour que j'ai pour toi me rend mélancolique; je ne puis assez t'aimer. — Oh! ne m'abandonne pas; aime-moi autant que la rosée aime les fleurs. Au matin elle les éveille et les nourrit, et le soir elle les purifie de la poussière et les rafraîchit après la chaleur du jour. Fais de même; au matin réveille et nourris mon inspiration, et le soir rafraîchis-moi et lave-moi de mes péchés.

*
* *

M'aimes-tu? — Ah! si ton visage s'inclinait vers moi, comme s'incline la branche ondoyante du bouleau, que ce serait beau! — Ou bien, si dans mon sommeil ton souffle passait sur moi, comme passe le vent de la nuit sur les prairies! Mon ami, je ne demande rien de plus. — Quelle félicité as-tu à comparer à la sensation qu'on éprouve quand le souffle du bien-aimé vous touche?

Je ne sentais pas jadis les choses aussi clairement et

aussi distinctement que je les sens aujourd'hui en souvenir. Comme la jeune moisson, j'étais nourrie par la lumière, et je m'avançais vers la connaissance de moi-même comme elle, qui acquiert déjà dans l'épi la conscience de sa vie. Aujourd'hui je suis mûre, et je répands les grains dorés de l'amour à tes pieds; c'est là toute ma destinée.

**

Le rossignol était mieux disposé pour moi que tu ne l'es. Il descendait de branche en branche et s'approchait de plus en plus; il se pendait au dernier rameau pour me voir; je me tournais doucement vers lui pour ne pas l'effaroucher; mon regard rencontrait le sien, et nous restions à nous considérer. Les vents apportaient les sons d'une musique lointaine dont l'harmonie puissante ressemblait à un chœur d'esprits, dans lequel chaque esprit pénètre tous les esprits, où tous se soumettent à un chacun. Cette rencontre de deux êtres également innocens et ignorans, qui n'avaient pas encore appris que la joie et la soif d'amour font battre le cœur plus vite et plus fort, était quelque chose de beau. J'étais aussi heureuse et aussi touchée de cette familiarité du rossignol que tu dois être heureux et touché de mon amour. Mais qu'est-ce qui poussait le rossignol à me suivre? pourquoi descendait-il de son arbre élevé et venait-il se poser si près de moi, que j'aurais pu le prendre avec la main? pourquoi me regardait-il, et justement dans les yeux? — L'œil parle, il répond au regard; le rossignol voulait me parler; il avait un sentiment, une pensée à échanger avec moi (le sentiment est le germe de la pensée). Comme la nature gradue ses créations, comme elle dépose profondément ses germes! Il y a loin du rossignol à l'amour de deux amans, et pourtant ces amans sentiront croître leur ardeur au chant du rossignol, et ils finiront par croire que ce chant est l'expression simple et pure de leurs sentimens à eux.

Le rossignol revint le jour suivant. — Moi aussi je revins, j'étais sûre de le retrouver; j'avais emporté ma guitare pour lui jouer quelques airs. C'était près du rideau de peupliers, en face la haie d'églantiers, qui étendait ses longues branches flottantes par-dessus le mur du jardin du voisin et rasait le sol de ses fleurs. C'est là que se tenait le rossignol; il avançait son petit cou et me regardait jouer avec le sable. On prétend que les rossignols sont curieux : Tu es curieux comme un rossignol, dit-on proverbialement. Pourquoi donc le rossignol serait-il curieux? l'homme n'a, en apparence, aucun rapport avec lui. Que résultera-t-il un jour de cette curiosité? — Rien n'existe en vain; la nature emploie tout à ses fins incessantes; tout veut et doit progresser et se résoudre. Je grimpai sur un grand peuplier dont les branches formaient comme un escalier commode entourant le tronc. Parvenue au faîte élancé, je m'attachai aux branches avec le cordon qui m'avait servi à hisser ma guitare. Il faisait lourd; les airs s'agitèrent et amoncelèrent une armée de nuages sur nos têtes. Le vent soulevait la haie d'églantiers, puis l'abaissait, mais l'oiseau restait toujours dessus. Plus l'orage grondait, plus son chant retentissait; ce petit gosier répandait joyeusement toute sa vie dans la nature soulevée. La pluie ne l'arrêtait pas ; le murmure des arbres, le tonnerre, ne l'étourdissaient et ne l'effrayaient pas ; tandis que moi, attachée au peuplier, je m'abaissais avec lui vers la haie, quand le vent la soulevait et courbait simultanément mon peuplier, et je jouais de la guitare, afin de modérer par la mesure l'exaltation joyeuse du petit chanteur. Quel silence après l'orage ! quel saint repos succéda à ce délire ! Le crépuscule s'étendit sur les champs, mon petit chanteur se tut, il était fatigué. — Quand le génie, s'enflammant en nous, a ébranlé et asservi toutes nos forces, qu'il a fait de nous ses esclaves, lui, le tout-puissant, l'être sublime, et que le repos succède à cette agitation, qu'on se sent bien et doucement ! comme toutes les prétentions d'être quelque chose par soi-même se fondent dans le complet abandon au génie ! Dès que la nature a achevé sa tâche journalière elle s'endort, et alors se réalise le proverbe qui dit : *Dieu distribue ses dons aux siens pendant leur sommeil.* Il en est de même de l'homme soumis au génie de l'art ; de celui qui sent courir dans ses veines le feu électrique de la poésie ; de celui qui est illuminé par le don de prophétie, ou qui, comme Beethoven, parle une langue inconnue à la terre, la langue maternelle de l'éther. Quand ces mortels privilégiés se reposent de leur inspiration, il fait doux et frais en eux, comme il faisait aujourd'hui après l'orage ; ils s'endorment, et pendant leur sommeil le génie leur distribue ses dons. Le petit rossignol, lui aussi, s'endormit le soir après le délire de l'inspiration, et le génie l'aura également récompensé.

Quant à moi, après avoir aspiré le silence du soir, je descendis de mon arbre, et pénétrée des événemens sublimes auxquels je venais d'assister, je regardais involontairement l'humanité par-dessus l'épaule.

* *
*

Tout change; en vieillissant on pense autrement que dans la jeunesse. Que penserai-je un jour si cette vie terrestre me retient, si j'y vieillis? Peut-être qu'alors, au lieu d'aller trouver mon ami, j'irai à l'église; peut-être prierai-je au lieu d'aimer. Ah! comment pourrais-je jamais égaler mon amour par mes prières! Si j'ai jamais senti la dévotion ce fut sur ton sein, ami! — Tes lèvres exhalent le parfum du temple, tes yeux prêchent l'esprit de Dieu; il émane de toi une puissance inspiratrice; tes vêtemens, ton visage, ton esprit, tout en toi répand la sanctification. Ah! quand je presse tes genoux contre mon sein, je ne demande plus ce qu'est la béatitude réservée aux bons de contempler Dieu face à face. Que souvent, en fermant les yeux, je t'ai senti près de moi et je me suis réjouie de ta présence! Peut-être Dieu pénètre-t-il par l'objet aimé dans notre cœur; qu'avons-nous dans le cœur, sinon Dieu? et s'il n'y était pas, où, et comment trouver ses traces?

* *
*

Que parlé-je de printemps, de jours sereins, de joies, de bonheur? Ami, la connaissance de toi dévore toutes mes sensations; je ne sais plus sourire aux jeux, je ne sais plus me réjouir, je ne sais plus espérer en ce qu'espèrent les autres. Ce qui rend mes sensations muettes, c'est que je te connais, que je te *sais*.

※

Quel singulier jour aujourd'hui! mon âme est si oppressée que je souffre. Tu es près d'ici, je le sais; le chemin qui conduit vers toi n'est pas éloigné, et pourtant ce petit espace me sépare de toi, tout comme si c'était l'immensité. Le désir veut être compris et satisfait; si mon bien-aimé ne pressent pas ce désir qui s'élance vers lui, s'il néglige l'amour, qu'est-ce qui pourrait me rapprocher de lui? Jour effroyable! tu t'es écoulé aujourd'hui dans l'attente et dans le désir!

A qui me confier? qui serait humain pour moi? à qui me plaindre de toi? qui est mon ami? qui oserait gravir ces degrés, d'où je plane au-dessus de tout contact humain? qui a le droit de poser sa main sur mon front et de me dire : La paix soit avec toi?

Toi que je cherche, c'est à toi que je viens me plaindre, c'est toi que j'appelle par-dessus les abîmes; et pendant ce temps-là, ma barque, emportée par les coups précipités de la rame, laisse derrière elle et le temps et la vie. L'instant de la séparation est déjà loin; mais, hélas! maintenant que je veux aborder, mon ancre ne trouve plus de fond; partout le rivage est désert, partout des bords ennemis! Iles des bienheureux, vous ne me laisserez donc pas aborder! vous ne me laisserez donc pas approcher du sein de mon ami! Pourtant lui seul connaît les mystères, l'origine et le but de ma vie.

Afin que j'apprenne à le voir, il a allumé dans mon esprit la splendeur sans tache de la lumière; accompagnant de ses chants, au rhythme pressé, les joies et les douleurs de l'amour, il m'a enseigné à marcher résolument en avant, à éclairer de la torche brillante de l'amour le chemin des Parques, ces sœurs du Destin.

* *
*

Aujourd'hui tout est changé : la méchante crainte s'est apaisée, mon cœur n'est plus agité, la plainte ne vient plus interrompre le silence lumineux de l'amour. Le soleil n'est pas encore couché, ses derniers rayons illuminent ton sentier; pourquoi le soleil dans sa marche ne t'introduit-il pas chez moi, où le crépuscule t'appelle, où la couronne de violettes t'invite à venir? Si tu venais, ô mon bien-aimé! je resterais silencieuse devant toi, et le parfum des fleurs parlerait seul pour moi.

* *
*

Je suis joyeuse comme le dauphin, qui sur la mer tranquille entend les sons lointains d'une flûte; plein d'allégresse, il fait jaillir l'eau dans les airs lumineux, et l'eau retombe en perles sur le miroir uni; chaque perle réfléchit l'univers, puis s'évanouit, semblable aux pensées, qui réfléchissent l'éternelle sagesse, puis s'évanouissent.

Tu posas la main sur ma joue et tes lèvres sur mon front, alors tout fut silence; ton souffle s'exhalait sans bruit, comme le souffle d'une ombre. Ordinairement le temps semble court à ceux qui sont heureux, mais cette fois-là il ne me parut pas tel. Ce temps est pour moi une éternité de souvenir, infinie, incommensurable.

Je sens dans mon sein ce que doit sentir la jeune moisson, quand au printemps des nuages légers laissent tomber sur elle une pluie bienfaisante. Comme le faible germe qui a déjà le pressentiment de sa floraison, je pressens que l'amour est mon unique, mon éternel avenir.

Être bon satisfait l'âme, comme le chant du berceau satisfait l'enfant et l'endort. La bonté est le saint repos qu'il faut au germe de l'esprit pour se développer et devenir moisson. L'esprit pressent que la bonté est la préparation à un mystère profond, inexplicable. C'est toi qui m'as confié cela, Goëthe ! hier soir, devant le ciel étoilé, à la fenêtre ouverte, où les airs entraient et ressortaient tour à tour. Être bon, c'est reposer, sommeiller dans le sein de Dieu. Quand l'esprit veut le bien, il veut la divinité même; il ne cherche à se nourrir du mystère de bonté que pour se préparer à sa prochaine transformation. Comme le torrent caché dans le sein du rocher, il frappe, il veut arriver à la lumière. Ton esprit à toi est si fort et si puissant, que portes et verrous lui furent ouverts, qu'il s'élança pardessus tous les temps, qui dans leur succession voient l'esprit supplanter l'esprit, la vague naître de la vague et se perdre dans la vague.

Telles étaient nos causeries hier soir. Tu me dis : Personne ne croirait que nous causons ainsi ensemble.

Nous parlâmes aussi de la beauté. La beauté existe quand le corps est entièrement pénétré de l'esprit qu'il abrite. Quand la lumière de l'esprit est reflétée par le corps, qu'elle illumine ses formes, c'est là, la beauté. Ton regard est beau parce qu'il répand la lumière de ton esprit et qu'il nage dans cette lumière.

L'esprit pur revêt une forme pure dans la parole, c'est là, la beauté de la poésie. Ta parole est belle parce que l'esprit qu'elle abrite perce à travers et l'enveloppe.

La beauté ne saurait passer ; le sentiment qui l'a une fois comprise la conserve éternellement.

Ni l'image qui la réfléchit, ni la forme qui l'exprime n'ont la beauté ; celui-là seul la possède qui pressent, qui voit comme dans un miroir son propre esprit en elle.

La beauté se forme dans celui qui la cherche et qui tente de la reproduire, comme aussi dans celui qui la reconnaît et qui cherche à se modeler sur elle.

Tout homme éminent est artiste ; il cherche la beauté, il cherche à la rendre en tant qu'il la comprend. Tout homme éminent a besoin de la beauté comme de la seule et unique nourriture nécessaire à son esprit.

L'art est le miroir de l'âme ; ce qu'il reflète est l'image de l'âme telle qu'elle vint de Dieu. Toute beauté est une reconnaissance de la propre beauté.

C'est l'art, qui par un procédé magique rend les proportions de l'esprit sensibles aux yeux.

Tout instinct vital est instinct de beauté. Vois la plante, tous ses instincts sont pleins du désir de fleurir, et l'accomplissement de ce désir existe déjà dans la graine ; le désir est le meilleur répondant. Celui qui désire la beauté éternelle, celui-là l'aura et en jouira.

Tu as gravé tout ce que je te dis là dans mon cœur ; si je ne l'exprime pas bien, c'est que je ne le comprends pas assez complétement.

Hier soir, tu me dis en laissant errer ton regard sur les montagnes lointaines : « Une fois que la passion est née » dans le cœur, il faut qu'elle grandisse et prospère ; car il » n'est pas un désir qui n'ait un correspondant de félicité. »

_

Les génies m'ont introduite dans leur temple ; je m'y sens intimidée, mais non pas étrangère. Je comprends leurs leçons ; leurs lois me donnent la sagesse. Ce que cherche l'amour n'est pas ce que cherchent les hommes passagers. C'est l'offrande qui rend immortelles les fleurs que nous cueillons. — Un cœur aimant échappe au sort contraire.

_

Tu veux donc que je te parle du temps où je n'avais pas encore appris à prononcer ton nom? Tu as raison de vouloir connaître ce qui me prépara à toi. Je t'ai dit que ce furent les herbes et les fleurs qui me regardèrent les premières ; que je reconnus qu'il y avait une question dans le regard, une demande à laquelle je ne savais répondre que par des larmes. Puis le rossignol m'attira à lui ; sa manière d'être indépendante, son chant, son approche, sa fuite, avaient plus de charme pour moi que la vie des plantes ; je me sentais plus près de lui, sa société avait pour moi quelque chose d'attrayant. De mon petit lit j'entendais son chant nocturne ; ses gémissemens mélodieux m'éveillaient, je soupirais avec lui, je lui prêtais des idées, et je lui faisais de consolantes réponses. Je me rappelle qu'une fois à cette époque je jouais à la balle sous des arbres en fleurs; un jeune homme ayant attrapé ma balle, me la rapporta en me disant : « Tu es belle! » Ces mots me mirent le feu dans l'âme; je rougis; mais je pensai à l'instant même au rossignol, à son chant qui m'embellissait sans doute la nuit, et je me dis que tout ce qui élève au-dessus des choses terrestres engendre la beauté. Je me consacrai donc avec plus de zèle au rossignol; quand il chantait, mon cœur s'arrêtait et se laissait toucher par ses accens comme s'ils étaient le doigt de Dieu. Je désirais être belle, parce que la beauté me semblait chose divine. Je m'inclinai devant le sentiment de la beauté, sans m'avouer, si c'était devant le sentiment de la beauté intérieure ou devant celui de la beauté extérieure. Depuis lors je me suis trouvée en proche parenté avec tout ce qui est beau, dans les statues, dans les tableaux, dans les paysages ou dans les arbres élancés. Quoique je ne sois pas svelte, je sens en mon esprit quelque chose qui est en harmonie avec tout ce qui est svelte. Et quelque risible que cela puisse te sembler, je te dirai que quand mon regard poursuit dans le ciel les cimes élancées des arbres, je sens mon inspiration s'élancer avec elles; que quand les branches flexibles ondoient de côté et d'autre au souffle du vent, je sens ondoyer en moi comme des rameaux fleuris qui appartiennent au tronc élancé de grandes pensées.—Par tout ce qui précède, j'ai voulu dire que la beauté instruit, développe, élève l'esprit, et lui donne la révélation divine, qui n'est autre qu'elle-même. Vois donc si je dois te comprendre, toi qui es beau?—La beauté c'est la rédemption. La beauté c'est la délivrance des maléfices; la beauté c'est la liberté, la liberté divine; elle a des ailes et fend l'éther. — La beauté n'a pas de loi; devant elle tombent les barrières; elle se résout dans tout ce qui est capable de comprendre son charme; elle délivre de la lettre, car elle est l'esprit. Comme je te comprends, tu me délivres de la lettre et de la loi. Ces frissons qui m'ébranlent sont produits par le charme de ta beauté, qui se résout en moi, et par le sentiment que moi aussi je suis belle et digne de toi.

*_*_*

L'été passa; le rossignol cessa de chanter. Il se tut, il devint muet et ne se montra plus. Quand je l'avais pour compagnon, je n'avais pas besoin de distraction; sa société m'était devenue une chère habitude; c'est avec douleur que je m'en vis privée. Si au moins j'avais eu quelque chose pour le remplacer! une autre bête, par exemple. Je ne pensais pas aux humains. Dans le jardin du voisin il y a un chevreuil enfermé dans un enclos; il court le long de son mur de planches et soupire. Je fais une ouverture par laquelle il peut passer la tête. L'hiver a tout recouvert de neige; je cherche la mousse des arbres. Nous nous connaissons le chevreuil et moi; que ses yeux sont beaux! quelle âme profonde, vraie et chaude me regarde par ces yeux! Il aime à poser sa tête dans ma main, et moi aussi je l'aime ce pauvre chevreuil; j'accours chaque fois qu'il m'appelle. Pendant les nuits claires et froides d'hiver j'entends sa voix; je saute hors du lit, je vais pieds nus dans la neige pour l'apaiser. Quand tu m'as vue tu te calmes, singulière bête, qui me regardes, qui cries vers moi comme si tu me demandais ta délivrance. Quelle confiance inébranlable il a en moi, qui ne suis pourtant pas de sa sorte! Pauvre animal, toi et moi sommes séparés de nos semblables! nous sommes tous deux seuls, nous partageons le même sentiment de solitude. Que souvent j'ai pensé pour toi à la forêt, où tu pourrais courir au loin et non pas éternellement en rond, comme ici dans ton enclos. Là, au moins, tu irais toujours ton chemin, et à chaque pas tu pourrais espérer rencontrer enfin un compagnon, tandis qu'ici tu n'arriveras jamais au but, et tout espoir est perdu pour toi. Pauvre bête, que ton sort m'épouvante et qu'il est parent du mien! Moi aussi je cours à l'entour; je vois les étoiles luire au ciel, mais elles y sont fortement attachées; pas une d'elles n'en descendra et ne viendra à moi; il y a bien loin d'ici aux lieux où elles sont. On me l'avait prédit au berceau que j'aimerais un astre, et que cet astre resterait loin de moi. Long-temps j'ai cherché à l'atteindre; mes facultés s'étaient développées à ces efforts. Je ne voyais rien, je n'entendais rien que mon astre, je ne pensais qu'à lui, à lui qui ne voulait pas descendre du firmament et s'abaisser vers moi. Pourtant quelquefois je rêve que l'astre descend; je ne le reconnais plus; ses rayons deviennent des yeux; ils me regardent, et mes propres regards se reflètent en eux; son éclat m'enveloppe, m'isole de tout ce qu'il y a sur terre, de tout ce qu'atteint ma pensée.

Je n'ai rien à perdre, je n'ai rien à gagner; tu es entre

moi et tout gain; tu es entre moi et toute perte, et tu t'inclines humainement vers moi.

Je ne comprends qu'une chose : passer le temps à rêver sur ton sein; mais ce que je ne comprends pas, c'est le mouvement de tes ailes qui te soutiennent dans l'azur éternel bien au-dessus de moi, à une hauteur qui donne le vertige.

Ton éclat nous enveloppe l'univers et moi. La lumière que tu répands est le rêve lumineux d'un monde supérieur; tant qu'il dure nous respirons une atmosphère sublime, et quand nous nous réveillons c'est au milieu des parfums du souvenir. Oui, ce souvenir de ta splendeur répand des parfums, il nous entoure, nous enlève, nous porte nous et nos destins changeans sur ses ondes limpides jusque dans les bras des dieux.

Depuis le berceau j'entends ton chant; il me berce, me fait rêver; je l'écouterai ainsi en rêvant jusqu'à la fin de mes jours, pendant que mes destins s'accompliront.

.

Une fois déjà au couvent, les esprits m'avaient invitée à m'associer à eux; c'était dans les nuits claires, lorsque la lune luisait, qu'ils cherchaient ainsi à m'attirer; je parcourais des allées sombres où l'on entendait l'eau bouillonner; je les traversais le cœur oppressé, et j'arrivais au jet d'eau. La lune éclairait l'onde agitée, et habillait d'argent les esprits qui m'apparaissaient sur ce miroir mobile; ils s'approchaient de moi, ils instruisaient mon cœur, qui les interrogeait, puis ils disparaissaient. Alors il en venait d'autres, qui me mettaient pour ainsi dire des mystères sur le bout des lèvres; ils réveillaient dans mon sein tous les germes de vie; ils me marquaient de leur sceau, ils semblaient jeter un voile sur ma volonté, sur mes inclinations propres et jusque sur la force qu'ils m'avaient inspirée.

Comment cela se faisait-il? que me conseillaient-ils? en quelle langue m'expliquaient-ils leur doctrine? Et comment te faire comprendre tout cela et te dire ce qu'ils m'enseignaient?

La nuit me plongeait dans un doux et profond sommeil d'enfant; mais bientôt la lune apparaissant, frappait mes yeux; je me réveillais à sa lumière, qui descendait avec une force magnétique dans mon sein. Alors, surmontant ma frayeur, je parcourais au milieu de la nuit silencieuse des sentiers que devaient hanter les revenans, et j'arrivais au jet d'eau, qui se trouvait au milieu d'un parterre, où chaque fleur, chaque plante, semblaient une vision, et jouaient et luttaient avec l'imagination. Je restais là, immobile, à regarder le jet d'eau vaciller d'un côté et d'autre, les rayons de la lune transpercer l'onde agitée, et les caractères hiéroglyphiques qui paraissaient et disparaissaient dans l'eau comme tracés par l'éclair. Je m'agenouillais dans le sable humide, je me penchais sur cette lumière vacillante et fugitive; je regardais, j'écoutais de tous mes sens; mon cœur s'arrêtait, je m'imaginais que ces rayons lumineux écrivaient quelque chose pour moi; j'étais heureuse comme si je les comprenais, comme si les caractères qu'ils traçaient m'annonçaient le bonheur. Je m'en retournais par les allées longues, obscures et tortueuses, en passant devant des statues de saints étranges et immobiles; je regagnais mon lit, qui se trouvait dans la fenêtre en saillie. Là, j'ouvrais doucement la fenêtre à la lumière de la lune, et je la laissais éclairer ma poitrine. Dans ces momens heureux je me sentais étreinte par un sentiment spirituel plein de joie, par un sentiment grand, immense, qui embrassait tout. Mon cœur était comme enlacé par une puissance aimante qui s'approchait de moi pendant le sommeil et s'étendait sur tout mon être. Quel nom donner à cette puissance? — esprit de la vie? — Je ne sais. Je ne puis définir ce que j'éprouvais, mais c'était pour moi comme un événement important, et je sentais ce que doit sentir le germe lorsqu'il perce son enveloppe et arrive à la lumière. Mon esprit buvait la lumière, il me faisait voir ce que je n'avais pas vu jusqu'à présent avec les yeux du corps. Toutes les splendeurs que la nature déployait en jouant devant moi me rappelaient quelque chose de caché en moi ; je considérais les couleurs et les formes du monde des plantes d'un regard profond, content, dévorant, et il me semblait que la nourriture arrivait par ce regard à mon esprit.

Il faut se taire, il faut envelopper ce mystère d'un voile de brouillard qui ne laisse que pressentir ce qu'il cache. Oui, il faut se taire, ami! D'ailleurs, les mots savent-ils expliquer les choses? L'homme sème dans le sein de la terre, jusqu'alors stérile, et la terre pénètre de ses forces vitales le grain, ce fruit de ses propres entrailles. Si elle avait la connaissance de ses sensations, elle aurait l'esprit. Je lui compare l'esprit de l'homme. C'est une île environnée d'une atmosphère céleste ; elle vient à être défrichée, et la semence divine est confiée à ses forces sensuelles : alors ses forces se meuvent et s'élancent vers la vie de la lumière, qui est l'esprit. Le fruit de cette semence divine c'est l'intelligence qui fait croître nos forces, et ces forces nous élèvent à la félicité.

Comment expliquer que ce léger frissonnement, ce badinage des airs, de l'eau, de la lumière de la lune, semblaient me mettre en contact avec le monde des esprits? Le souffle, le bégayement de la nature pendant le silence de la nuit, est le souffle des esprits qui éveille l'intelligence et sème en elle des pensées éternelles.

Je voyais en moi quelque chose d'intérieur, de sublime, à quoi j'étais forcée de me soumettre, de tout sacrifier, et lorsque je ne le faisais pas, je me sentais violemment rejetée en dehors de la voie de l'intelligence. Aujourd'hui même je reconnais cette puissance, elle me défend toute jouissance égoïste, elle m'isole de toute prétention à la vie générale, elle m'élève au-dessus de ce monde — Il est singulier que ce que nous demandons ordinairement pour nous est juste ce qui nous prive de notre liberté. Nous voulons être liés par des liens qui nous semblaient doux, qui nous paraissaient devoir servir d'appui à notre faiblesse; nous voulons être portés, nous voulons être élevés par l'approbation, la gloire, et nous ne savons pas que nous sacrifions à ce désir, ce qui seul est digne de gloire, ce qui sert d'aliment au sublime. Quand nous nous sentons disposés à aimer nous voulons être aimés, sans penser que cette exigence chasse loin de nous le génie de l'amour. Que devient la liberté quand l'âme a des besoins et cherche à les contenter par des choses extérieures?

Demander quelque chose en dehors de nous, n'est-ce pas prouver qu'il manque quelque chose en nous? Et l'accomplissement de nos désirs ne doit-il pas être regardé comme un encouragement donné à notre faiblesse, un enchaînement de notre liberté? Le génie veut que l'âme sache supporter la privation plutôt que de dépendre de l'accomplissement d'un désir, d'une inclination, d'un besoin.

Nous devons tous être les rois de nous-mêmes. Plus l'esclave en nous est orgueilleux et indompté, plus la dignité souveraine gagnera en éclat, plus l'esprit vainqueur aura été courageux et puissant.

Qu'il est beau de voir le génie qui a des ailes, lui qui s'élève dans l'éther azuré et répand des rayons de lumière, qui tient de ses propres forces le pouvoir d'engendrer la félicité, qu'il est beau de le voir se courber, aimer, sans exiger d'amour! Oui, il est beau, il est admirable de se fondre l'un dans l'autre, dans les sphères lumineuses de l'esprit, dans la gloire de la liberté, et cela par une volonté propre et inébranlable!

L'élément terrestre repose dans l'élément céleste comme dans le sein maternel. L'amour est le sein maternel de l'esprit.

La sagesse, la connaissance de la vérité, ne demandent que de l'amour.

La vérité recherche la faveur de l'esprit de l'homme.

La justice pour tous prouve l'amour véritable pour un seul.

Plus on est universel, plus on est individuel.

L'esprit seul délivre du péché.

Veux-tu acquérir ton bien-aimé? cherche à te trouver, à t'acquérir en lui.

Quand tu aimes, tu as acquis ta nature divine, tu te possèdes en elle; quand tu n'aimes pas, tu es privé d'elle et de toi.

Lorsque tu es seul avec toi-même, tu es avec le génie.

C'est ton propre génie que tu aimes dans ton bien-aimé.

Aimer Dieu, c'est s'alimenter de Dieu. En adorant la divinité, tu donnes un festin à ton génie.

Sois toujours avec ton génie, tu seras toujours sur le droit chemin du ciel.

Acquérir un art, c'est donner au génie un corps sensible.

Avoir acquis un art ne prouve pas plus le mérite, qu'un enfant remarquable ne prouve en faveur de son père. L'âme était là, l'esprit n'a fait que la faire naître au monde sensible et visible.

Quand tu as une pensée qui t'instruit, tu dois sentir que c'est ton génie amoureux qui te caresse, t'enlace, qui veut t'inspirer la passion.

Toute vérité est intuition, et toute intuition est caresse, preuve d'un amour brûlant que te donne ton génie; il veut t'amener par là à te fondre en lui.

Quand tu aimes, c'est que ton génie a pris une forme sensible.

Dieu se fait homme dans l'objet aimé. Quelle que soit la forme que tu aimes, c'est toujours l'idéal de ta propre nature supérieure que tu aimes dans autrui.

Le véritable amour n'est pas capable d'infidélité; il cherche son bien-aimé, le génie, sous toutes les transformations.

L'esprit est une divine matière d'art, il est à l'état primitif dans la nature sensible; mais dès que Dieu l'emploie et y souffle son propre esprit, cette matière inerte se change en vie céleste.

La vie céleste est donc tout esprit, et l'erreur est la perte du ciel. Chaque vérité est un bouton que les élémens divins feront fleurir et qui portera des fruits. Recevons donc la vérité ainsi que la terre reçoit le grain, comme moyen d'élever les forces de nos sens et de les faire fleurir pour un élément plus sublime.

N'oublie pas ton génie; même au milieu de tes pensées, sois aimant pour lui, et l'abondance de l'esprit ne tarira pas pour toi.

Le véritable amour voit l'esprit dans le corps, dans la beauté sensible. La beauté, c'est l'esprit revêtu d'un corps.

L'esprit procède de l'empire sur soi-même.

L'empire sur soi-même existe, quand le génie exerce sur l'esprit la puissance, que celui qui aime accorde sur lui à celui qui est aimé.

Il y a des gens qui veulent se maîtriser, mais esprit, ruse, persévérance, font défaut à pareille œuvre. Il faut se laisser maîtriser par son génie, par sa nature idéale, c'est là le seul véritable empire sur soi-même.

On ne saurait engendrer l'esprit, on ne peut que le concevoir.

Dans tout ce qui est supérieur, tu te rencontres avec ton bien-aimé, tu es en contact avec lui.

Dans tout ce qui t'inspire, tu célèbres avec lui le mystère de l'amour.

Rien au monde ne doit te séparer de ce divin toi-même;

tout ce qui creuse un abîme entre toi et ce génie est péché.

Tout ce qui ne te sépare pas de lui n'est pas péché ; il sanctionne et le jeu, et le badinage, et la témérité ; il est la divine liberté en nous.

Celui qui s'offense de cette liberté divine ne vit pas avec son génie ; sa sagesse ne lui vient pas de l'inspiration, c'est une fausse sagesse.

Reconnaître le mal, c'est se détourner des embrassemens de l'amour idéal. Le péché ne se reflète jamais dans le regard de celui qu'on aime.

Tu bois la liberté divine dans le regard de l'amour ; la liberté divine rayonne dans le regard du génie.

Il y a une sorte de vie sauvage et naturelle qui, hantant les abîmes, ne connaît pas le génie divin, sans cependant le renier ; il y a une sorte de vie douce, cultivée, vertueuse, qui exclut le génie.

Celui qui exerce la vertu par sagesse propre, celui-là est l'esclave de son éducation étroite ; celui qui a confiance en son génie respire la liberté divine ; ses facultés embrassent toutes les régions, et partout il se retrouvera dans l'élément divin.

Souvent la nuit, au lieu de dormir, j'ai joué avec le génie ; j'étais fatiguée, mais lui me réveillait, il s'entretenait familièrement avec moi et ne me laissait pas dormir.

Ainsi me parla le démon cette nuit. Je cherchais à te faire comprendre les singulières communications que j'avais reçues pendant mon enfance, quand tout-à-coup il vint et m'inspira ces pensées ; je ne les pesai pas, j'y crus. Elles sont sans doute singulières, mais elles avaient cela de particulier, et elles l'ont encore, que je sentais qu'elles ne m'étaient pas propres, mais qu'elles m'étaient dictées.

***

Tu es bon, tu ne veux pas que je cesse ce doux bavardage. Ce que je te dis est en tous cas aussi beau et aussi compréhensible que le scintillement des étoiles; et quand ce ne serait qu'une sorte de mélodie qui se fait jour à travers mon esprit, cette mélodie est charmante et t'apprend à rêver.

Que mon bavardage t'enseigne donc à faire de beaux rêves, et que ces rêves te donnent des ailes et t'emportent à travers l'azur frais du ciel.

Que tu es beau à voir marcher sur le tapis des rêves! tu soulèves les mille voiles de l'imagination et tu deviens de plus en plus lumineux, de plus en plus toi-même, si digne d'être aimé! Alors nous nous rencontrons; ma vue te remplit d'étonnement, mais tu m'accordes d'avoir été la première à te trouver.

Dors! que tes paupières s'abaissent; laisse-moi t'enlacer doucement, comme avec ces fils qui l'été volent sur les prairies; laisse-moi t'enlacer de fils magiques qui te retiennent dans le pays des rêves. Dors! *et de dessus ton coussin moelleux écoute-moi en rêvant.*

***

C'était trois ans avant de t'avoir vu, un matin de Noël, nous allâmes de très-bonne heure à l'église; il faisait encore nuit; on portait une lanterne devant nous pour reconnaître notre chemin dans la neige. Nous passâmes devant une église de couvent déserte et en ruines. Le vent sifflait à travers les fenêtres brisées et faisait cliqueter les tuiles branlantes. « Il y a des esprits dans ces ruines, dit celui » qui portait la lanterne, il ne fait pas bon y être. » — Le soir, dans la chambre de grand'mère, pendant qu'une société aussi déserte et aussi ruinée que la vieille église faisait la partie, je me rappelai la remarque du porteur de lanterne, je pensai qu'il devait être effrayant de se trouver là-bas toute seule, et que pour tout au monde je ne voudrais pas y être. A peine eus-je fait cette réflexion que je me demandai intérieurement si je n'irais pas. Je secouai cette idée, elle revint; la timidité me gagnait, et de plus en plus je me défendais contre cette idée inexécutable; mais l'envie de l'exécuter augmentait d'instant en instant. Je résolus de lui échapper : j'allai donc m'asseoir dans un autre coin très-éclairé de l'appartement; c'était justement en face la porte d'un endroit sombre : je crus voir quelque chose me faire des signes et folâtrer dans l'obscurité; les esprits venaient, s'approchaient de moi. Je m'entortillai dans le rideau de la fenêtre, espérant me dérober à ces visions, je fermai les yeux, mais alors une voix m'invita en moi-même à aller au couvent en ruines que hantaient les esprits. Il était huit heures du soir; je me mis à réfléchir comment j'oserais aller aussi loin à cette heure indue, et faire un chemin que je n'aurais pas osé faire seule, même de jour; mais quelque chose m'attirait comme dans un cercle intime et fermé; bientôt je n'entendis plus les voix de ceux qui jouaient, que comme si elles venaient de bien loin, d'un monde étranger en dehors de moi.

Je rouvris les yeux et j'aperçus les figures singulières et énigmatiques des joueurs éclairées par la lumière des bougies; les exclamations du jeu de l'hombre me parurent des formules magiques et des exorcismes; ces braves gens, avec leurs manières d'être étranges, me semblèrent des revenans; leurs vêtemens, leurs gestes étaient inexplicables et effrayans pour moi. La vision était par trop près de moi, effrayée je me glissai dehors. Arrivée sur l'escalier de la cour, je respirai. Un pur tapis de neige était étalé à mes pieds et recouvrait toutes les inégalités du terrain; les arbres, couverts de givre, étendaient leurs branches d'argent à la clarté de la lune. Le froid me parut chaud, ami. Là rien n'était incompréhensible, rien à craindre; j'avais échappé aux mauvais esprits de l'appartement, et les bons esprits me parlaient d'autant plus intelligiblement; je n'hésitai donc pas à suivre leur invitation. Sans m'inquiéter de ce qui peut en advenir, j'escalade doucement et promptement la porte de la cour; parvenue de l'autre côté, je relève ma robe par-dessus ma tête, afin de me cacher, et me voilà arpentant la neige en sautant. Je rencontre toutes sortes de choses que j'évite, ma frayeur s'accroît de plus en plus; à la fin j'arrive, le cœur palpitant : je me retourne effarée pour regarder derrière moi, mais je n'hésite pas à m'aventurer dans les ruines. Je me fraye un chemin à travers les décombres couverts de neige; j'atteins le mur de l'église, contre lequel j'appuie ma tête. J'écoute, et j'entends les tuiles cliqueter sur le toit et le vent siffler à travers les chevrons relâchés. Ce sont les esprits, pensai-je; les voilà qui descendent! Je cherche à surmonter ma frayeur, ils planent au-dessus de moi; la peur s'apaise peu à peu. Il me semblait que j'ouvrais mon cœur à un ami que j'avais pris jusqu'alors pour un ennemi.

Lorsque je te vis pour la première fois, c'était dans l'hiver de 1807, je pâlis, je tremblai; mais quand je fus dans tes bras, sur ton cœur, je me trouvai plongée dans un repos si bienheureux, que mes paupières s'affaissèrent et que je m'endormis.

Il en est de même lorsque nous buvons le nectar, nos sens ne savent pas supporter cette liqueur; alors vient le sommeil, qui tempère le délire du bonheur et protége et répare les forces affaissées. Si nous pouvions embrasser tout ce que le moment de félicité nous offre, si nous pouvions supporter son aspect béatifiant, nous aurions la claire vue; si la puissance du bonheur pouvait se communiquer à nous, nous serions tout-puissans. Je t'en prie, s'il est vrai que tu m'aimes, ensevelis-moi dans ta pensée, puis endors mon cœur et mon esprit, car ils seraient trop faibles pour supporter leur bonheur. Le bonheur! celui qui saurait s'initier à lui comme on s'initie à un esprit frère, celui-là verrait bientôt sa nature terrestre se transfigurer en nature céleste.

Hier je reçus ta lettre; je la vis de loin sur la table, je la reconnus à son enveloppe bleue. L'ayant cachée dans mon sein, je courus à ma chambre me mettre à mon bureau; je voulais t'écrire tout ce que me dicterait mon enthousiasme à une première lecture; mais, au lieu de cela, je croisai les mains sur mon trésor, je ne pus me décider à l'ôter de dessus mon cœur brûlant. Tu le sais, je n'ai de même jamais pu m'arracher de dessus ton sein; tu fus toujours le premier à laisser tomber tes bras et à me dire:

« Maintenant, va-t'en ! » Et moi je suivais l'ordre de ta bouche. Si j'avais suivi celui de tes yeux, je serais restée auprès de toi, car tes yeux disaient : « Viens ! »

Je m'endormis en gardant mon bijou sur mon cœur, et lorsque je me réveillai je lus ces deux lignes écrites de ta main : « J'ai été autrefois aussi fou que tu es folle, à » cette époque j'étais meilleur que je ne le suis à présent. »

Écoute ! la voix publique dit de toi que tu es heureux ; on célèbre ta gloire ; on dit que les rayons de ton esprit font de ton siècle une race éthérée, qui vole et plane sur les hauteurs, et qu'un signe de toi régit ; mais on ajoute que ta fortune surpasse encore ton génie. On se trompe ; c'est toi qui es l'artisan de ta fortune, c'est toi qui la forges à coups hardis, à la façon des héros. Tout ce qui t'arrive, tout ce que tu rencontres, tu le fais entrer de force dans le monde de ton bonheur ; la douleur même, qui éveille d'ordinaire chez les hommes le découragement et la plainte, est pour toi l'aiguillon de l'inspiration ; ce qui abat les autres élève ton vol ; porté par tes ailes, tu échappes aux soucis, tu vas te désaltérer à la source divine, et le sentiment de la misère ne te flétrit pas. Tu acceptes le sort comme une nourriture de la main des dieux, et tu bois le calice des douceurs aussi bien que le calice de l'amertume avec le sentiment de ta supériorité. Tu ne te laisses pas enivrer, comme moi je me laisse enivrer dans le chemin qui me conduit vers toi, et tu ne te livrerais pas au désespoir, comme je le fais, si un abîme te séparait de ton bonheur. Le malheur n'a donc rien de commun avec toi. Tu sais composer ton bonheur de tous les événemens, quelque petits qu'ils soient, de même que la puissante nature fait fleurir jusqu'à la moindre des petites plantes et lui accorde un instant de parfum, quelques rayons de soleil jouant dans son calice.

Tu sais extraire de toutes choses la somme de félicité possible. Tu m'as donné, à moi qui suis prosternée à tes pieds, un de tes instans à remplir de bonheur; que pourrais-je désirer de plus? n'est-ce pas une tâche pour tous les jours de la vie?

**
**

Je te compare à bon droit à cette nuit d'hiver froide et aimable durant laquelle les esprits s'emparèrent de moi. Tu ne m'éclaires pas comme le soleil, mais comme mille et mille étoiles, et tous les détails mesquins, avec leurs ennuis anguleux, se fondent en masses imposantes à cette lumière.

Tu es froid, aimable, clair et calme comme la claire nuit d'hiver. Ta force d'attraction réside dans la pureté idéale avec laquelle tu reçois et tu exprimes l'amour dévoué. Tu es comme le givre de cette nuit qui couvrait les arbres, les buissons, les plus petites branches, les bourgeons des fleurs à venir d'une molle enveloppe d'argent; semblables à cette nuit où la lumière de la lune alternait avec celle des étoiles, ton intelligence et ta démonstration resplendissent de mille feux croisés; puis c'est une douce lueur qui s'étend sur vous, puis finalement tu disparais dans l'ombre. Tu revêts les sentimens d'une forme idéale, tu rends l'émotion et plus individuelle et plus charmante, et tes doux encouragemens changent la passion en génie.

Je revins de ma course nocturne les vêtemens trempés par la neige fondue; on crut que j'étais allée me promener dans le jardin. Le lendemain matin j'avais complétement oublié les événemens de la veille; ce ne fut que vers le soir, à la même heure, que je me rappelai mon aventure et la peur que j'avais eue. Je ne pus comprendre comment j'avais osé aller ainsi par un chemin désert, toute seule, au milieu de la nuit, et m'arrêter dans ce lieu effroyable et solitaire. J'étais en ce moment appuyée contre la porte de la cour, le temps n'était pas aussi doux et aussi calme que la veille; le vent mugissait, il se levait en soupirant à mes pieds et s'en allait là bas vers l'église ruinée; les peupliers du jardin se courbaient et secouaient leur fardeau de neige; les nuages chassaient rapidement au ciel; ce qui était attaché au sol se balançait et se courbait, tout le reste était emporté par le vent fougueux. — En un clin d'œil je passai la porte de la cour et j'arrivai toute essoufflée près de l'église. Que j'étais heureuse d'y être! Je m'appuyai contre le mur pour reprendre haleine. Il me semblait que mon corps et mon âme se purifiaient dans cette retraite; je sentais dans mon sein les caresses de mon génie, elles parlaient à mon esprit. — Tout ce qui nous arrive est une communication d'en haut; tout ce que nous comprenons, nous le comprenons par l'essence divine qui est en nous; quand notre esprit conçoit avec pureté et avec foi, nous sentons Dieu en nous. Lorsque pour la première fois je me trouvai devant toi, et que ton regard vint me frapper comme une baguette magique, ma volonté se changea en soumission; il ne me vint pas à l'idée de demander autre chose que de rester dans l'atmosphère lumineuse de ta présence; cette atmosphère était devenue mon élément. Hélas! souvent j'en ai été chassée, et toujours par ma faute! La tâche de ma vie serait d'y rester, mais le péché m'en bannit.

* * *

Nous atteignons le bonheur quand nous savons poursuivre avec persévérance la route que le pressentiment secret nous indique. Jamais je ne fus aussi convaincue de l'existence du bonheur que quand je sus que tu m'aimais. Qu'est-ce donc que ce bonheur? — Tu es loin, il est vrai, mais quand tu penses à ta bien-aimée, ton âme se fond dans ce souvenir et vient caresser ton amie comme les rayons du soleil caressent et réchauffent l'onde, comme les airs tièdes du printemps qui apportent au fleuve le parfum et la poussière des fleurs. Si tout dans la nature a une existence spirituelle, comme je le suppose, le fleuve sent ces attouchemens caressans, ils sont pour lui quelque chose qui lui est propre. — Pourquoi sentons-nous le printemps et ses merveilles, si ce n'est parce qu'ils donnent à notre esprit le rhythme sur lequel il doit s'élever? Ainsi, quand tu penses à moi, tu me donnes le rhythme sur lequel mon inspiration s'élèvera jusqu'à la félicité.

Oh! je le sens, ce doux frisson qui m'agite vient de ce que je sais que tu penses à moi, que mon amour accroît pour un instant le bien-être, les joies de ton existence!

* * *

Un printemps fleuri rempli du chant des oiseaux, durant

lequel le fleuve s'en va dansant au milieu des fleurs, et les cœurs vivent l'un dans l'autre, se rattache à cet hiver de vent et de neige où mon souffle se glaçait sur les boucles de mes cheveux, où je ne savais pas plus vers quel lieu la tourmente me chassait que je ne savais de quel côté venait le vent, de quel côté il s'en allait. Ah ! maintenant je le sais : mon cœur et l'aquilon se précipitaient au devant de l'avenir, c'est-à-dire au devant de toi. Voilà pourquoi j'étais si irrésistiblement arrachée à mon existence muette, et poussée à la rencontre de cet instant qui devait développer mon être dans toutes ses aspirations et le résoudre en harmonie.

***

Rien ne ressemble moins au printemps que l'hiver qui attend l'avenir sous son enveloppe de glace ; rien n'est plus étranger au germe enseveli dans la terre que la lumière du ciel, et pourtant cette lumière est le but vers lequel il tend. C'est le génie de la vie qui croit en lui et veut se marier à la lumière.

Cette inclination pour le monde des esprits, cette confiance à suivre une voix secrète, qui me conduisaient à travers des chemins singuliers, tout cela n'était autre chose que l'esprit qui m'attirait à lui, comme la lumière attire la vie.

***

Mon église déserte était assise sur un mur descendant fort bas et longeant une blanchisserie qui allait jusqu'au fleuve. Je m'étais arrêtée à considérer avec frayeur la hauteur de ce mur, j'avais le vertige, lorsque tout-à-coup, involontairement, je me trouvai de l'autre côté; m'accrochant des pieds et des mains à de petites fentes et à des pierres saillantes, j'arrivai en bas sans penser comment je ferais pour regrimper. Il y avait par terre une grande vanne, qui avait sans doute servi à porter le linge; je la roulai jusqu'au rivage, je la dressai, m'assis dedans, et regardai la rivière qui charriait. J'éprouvais un sentiment consolant et bienfaisant à contempler face à face la sublime nature d'hiver, moi, encadrée comme un tableau dans mon panier. Il me semblait que j'avais obéi à une invitation intime. Quand il s'agit de remonter, je trouvai sous mes pieds et sous mes mains tout juste autant de fentes qu'il m'en fallait. A dater de ce jour-là, ni vent ni accident, rien ne fut plus capable de m'arrêter; je surmontais toutes les difficultés : chaque soir, sans guère savoir comment, je me trouvais sur ma muraille aux esprits; je descendais, j'allais m'asseoir dans la vanne, et je regardais la rivière charrier. Une fois un gros glaçon vint s'arrêter devant moi sur le bord; sans chercher à résister aux inspirations de mon démon, je sautai dessus pleine de confiance et me laissai emporter moi et mon glaçon par le courant; ensuite je me mis à sauter sur le glaçon prochain, et ainsi de suite, jusqu'à ce que j'eusse atteint le milieu du fleuve. C'était par une merveilleuse nuit; merveilleuse, pourquoi? Toutes les fois que la nature règne en maîtresse souveraine sur l'homme, n'est-elle pas toujours merveilleuse, immense? Je m'étais abandonnée à la nature, c'est pourquoi l'instant me parut merveilleux. — A l'horizon lointain une lueur rougeâtre et jaune tempérait les ténèbres, on eût dit la lumière retenue dans les bras de la nuit. Les yeux fixés sur cette lueur, je me laissais emporter par mon embaucheur de glace, tandis que le vent, qui s'élevait à peine au-dessus de la surface du fleuve, jouait avec les plis de mes vêtemens. Je sens encore aujourd'hui la fierté royale qui soulevait ma poitrine à ces caresses flatteuses de l'air ; j'éprouve encore l'enthousiasme que j'éprouvai alors durant ce trajet nocturne, comme s'il n'y avait pas déjà six ans de cela, et comme si c'était aujourd'hui, dans ce moment que je suis assise à écrire ces aventures pour toi et en mémoire de mon amour. Je me laissai emporter un bon bout de chemin, puis, toujours involontairement, je retournai en arrière ; je passai de nouveau tranquillement d'un glaçon sur l'autre, et j'atteignis le bord. De retour à la maison, lorsque je fus dans mon lit, je cherchai à savoir où me conduirait ce chemin : il me semblait qu'il s'étendrait toujours de plus en plus et qu'il ne me ramènerait jamais en arrière ; j'étais curieuse de voir ce qui m'arriverait la nuit prochaine. Voilà que le lendemain une excursion imprévue à la ville interrompit mes pérégrinations nocturnes ; je revins au bout de trois semaines, mais le charme avait cessé, et rien au monde n'aurait pu me les faire recommencer de gaîté de cœur. Ces aimables esprits de la nuit me guidaient sans doute vers un lieu d'où l'on ne revient plus ; ils voulaient m'enseigner ainsi à suivre la sagesse, la réalité sérieuse et profonde du bonheur, et à n'estimer la joie que comme un reflet de ce bonheur ; car les hommes se trompent lorsqu'ils veulent s'arrêter éternellement aux jouissances que le sort leur présente au passage ; ils négligent ainsi de suivre le bonheur, qui marche toujours, et de se confier à lui ; ils ne pensent pas qu'il faut abandonner les jouissances pour ne pas perdre de vue la félicité et l'atteindre un jour.

**

Il n'y a d'heureux que ce qui développe en nous l'être idéal, et ce qui élève l'homme dans l'éther et lui enseigne à voler dans des régions inconnues est seul jouissance réelle. Je voudrais certainement être toujours avec toi, contempler ton visage chéri, échanger des paroles d'amour, ma joie ne tarirait jamais ; et cependant une voix secrète me dit qu'il ne serait pas digne de toi de me poser ces jouissances comme le but du bonheur. M'avancer hardiment sur l'océan éternel, voilà ce que les esprits m'ont enseigné là bas au milieu des glaces. En suivant cette route je ne te perdrai plus, car jamais tu ne retourneras en arrière, et jamais je ne te dépasserai. Le but de tout désir, c'est l'éternité.

**

La guerre fut cause du voyage que nous fîmes à la ville ; bientôt nous nous enfuîmes de nouveau à l'approche des Autrichiens et des Français ; il était à craindre que notre paradis de petite ville [1], lieu de plaisance si bien arrangé, ne fût foulé aux pieds des cavaliers guerroyant ; mais l'ennemi ne fit que traverser en fuyant les bois et les champs,

---

[1] Offenbach, où habitait Sophie Laroche, grand'mère de Bettine.

et passa de l'autre côté du fleuve. La douce paix du printemps à sa naissance régnait sur les prairies, et déjà l'herbe remplaçait la neige fondante lorsque nous revînmes à Offenbach.

Les beaux arbres vigoureux de l'allée de châtaigniers, te les rappelles-tu? Les songes de ta jeunesse ont dû y voltiger à l'envi avec la jeune couvée des rossignols; là, bien sûr, tu es venu flâner, donnant le bras à ta belle, en attendant le lever de la lune. Je ne veux pas y penser, cela me fait mal. Souvent, nous autres enfans, en passant devant cette allée, nous nous arrêtions à écouter une société de jeunes gens qui s'y rassemblaient pour chanter en s'accompagnant de la flûte et de la guitare. A cette époque je ne savais pas encore que le monde n'était pas partout aussi gracieux, qu'il n'y avait pas partout des plaisirs aussi purs que là; je n'étais donc nullement émerveillée quand, la nuit venue, les plus admirables symphonies se faisaient entendre dans le jardin du voisin. Elles étaient exécutées par un orchestre de virtuoses. Les grands arbres se chargeaient alors de mille lampions aux couleurs variées, on eût dit qu'il y en avait autant que d'étoiles au ciel. Quant à moi, j'allais chercher un sentier solitaire, j'y suivais attentivement les évolutions croisées des vers luisans; ces lueurs voltigeantes m'impressionnaient plus que l'autre illumination; je pensais la nuit à ces petites bêtes, et je me réjouissais de les retrouver le lendemain, tandis que je ne me réjouissais jamais de retrouver les humains. Ceux-là ne m'allaient guère; je ne pouvais comprendre qu'on pût s'entendre avec eux, je n'en avais même aucune idée. Souvent encore, durant les nuits d'été, l'orchestre composé d'instrumens à vent s'en allait voguant sur le Mein, accompagné d'une quantité de petites barques, d'où s'élevait à peine un faible son, tant on écoutait sérieusement la musique. Moi je me laissais balancer par les vagues, et la main plongée dans l'eau je regardais les ombres et les lueurs changeantes projetées par les lumières et les rayons de la lune. — Telle fut notre vie cet été-là; mais des scènes de guerre vinrent tout-à-coup y mettre fin, on n'eut pas même le temps de penser à se sauver. Un jour, le matin au réveil, on vient nous dire : « Vite, il faut descendre dans les » caves, la ville va être bombardée; les Français vien- » nent de s'y jeter; les *manteaux rouges* et les *têtes de » mort* arrivent de tous côtés pour les en chasser[1]! » C'étaient des rassemblemens dans toutes les rues; on se racontait que les manteaux rouges n'accordaient pas de pardon, qu'ils massacraient tout ; qu'ils avaient des moustaches effroyables, des yeux qui roulaient sans cesse, et des manteaux rouges à seu'e fin que le sang ne parût pas dessus. Peu à peu tous les volets se fermèrent, les rues devinrent désertes. Au premier boulet qui tomba dans la ville, tout le monde se sauva dans les caves; nous aussi, ma grand'-mère, ma tante, mes sœurs, une vieille cousine de quatre-vingts ans, la cuisinière, la femme de chambre et un domestique. Nous étions assis dans la cave à ne rien faire et à nous ennuyer. Nous écoutons… une bombe tombe dans la cour et éclate; cela fit diversion, mais il était à craindre que le feu ne prît. Tout ce que grand'-mère aimait en fait de

---

[1] Régimens hessois ainsi nommés de leurs uniformes rouges et des têtes de mort qu'ils portaient sur ces uniformes.

livres, d'images et de tableaux lui revint alors en esprit, elle aurait voulu avoir tout cela avec elle dans la cave ; mais le domestique démontrait comme quoi il était impossible d'aller chercher dans le salon d'en haut un lourd tableau de saint Jean, qui possédait la vertu miraculeuse de faire croire qu'il était de Raphaël. Je me glissai dehors la cave, je montai au salon, décrochai le lourd tableau, le mis sur mon dos en le tenant par sa corde, et j'arrivai dans la cave avant que le colloque fût terminé, au grand étonnement de tout le monde et à la grande joie de grand'mère. J'apportais encore la nouvelle que j'avais regardé par la fenêtre, que tout était tranquille ; en conséquence, j'obtins la permission de sauver d'autres objets : on me donna la clef de la bibliothèque, afin d'y aller prendre des ouvrages chéris de gravure; je grimpai joyeusement l'escalier. Il y avait long-temps que je désirais me glisser dans la bibliothèque, où se trouvait une collection de superbes coquillages, de pierres merveilleuses, de plantes sèches; où étaient appendus aux murs des œufs d'autruche, des noix de coco, de vieilles armes ; où il y avait une pierre aimantée, à laquelle toutes les aiguilles à coudre et à tricoter restaient suspendues, des cartons remplis de lettres, des toilettes avec des ustensiles et des parures, le tout vieux et singulier; entre autres des épingles tremblotantes avec des étoiles de différentes couleurs. Comme j'étais heureuse d'avoir la clef de ces belles choses! J'allai chercher tout ce que grand'mère voulut ; je retirai la clef sans fermer la porte, et je pensai au bonheur de passer une douce nuit solitaire à fouiller et à regarder tout cela.

— Les coups de canon avaient recommencé ; on entendait

des cavaliers isolés passer au grand galop et interrompre le silence effrayant des rues. La peur augmentait dans la cave, mais on n'en venait pas à penser que je pourrais être atteinte, ni moi non plus. Je ne dis même pas que je n'avais pas peur, je ne croyais pas courir le moindre danger; de sorte que je reçus le bel emploi de servir tout le monde, de parer à tous les besoins. J'entendais les cavaliers galoper dans des directions opposées : « Cela pour-
» rait bien être un manteau rouge! » pensai-je, et courant précipitamment à la fenêtre du rez-de-chaussée, j'ouvris le volet. Le cavalier s'était arrêté dans la rue du milieu, le sabre nu, la moustache flottante; ses longues tresses de cheveux noirs sortaient de dessous son bonnet rouge, son manteau voltigeait autour de lui lorsqu'il descendit la rue au galop. Tout redevient silencieux. — Mais voici venir un jeune homme en manches de chemise, pâle comme un mort, tête nue, couvert de sang; il court comme un désespéré de côté et d'autre, il frappe aux portes des maisons, aux volets, rien ne s'ouvre. — Le cœur me bat. — Je lui fais signe; — il ne me voit pas. — Le voilà qui vient à moi d'un air suppliant. — On entend les pas d'un cheval; il se cache dans le renfoncement de la porte de la cour; l'ennemi, qui le cherche, passe devant lui sans le voir, s'arrête un instant, regarde au loin et... part. Oh! comme chaque regard, chaque mouvement du cavalier et du cheval se sont gravés dans mon souvenir! Le pauvre poursuivi sort de sa cachette, et s'appuyant sur mon faible bras d'enfant, il saute dans la chambre. A peine y est-il que le cavalier revient; il approche, — je ne bouge pas; — il me demande de l'eau, — je cours lui en chercher à la cui-

sino. Après qu'il a bu et que je l'ai vu redescendre la rue, je ferme mon volet et je cherche mon butin sauvé. Si le manteau rouge s'était levé sur ses étriers, il aurait infailliblement découvert mon jeune homme. Celui-ci me baise en tremblant la main et murmure à voix basse : *O mon Dieu! mon Dieu*[1] *!* Je riais de plaisir, puis tout-à-coup je me mis à fondre en larmes ; j'étais tout ému d'avoir sauvé un homme, sans réflexion, sans savoir comment. — Et toi, cela ne te touche-t-il pas ? — N'es-tu pas content de voir que j'ai réussi? n'en es-tu pas plus content que de toutes les louanges que je pourrais te faire? — *Sauvez-moi ! cachez-moi !* me dit le jeune homme, *mon père et ma mère prieront pour vous !* Je le pris par la main et le conduisis sans mot dire de l'autre côté de la cour, dans le bûcher. Là je visitai ses plaies ; je ne pouvais les laver, je n'avais pas d'eau, et nulle envie d'en aller chercher. Le voisin André, que tu te rappelles sans doute, était monté avec plusieurs de ses amis à son observatoire pour voir le combat, il aurait pu m'apercevoir. Je ne trouvai qu'un moyen, celui de lécher le sang du blessé, car il me semblait indiscret de le laver avec ma salive ; il me laissa faire. J'écartai doucement les cheveux qui s'étaient collés sur la plaie. Tout-à-coup une poule s'élança en volant du haut d'une pile de bois ; nous l'avions effarouchée ; je grimpai vers l'endroit d'où elle s'était levée et où elle avait l'habitude de faire ses œufs ; j'allai prendre l'œuf qu'elle venait de pondre, et je mis la peau intérieure sur la blessure. J'espère que cela l'aura guérie. — Je courus alors bien

---

[1] Les mots en lettres italiques sont en français dans l'original.

vite dans la cave : l'une de mes sœurs dormait, l'autre priait Dieu par peur, grand'mère écrivait son testament ; ma tante avait préparé le thé. On me donna la clef de la salle à manger, afin d'aller prendre du vin et de la viande froide. Je pensai à l'estomac de mon pauvre prisonnier, et je lui portai du vin et du pain. — La journée se passa, et avec elle le danger ; on sortit de la cave. Mon secret commençait à m'oppresser. J'épiais tous les mouvemens des domestiques ; j'aidais la cuisinière, j'allais lui chercher l'eau et le bois dont elle avait besoin, sous prétexte qu'il pouvait y avoir encore du danger à traverser la cour ; elle se laissait faire. Enfin la nuit arriva. Le voisin étant venu dire qu'il n'y avait rien à craindre pour le moment, on alla se reposer, ce dont on avait grand besoin. Je couchais dans une chambre à côté de celle de grand'mère ; de là je pouvais voir le bûcher, qui était éclairé par la lune ; je combinai à l'instant mon plan. D'abord il fallait se procurer des vêtemens capables de déguiser le soldat ; quel bonheur d'avoir laissé la bibliothèque ouverte ! il y avait dedans un vêtement de chasse avec son bonnet ; de quelle coupe, de quel temps, de quelle mode, je l'ignorais. Chaussée seulement de mes bas, je glissai comme un esprit devant la chambre de ma tante, j'allai prendre le vêtement, je le descendis en le tenant élevé, afin que les boutons ne battissent à terre ; il seyait à ravir au prisonnier, c'est Dieu qui l'avait taillé pour lui ; et le bonnet donc ! N'ayant aucune occasion de le dépenser, j'avais l'habitude de fourrer l'argent qu'on me donnait dans le coussin d'une chaise de cuir ; je fouillai la chaise, et j'y trouvai une somme assez rondelette, que je donnai à mon sauvé; puis je le conduisis à travers le jardin parfumé, éclairé par la lune. Nous marchions lentement en nous tenant par la main ; nous atteignîmes le rideau de peupliers, près de la charmille d'églantier, où tous les ans le rossignol venait faire son nid ; c'était justement le temps de la couvée ; il n'y avait pas moyen, il fallut le déranger cette année. Au moment de me quitter, le jeune homme me prit dans ses bras, m'éleva jusqu'à lui, et laissant tomber son bonnet, posa sa tête bandée sur mon sein. Que pouvais-je faire ? Mes bras étaient libres, je les joignis sur sa tête et je priai. Il m'embrassa, grimpa par-dessus la charmille, et descendit dans un jardin qui allait jusqu'au bord du Mein, et d'où il lui était facile de passer de l'autre côté du fleuve, car il s'y trouvait toujours des barques amarrées.

Il y a des expériences inattendues, qu'on oublie comme si on ne les avait jamais eues ; mais, qu'elles viennent à sortir un jour du puits de la mémoire, et on comprend tout-à-coup leur signification. Il semble qu'il faille avoir vécu pour apprendre à sentir leur importance. Il y a d'autres événemens sur lesquels on s'arrête avec enthousiasme, et qui pourtant finissent par s'écouler indifféremment comme de l'eau. — Lorsque tu me demandas, qui m'avait donné le premier baiser dont je me ressouvenais, ma pensée se mit à errer de côté et d'autre comme la navette d'un tisserand, jusqu'à ce que l'image du jeune homme sauvé vint se dessiner nettement dans ma mémoire, et ce n'est que maintenant, à cet écho pour ainsi dire du sentiment, que je m'aperçois des traces profondes que ce baiser laissa en moi. — Il y a des pensées qui, comme des lueurs passagères, donnent un instant le sentiment de la clarté, puis s'évanouissent; je crois, malgré cela, qu'elles sont éternelles, et qu'elles reviennent alors que notre force morale s'élève de nouveau à la hauteur à laquelle il faut atteindre pour en jouir. Je crois qu'entrer en jugement avec nous-mêmes, ou, si tu aimes mieux, déclarer la guerre à toutes les puissances, est le seul moyen d'acquérir des pensées élevées. Il y a dans l'esprit une espèce de racaille qui pèse incessamment sur les facultés inspiratrices, et s'étend et se multiplie; les prétentions extérieures appartiennent à cette engeance : quiconque attend quelque chose du dehors n'arrivera à rien dans son for intérieur. Les mêmes instincts qui déployés à l'extérieur, mènent au péché, concentrés à l'intérieur, se changent en vertus. — Le même sentiment qui mis en contact avec la superficie de la vie, se fait vanité, gardé et cultivé à l'intérieur devient une humble soumission à la beauté. De cette manière, tout défaut pourrait bien n'être qu'un instinct qui se trompe de route pour arriver à se satisfaire. Prétentions, instincts, passions, tout doit être satisfait, mais seulement par ce qui est divin, et devenir ainsi, non pas les esclaves de la nature terrestre, mais bien de la nature supérieure en nous.

Quand je m'élève au-dessus de moi et de mes actions, il me vient à l'instant même des pensées qui, je le sens, tiennent à un phénomène particulier. Il m'arrive alors ce qui arrive aux plantes quand elles fleurissent, leur suc nourricier se transforme, se spiritualise; il ne se manifeste plus seulement et matériellement par la vie végétative de la plante, mais spirituellement par le parfum qu'elle exhale. C'est ainsi que mes pensées se transforment quand, faisant la paix avec moi-même, j'accepte le sommeil comme une sorte de réconciliation. Hier, avant de m'endormir, je sentis comme si le moi intérieur m'avait accueillie avec amour, je m'endormis, et la paix descendit au fond de mon âme. De temps en temps je me réveillais; il me venait des pensées, que j'écrivais à l'instant même au crayon, sans les développer, sans peser leur sens, sans même les comprendre tout-à-fait; puis je me rendormais, mais bientôt je me réveillais de nouveau. Ces pensées étaient comme des exclamations de mon âme pleine du sentiment de son bien-être. Je vais les copier comme elles me sont venues. Je ne veux en chercher ni le sens ni le mérite; ce que je veux uniquement, c'est constater ici, que l'esprit agit même pendant le sommeil. Je crois que toute action a des suites immenses; que la vérité seule nous donne des jouissances, que par conséquent toute jouissance a une vérité pour base, et que toute jouissance peut se légitimer par la vérité même qui l'a produite.

Je crois que les pressentimens ne sont que les reflets de la vérité.

L'esprit est un œil; mieux il voit, plus le pressentiment est clair, plus la vérité se reflète purement dans le sentiment. La pluralité doit conduire à l'unité; le miroir réunit tous les rayons en un seul rayon.

La philosophie est le symbole de la passion entre Dieu et l'homme.

L'amour est une métamorphose de la divinité.

Toute pensée est la fleur d'une plante, mais quel en sera alors le fruit? — L'action que cette pensée a sur nous.

Il faut être innocent pour s'élever à penser au véritable

esprit. L'esprit ne s'entretient qu'avec l'innocente Psyché.

L'esprit rétablit l'innocence malade; goûter du fruit de l'esprit redonne l'innocence.

L'apparition sensible n'est qu'un symbole de la spiritualité, c'est le miroir d'une vérité qui n'est pas encore du domaine de l'expérience intellectuelle.

L'expérience intellectuelle seule est vraiment la vie. Quand nous sommes possesseurs de la vérité spirituelle, l'apparition sensible devient inutile.

Toute apparition sensible est d'abord incomprise; dès qu'elle est comprise, elle devient intellectuelle.

Le développement intellectuel n'a lieu qu'au milieu de grandes souffrances, ce qui prouve combien l'esprit est lié à la matière.

Souvent l'esprit vient à mourir, cette mort est un péché; mais bientôt il ressuscite à la vie. La résurrection d'entre les morts fait souffrir.

L'esprit est magicien, il peut tout. Tu parais, quand le cœur plein d'amour je t'évoque.

Qu'est-ce que le pouvoir magique? C'est faire valoir la vérité du sentiment.

L'aspiration a toujours raison, mais souvent l'homme la méconnaît.

L'homme a pris un corps pour arriver par lui à la vérité. L'élément terrestre est là pour que l'élément divin se manifeste en lui.

L'action de la nature n'est que l'instinct de suivre la vérité.

La vérité n'a pas de corps, mais la vie sensible est la trace de son chemin.

Souvent j'éprouve le désir de me détourner de toi tel que je te connais en réalité, et d'en appeler au mystère divin de ton existence ; alors je sens que toutes mes affections diverses se résument en une seule et unique affection.

Bien sûr l'amour est l'instinct d'une communauté plus sublime, d'une seule et même nature divine avec le bien-aimé; c'est pourquoi il exclut toute autre affection.

Dès que nous acquérons la conviction qu'il y a un œil intérieur qui nous regarde incessamment, nous faisons tout notre possible pour plaire à ce regard, car nous nous sentons flattés d'avoir un témoin de la beauté de nos actions secrètes.

L'envie de bien agir n'est autre chose que l'envie de paraître aimable au regard intérieur. Le désir de la gloire, du succès, n'est qu'une satisfaction mensongère donnée à cette envie innée, indestructible, car son origine est divine. — A quoi servent la pompe extérieure, les applaudissemens de la foule ignorante, véritable prestidigitation, si nous nous sentons incapables de soutenir le regard du génie intérieur, si nous ne sommes pas beaux devant lui? Je ne veux vivre que pour ma beauté intérieure, je ne veux prodiguer mes hommages qu'à elle seule, car elle est l'essence de mon bien-aimé.

Dès que nous savons transcrire le regard de l'œil intérieur, nous avons l'art et la science.

Toute science doit s'élever à la hauteur de l'art; elle doit en arriver à imiter la nature avec autant d'innocence que l'art de la forme sait l'imiter ; alors elle devient le miroir de la vérité, l'image dans laquelle nous reconnaissons cette vérité.

Penser, c'est imiter la vérité; mais ce n'est pas la vérité elle-même, celle-ci n'a pas de corps, elle n'est qu'un phénomène.

Cherche la vérité dans ton for intérieur, tu auras l'avantage de la trouver et de te résoudre en elle.

Tu as sans doute observé en toi-même une espèce de mouvement qui ressemble au mouvement de l'eau; ce n'est rien qu'un entraînement vers la vérité, une envie de se résoudre et de se perdre en elle.

Toute existence se résout, se transforme en une vérité supérieure; s'il en était autrement, ce serait la mort.

La beauté ne meurt pas, elle est esprit.

Tout ce qui n'est pas harmonie est mensonge.

Lorsque tu vas dormir, confie-toi à la lune intérieure, dors au clair de lune de ta nature propre; cela nourrit et fait croître l'homme, comme la clarté de la lune nourrit et fait croître la plante.

Il n'y a pas de mort pour celui qui soumet son esprit à la nature.

Il faut que l'esprit devienne assez puissant pour ne pas sentir la mort du corps.

L'esprit n'a pas besoin de penser pour atteindre à la puissance, il ne lui faut pour cela que la pureté de la volonté.

Ne voir que soi en toutes choses, avoir une volonté pure et précise, voilà ce qui conduit l'esprit à la puissance.

Le sommeil doit être goûté de manière à devenir un baume spirituel.

Peut-être hérite-t-on des richesses spirituelles comme on hérite des richesses terrestres; peut-être les esprits par-

tagent-ils leurs facultés entre leur postérité. « Je recon-
» nais à telle pensée de quel esprit tu es fils ! » Ce proverbe
confirme mon observation.

Le génie seul sait rétablir les atteintes portées à l'innocence. Oh! viens, génie, réconcilie-toi avec moi.

Ici je tombai dans un sommeil plus profond. — Le matin je trouvai ce que j'avais écrit la nuit ; je me le rappe-
lais à peine, mais je me rappelai clairement le bien-être de
la nuit, et une sensation qui devait ressembler à celle de
l'enfant quand on le berce, puis je pensai que je voudrais
souvent rêver ainsi. —

Maintenant je vais te raconter l'histoire de mon second
baiser, qui suivit de très-près le premier. Tu vas sans doute
penser que ta belle était bien vite devenue étourdie? Oui,
cette fois-là, j'ai été vraiment étourdie, et de plus avec
un de tes amis. Un jour, on sonne, je me précipite à la
porte de la maison pour ouvrir; il entre un homme habillé de noir, à l'air sérieux, aux yeux un peu échauffés.
Avant de se nommer ou de dire ce qu'il veut, il m'embrasse; avant de réfléchir, je lui donne un soufflet,
alors seulement je le regarde avec fureur ; mais sa figure
est bienveillante, il ne semble ni effrayé ni irrité. Pour
cacher mon embarras, car je ne sais plus si j'ai bien ou
mal agi, j'ouvre vite la porte des appartemens de grand'-
mère; là ma surprise se change en effroi, lorsque
j'entends grand'mère s'écrier avec enthousiasme : « Est-
ce possible? Herder! mon Herder[1]! comment votre

---

[1] Jean Godefroy Herder naquit en Prusse, en 1744. Il était fils d'un
pauvre instituteur, et reçut une éducation plus que médiocre; son père

» chemin vous a-t-il conduit vers mon réduit ? Laissez-moi
» vous embrasser mille fois ! » Et ici survinrent les mille

ne lui permettait que la lecture de la Bible et celle du livre de cantiques. Devenu scribe d'un pasteur, le jeune Herder montra tant de dispositions, que celui-ci lui permit d'assister aux leçons qu'il donnait à ses enfants. Plus tard un médecin l'emmena à Kœnigsberg ; là il s'appliqua à l'étude de la théologie. Ayant fait la connaissance de Kant, il suivit ses cours de philosophie, mais il ne fut jamais son disciple bien fervent. L'élévation de la morale de Herder, ses connaissances profondes, l'estime qui s'attachait à son noble caractère, le firent appeler en 1764 à Riga, où il fut nommé pasteur et directeur d'une école. Bientôt son éloquence excita l'enthousiasme général. Catherine de Russie lui offrit une place avantageuse à Saint-Pétersbourg. Mais Herder était possédé du désir de voir la France ; il refusa donc l'offre de l'impératrice, et quitta même Riga. Mais arrivé à Strasbourg, une grave maladie des yeux, à laquelle il fut plusieurs fois sujet, le força de renoncer à son projet favori. C'est à Strasbourg qu'il se lia d'amitié avec Gœthe, et de cette époque date la grande influence qu'il exerça toujours sur le poète. Herder avait déjà publié plusieurs ouvrages sur la littérature allemande, lorsqu'il fut appelé à Weimar, par la duchesse Amélie, pour y exercer les triples fonctions de prédicateur de la cour, de surintendant et conseiller de consistoire. Il s'y rendit en 1776, et signala sa carrière administrative par des améliorations importantes dans l'instruction, et dans les établissements d'utilité publique ; son influence s'étendit même sur les affaires politiques. En revanche le grand homme eut l'insigne honneur d'être nommé président du consistoire, place réservée aux nobles. Il mourut en 1803, à l'âge de soixante et un ans. Les ouvrages de Herder sont nombreux : la théologie, la philosophie, l'histoire, la critique littéraire, l'histoire naturelle, l'archéologie, la poésie, son intelligence embrassa tout, avec un enthousiasme, une exaltation qui se reflètent dans ses œuvres et leur donnent une force entraînante peu ordinaire. Admirateur passionné du beau dans tous les genres, Herder préconisa tout à la fois l'antiquité classique et la littérature romantique de l'Angleterre et de l'Espagne. Ce fut lui qui remit en honneur le chant populaire, oublié ou plutôt méprisé par les beaux esprits littéraires. Son recueil de *Chants populaires*, ou *Voix des peuples*, a beaucoup contribué à changer le caractère de la poésie lyrique allemande. Le grand ouvrage de Herder, *Idées sur la philosophie de* embrassades, pendant lesquelles je cherchai à m'esquiver, espérant et souhaitant que ce débordement de caresses pût engloutir et faire oublier l'embrassade à laquelle j'avais répondu par un soufflet. Mais il n'en fut pas ainsi; Herder n'oublia ni le baiser ni le soufflet : sur le cœur de grand'mère, entouré de ses bras, il regardait à la dérobée la petite-fille et semblait lui faire des reproches supplians. Je le compris tout de suite, et lui fis à mon tour comprendre qu'il eût à ne pas me dénoncer, sinon je me vengerais; puis je me glissai dans l'antichambre. Mais Herder n'avait plus de dévotion pour grand'mère, pour ses souvenirs de Suisse, ses citations des lettres de Julie Bondeli [1], pour ses phrases louangeuses et emphatiques, pour ses discours sur les choses savantes. Il lui demanda à voir ses petites-filles; nous lui fûmes en conséquence toutes trois solennellement présentées, et grand'mère de nous exalter le bonheur de le voir et de recevoir sa bénédiction. Il ne se la fit pas long-temps demander : s'avançant rapidement vers moi, il posa sa main sur ma tête, et tandis que je le regardais en-dessous avec menace, il dit lentement : « Celle-ci paraît » très-indépendante de caractère; si Dieu lui a dévolu cette » qualité comme instrument de bonheur, qu'elle s'en

---

l'*histoire de l'humanité*, est connu en France par la belle traduction de M. Edgar Quinet, digne début de la brillante carrière littéraire de cet écrivain. Cet ouvrage, malgré les justes critiques qu'il doit soulever, n'en restera pas moins l'un des plus beaux et surtout des plus nobles monumens de la littérature du commencement du siècle, de cette généreuse époque dont l'Allemagne littéraire semble vouloir s'éloigner de plus en plus.

(*Note du traducteur.*)

[1] Amie de J. J. Rousseau et de Wieland.

» serve sans crainte, que tout le monde plie sous sa vo-
» lonté et que personne ne pense jamais à l'en faire
» changer. » Grand'mère fut passablement surprise de cette
singulière bénédiction, et plus encore de ce que Herder ne
bénit même pas mes sœurs, qui étaient ses favorites à elle.
On nous congédia en nous envoyant au jardin. Nous portions ce jour-là des ceintures de soie chinées bleues
et blanches et nouées par derrière; elles formaient sur le
dos des nœuds qui, ouverts, avaient bien une demi-aune
de large, et ressemblaient assez à des espèces d'ailes de
papillon. Pendant que j'étais occupée à travailler à mon
parterre, quelqu'un me saisit par ces nœuds; c'était
Herder : « Vois-tu, petite Psyché, au moyen des ailes,
» quand on sait s'en servir à propos, on jouit de la li-
» berté, mais c'est par les ailes aussi qu'on est attra-
» pée. Que me donneras-tu pour que je te relâche? » —
Il demanda un baiser; je m'inclinai et l'embrassai sans
faire la plus petite observation.

Le baiser du Français sauvé était en parfaite harmonie
avec mon propre sentiment, j'allai donc à sa rencontre,
pourtant je l'oubliai à l'instant même, et ce n'est qu'aujourd'hui, six ans après, que je me le rappelle comme une
chose nouvelle; le baiser de Herder fut pris sans ma volonté, et même plutôt mal reçu, pourtant je ne l'ai pas
oublié. Dans les premiers temps, l'impression qu'il m'avait
faite m'était toujours présente, elle me poursuivait jusque
dans mes rêves : tantôt c'était comme si j'avais donné quelque chose contre mon gré, tantôt j'étais toute surprise de
ce que ce grand homme si important m'avait demandé un
baiser avec tant d'instance; c'était pour moi une énigme.

Herder me regarda d'une manière si solennelle après m'avoir embrassée, que j'en eus le frisson ; cependant le mystérieux nom de Psyché, dont je ne comprenais pas le sens, me réconcilia en quelque sorte avec lui ; et comme il arrive souvent de certaines choses, qui passent inaperçues pour bien des gens et impressionnent profondément une seule personne, ce nom incompris de Psyché devint pour moi un talisman qui m'introduisit dans un monde invisible où je me crus connue sous ce nom.

C'est ainsi que l'amour m'enseigna l'A, B, C ; et assise sous le berceau de chèvrefeuille où les araignées tendaient des piéges au peuple des insectes, la petite Psyché ailée soupirait sur ces leçons problématiques.

O Seigneur ! — Au commencement de l'année le soleil est doux, il caresse les jeunes pousses, il fend les bourgeons ; quand une fois le bouton s'est ouvert, il ne peut plus se refermer et retourner à son obscurité première ; et bientôt la fleur se fane et tombe en sacrifice à ce rayon brûlant qui l'attira à lui.

TROISIÈME BAISER.

Ce fut le duc d'Aremberg[1], le bel aveugle dont les traits portaient si bien l'empreinte de la sainte légitimité, qui voulut me donner ce troisième baiser, bien malgré moi, car j'étais semblable à la fleur qui se balance au vent et

[1] Louis, duc d'Aremberg, de la maison de Ligne, renonça à la souveraineté en 1803, en faveur de son fils, le duc actuel. Il mourut en 1820.

autour de laquelle le papillon voltige en vain. Je vais te raconter cette aventure, et pour te la peindre je me servirai de la boîte à couleurs de l'enfant, de ces couleurs tranchées avec lesquelles j'enluminais alors mon monde à moi.

Le duc était bien beau! — il paraissait surtout beau aux grands yeux ouverts de l'enfant qui n'avait jamais vu de visage humain dont les traits respirassent l'esprit. Durant les longues heures qu'il passait auprès de ma grand'mère à se faire raconter des histoires, je me tenais devant lui et je le regardais fixement; j'étais plongée dans la contemplation de ces traits fins et nobles que n'a jamais l'homme vulgaire.

Son front était pur et large; on y voyait la trace de l'indignation, de la sainte colère; son nez, grand, haut, semblait défier le sort; ses lèvres minces, entr'ouvertes, qui exprimaient si bien le commandement et la fierté du souverain, aspiraient l'air et expiraient la mélancolie; le contour de ses tempes se reliait doucement à celui de ses joues, qui à son tour descendait sans interruption et se terminait en un menton recourbé; on eût dit le casque renversé de Minerve, tant l'ovale de sa figure était purement coulé. — O Goëthe! laisse-moi puiser dans la boîte à couleurs de mon enfance, vois comme le portrait devient beau! Le peintre philosophe évite les tons crus et tranchés, moi je les recherche. Et toi qui souris à l'enfant aussi bien qu'aux étoiles, toi dont l'enthousiasme est tout à la fois naïf et prophétique, regarde avec plaisir les couleurs variées et tranchées de mon imagination.

Tel il était, le beau duc aveugle, tel il est encore dans le miroir magique du souvenir qui a retenu toutes les images de ma jeunesse, images que je coordonne et que je dépose en guise de perles à tes pieds. Souvent il semblait ployer sous le poids de sa jeunesse passée dans la cécité; mais tout-à-coup il se redressait fièrement, il souriait avec sérénité, dédain et ironie tout ensemble, et il levait son regard éteint vers le ciel. Et moi j'étais là, immobile, à le contempler, comme le berger qui, oubliant son chien et son troupeau, s'arrête à contempler Prométhée abandonné du monde et attaché sur le rocher solitaire. J'étais abîmée dans cette contemplation, et j'aspirais la pure rosée que la muse tragique laisse quelquefois tomber de son urne afin de rabattre la poussière de la trivialité. — Dans sa vingtième année, alors qu'il était dans tout l'orgueil brûlant, exalté, de la jeunesse, qu'il avait acquis la conscience de sa beauté et qu'il pressentait déjà tout le pouvoir qu'elle allait exercer, un jour de chasse, il sauta par-dessus une table dressée, entraînant avec ses éperons nappes, surtout, service magnifique, tout cela pour aller se jeter au cou de son meilleur ami et lui raconter mille aventures. Ils se séparèrent à la chasse, et le premier coup de fusil que tira cet ami porta dans les deux yeux du duc!

Je n'ai jamais plaint le duc, je n'ai même jamais eu la conscience de son malheur. Quand je le vis, il me sembla sans défaut, parfaitement identifié à son sort, et lorsque les autres disaient: « Quel dommage! qu'il est triste que le » duc soit aveugle! » je ne trouvais pas cela, je pensais au contraire: « Quel dommage que vous ne soyez pas tous aveu- » gles, pour ne pas avoir à comparer la trivialité de vos » traits avec la noblesse des siens! » Oui, Goëthe, la beauté, c'est le regard de Dieu qui se fixe avec complaisance sur quelque chose, et si le duc ne voyait pas, il était en rapport avec la lumière divine; était-ce un sort si amer?

Quand, plongée dans mes réflexions, j'étais à ses côtés à soupirer avec lui, il demandait : « *Qui est là ? Bet-* » *tine ! amie, viens que je touche tes traits pour les ap-* » *prendre par cœur*[1] ! » Alors il m'attirait sur ses genoux, promenait ses doigts sur mon front, mon nez et mes lèvres, et me disait de belles choses à propos de mes traits, de la couleur de mes yeux, comme s'il avait pu la voir. Un jour j'allais avec lui de Francfort à Offenbach, chez grand'mère; j'étais assise à côté de lui dans la voiture; il me demanda si nous étions encore en ville, s'il y avait encore des maisons et du monde. Je lui dis que non, que nous étions dans la campagne. A l'instant même sa figure changea d'expression; il étendit la main pour me saisir et m'attirer sur son cœur. J'eus peur; prompte comme l'éclair, je m'arrache à l'étreinte de ses bras et je m'accroupis dans le coin de la voiture. Il me cherchait, moi je riais de voir qu'il ne pouvait me trouver. *Ton cœur est-il si méchant, pour mépriser, pour se jouer d'un pauvre aveugle?* J'eus peur de faire un péché de malice, je me remis donc à côté de lui et le laissai me prendre dans ses bras, me serrer avec force contre son cœur; seulement je détournais mon visage et je lui présentais la joue chaque fois qu'il cherchait mes lèvres. Il me demanda si j'avais un confesseur, et si j'irais lui dire qu'il m'avait embrassée. Je répondis avec une naïveté maligne que s'il croyait que cela fasse plaisir à mon

---

[1] Les mots en lettres italiques sont en français dans l'original.

confesseur, je le lui dirais. « *Non, mon amie, cela ne lui* » *plaira pas, il n'en faut rien dire, cela ne lui plaira* » *absolument pas ; n'en dites rien à personne.* » Arrivée à Offenbach, je racontai tout cela à grand'mère ; elle me regarda et me dit : « Mon enfant, homme aveugle, homme » malheureux. » En nous en retournant à Francfort, le duc me demanda si j'avais dit à grand'mère qu'il m'avait embrassée : « *Oui*, répondis-je. — *Et grand'mère s'est-* » *elle fâchée ? — Non. — Eh bien ! est-ce qu'elle n'a rien* » *dit ? — Oui. — Et quoi ?* — Homme aveugle, homme » malheureux. — Oh ! oui, s'écria-t-il, *elle a bien raison ;* » *homme aveugle, homme malheureux !* » et il répéta plusieurs fois cette exclamation ; puis il poussa un cri perçant qui me traversa le cœur ; mais mes yeux restèrent secs, tandis que des larmes s'échappèrent de ses yeux éteints. Depuis ce jour-là j'ai élevé au duc un monument dans mon cœur.

***

Nous avions un joli jardin, la régularité et la propreté en étaient les principaux ornemens. Des deux côtés s'étendaient des espaliers couverts de fruits étrangers ; dans l'allée du milieu des arbres s'élançaient droits et sans défauts, laissant leurs branches déliées pendre à terre chargées de fruits. Ce jardin était silencieux comme un temple. De chaque côté de l'entrée se trouvaient deux étangs de même grandeur, au milieu desquels s'élevaient des îles couvertes de fleurs ; enfin de hauts peupliers l'entouraient et mêlaient leurs cimes aux arbres des jardins environnans. Tu vois comme tout cela était simple, comme je devais m'y trouver à l'aise pour y apprendre à te connaître.

Pourquoi suis-je émue quand je pense à la pluie de semence floconneuse des peupliers, aux enveloppes brunes des boutons qui tombaient sur moi, alors que tranquillement assise à l'heure de midi, j'épiais les efforts de la vigne à s'entrelacer, que les rayons du soleil m'inondaient, que les abeilles bourdonnaient autour de moi, que les mouches volaient de tous côtés, que l'araignée attachait sa toile au treillage de la tonnelle? — C'est que ce fut durant ces heures-là que j'appris à te connaître. — J'écoutais, j'entendais au loin le bruit du monde, et je pensais : Tu es en dehors de ce monde, mais avec qui es-tu? — Qui est près de toi? — J'avais beau chercher, penser, rien ne m'appartenait ni de loin ni de près; je ne pouvais rien imaginer qui pût être à moi. Tout d'un coup, par hasard, ou bien peut-être était-ce écrit dans le ciel, tu m'apparus. Je t'avais toujours entendu blâmer; on avait dit en ma présence : Goëthe n'est plus comme autrefois, il est devenu fier et orgueilleux; il ne connaît plus ses anciens amis; sa beauté a bien diminué, il n'a plus son air noble. Ma tante et ma grand'mère ajoutaient à cela maintes choses à ton désavantage. Je n'avais écouté ces propos que pour les oublier, car je ne savais pas qui tu étais. — Dans la solitude du jardin, au milieu d'un silence complet, sous les arbres en fleurs, ces discours me revinrent un jour à la mémoire; je vis en esprit que ceux qui voulaient te juger avaient tort; je me dis : Non, il n'a pas perdu sa beauté, il est noble; il n'est pas fier; il n'est dédaigneux que pour le monde qui s'agite là bas, mais il est aimable pour moi. Et il me semblait que tu m'aimais, que tu m'entourais de tes bras et que tu m'isolais de l'univers. Quant à moi, mon cœur te suivait, et je m'entretenais avec toi en pensée. Alors je devins jalouse. Lorsqu'on parlait de toi ou qu'on prononçait seulement ton nom, c'était comme si l'on t'appelait pour te faire sortir de mon cœur. Goëthe, n'oublie pas comment j'ai appris à t'aimer; n'oublie pas que je ne savais rien de toi, sinon le mal qu'on avait dit de toi en ma présence. Ma tante prétendait que tu étais un esprit fort, que tu ne croyais pas au diable; à l'instant même je ne crus plus au diable, et je t'appartins tout entière, et je t'aimai sans savoir que tu étais le poëte dont le monde dit de si grandes choses et en attend de si grandes encore. Je ne sus cela que plus tard; alors, encore une fois, je ne savais qu'une chose, c'est que le monde te blâmait et que mon cœur disait : Non, il est plus grand et plus beau que tout ce monde! Depuis lors jusqu'à cette heure, je t'ai aimé d'un amour brûlant et j'ai défié l'univers, me détournant de quiconque parlait de toi. Mais quand il fallut enfin m'initier à ta splendeur, de grandes douleurs déchirèrent mon cœur; j'appuyais en pleurant mon visage sur celui de tes ouvrages que j'eus le premier entre les mains, c'était *Wilhelm Meister*; mon frère Clément me l'avait apporté. J'attendis à être seule pour ouvrir ce livre : en y voyant ton nom, je crus te voir toi-même. Là, sur le banc de gazon, où peu de jours auparavant j'avais pensé à toi, où mon cœur t'avait pris sous sa protection, un monde nouveau créé par toi s'ouvrit tout-à-coup à mes yeux. Bientôt je vis Mignon parler à son ami, et celui-ci s'intéresser à elle. Je sentis alors la présence. Je posai ma main sur le livre ; il me sembla que j'étais devant toi et que je touchais ta main. Chaque fois que j'étais seule avec ce livre, tout devenait silencieux et solennel. Les jours s'écoulèrent, je te restai fidèle ; je ne cherchai même plus par quoi combler mon temps. Tes chants furent les premiers que j'appris à connaitre. Oh! comme tu m'as richement récompensée de mon amour pour toi! comme j'étais surprise et saisie par la beauté du rhythme et du contenu, quoique je ne comprisse pas alors tout-à-fait ce dernier! Et quand enfin je le compris, que n'ai-je pas éprouvé! Souvent ces chants excitaient ma jalousie ; souvent aussi je pensais que c'était moi que tu chantais, et j'étais heureuse. — Et en effet, pourquoi n'aurais-je pas rêvé ce bonheur? La réalité est-elle au-dessus du rêve? Jamais tu ne trouveras dans le sein du bonheur désiré ce que tu avais rêvé. — Des années s'écoulent dans l'affection, sans que jamais notre véritable nature intime ose se montrer à celui qu'elle aime telle qu'elle est ; un seul moment d'abandon naturel briserait l'amitié et l'amour. Ce qui rend la source de l'amour éternelle, intarissable, c'est qu'elle roule le mystère dans ses ondes limpides ; et il est de l'essence intime de l'esprit, de son aspiration, de se poser sans cesse des énigmes.—Je rêve, mon ami, et la sagesse n'a pas de préceptes qui m'impressionnent autant, qui sachent si bien m'inspirer que ces rêves ; car ils ne sont pas bâtis sur l'erreur, mais sur le besoin sacré de l'amour.—Sans comprendre tes livres à la première lecture, le son, le rhythme, le choix des mots, toutes choses imprégnées de ton esprit, m'entraînaient irrésistiblement ; j'avouerai même que tu m'occupais trop exclusivement pour que les sujets de tes poésies eussent pu se glisser entre toi et moi. Personne ne m'avait dit : Il est le plus grand parmi les hommes, le seul de son genre; j'appris tout cela moi-même, peu à peu, par tes livres. Que souvent je me sentais confuse devant tes inspirations puissantes! Alors je me plaçais devant la glace, et je me disais : « Il ne te connaît pas, il écoute d'autres » cloches qui l'appellent de tous côtés; il est gai et se- » rein; l'être qui est dans ce moment avec lui est son fa- » vori. Pauvre enfant, son cœur ne te nomme jamais! » Et mes larmes coulaient; mais bientôt je me consolais, mon amour me pénétrait de respect comme s'il eût été quelque chose de sublime. Oui, il y a en nous un être intérieur auquel nous devons toujours obéir; c'est à lui seul que nous devons élever des autels, à lui seul que nous devons sacrifier; il ne faut rien faire sans lui, et n'éprouver de bonheur qu'en lui.

C'est en écoutant cette voix intérieure que je t'ai aimé. J'étais aveugle et sourde pour tout autre chose; je ne célébrais avec le monde ni les fêtes du printemps ni celles de l'hiver. Posant ma tête sur tes livres, que je voulais toujours lire, les entourant de mes bras, je m'endormais le soir d'un sommeil paisible; tandis que mes sœurs, vêtues de belles robes, allaient aux bals, je demandais à aller me coucher, afin d'être seule et plus près de toi. C'est ainsi que s'écoula le temps entre seize et dix-huit ans; à dix-huit ans je fis la connaissance de ta mère, avec laquelle je parlais de toi comme si tu étais au milieu de nous; ensuite j'allai te trouver, et depuis lors tu sais que je n'ai pas cessé d'habiter avec toi ce cercle qu'un pouvoir magique a tracé autour de nous; et depuis lors encore, tu sais tout ce qui se passe dans mon cœur et dans mon esprit. Je n'ai donc rien à te dire, sinon : Attire-moi sur ton cœur, et laisse-moi y reposer toute ma vie.

Bonne nuit; demain je pars pour la Wetterau.

***

VOYAGE DANS LA WETTERAU [1].

Il faut que je te fasse la description de ce pays. C'est une large plaine couverte de blé; elle ressemble à une assiette ronde, à bords pourtant, car le terrain s'élève tout autour, couronné alternativement de forêts et de cimes de montagnes. Je suis au milieu du blé qui ondoie. Si j'avais un arc et une flèche, et que du centre je me misse à tirer, de quelque côté que ce fût, j'atteindrais un vieux château. Je cours visiter toutes ces ruines; il me faut sauter par-dessus des fossés, marcher dans l'eau, traverser des forêts, escalader des rochers. Si c'étaient des abîmes, des courans, des déserts et des pans de roc, je pourrais passer à juste titre pour l'aventurier le plus hardi. — A chaque vieille ruine se trouve attaché une espèce de nid d'hirondelles qui sert de demeure à des humains; de singulières gens, vieilles comme les pierres, y habitent, presque entièrement isolés de leurs semblables, mais doués d'un regard touchant et pénétrant. — Hier nous cheminâmes pendant une

---

[1] Nom d'un canton de la Hesse, situé au pied du Taunus et traversé par la rivière Wetter. La traduction littérale est : *Prairie de la Wetter*.

heure sous de belles treilles avant d'atteindre la pente rapide où commencent les murs de la forteresse. Là, il ne fut plus possible de monter sans une grande habitude et des tours de force. En haut se trouvent deux poiriers compatissans, des chênes qui forment un grand toit de feuillage, et un tilleul entouré du parfum de ses fleurs. Au milieu de cette vénérable société, témoin des jours d'autrefois, reposait étendu sur un gazon rare un vieillard à cheveux blancs; il dormait. Les fruits verts tombés des arbres étaient ramassés à côté de lui; ses mains avaient sans doute laissé échapper le livre de cantiques ouvert et usé qui était tout auprès; un chien noir, aux yeux ardens, avait mis son museau dessus; il fit mine d'aboyer, mais il se retint, craignant sans doute de réveiller son maître. Comme nous voulions faire le tour du petit plateau, nous nous écartâmes le plus possible, pour montrer à ce brave chien que nous n'avions pas de mauvaises intentions. Je pris un pain blanc et du vin dans le panier aux vivres, je m'approchai du vieux autant que le chien me le permit, je déposai mon offrande, puis j'allai de l'autre côté examiner la vallée. Elle était ornée de filets d'eau qui, comme des rubans d'argent, s'y entrecroisaient et entouraient les vertes prairies. La forêt sombre l'étreignait de ses bras, les dômes des montagnes lointaines faisaient la garde à l'entour, les troupeaux cheminaient dans les champs, les nuages suivaient le soleil qui descendait et les transperçait de lumière, laissant le disque pâle de la lune seul au-dessus du sombre nid de sapins. Je fis le tour du vieux château, regardant en haut, en bas; partout je voyais des images singulières, j'entendais des sons mélancoliques, je sentais le

souffle tout à la fois effrayant et doux de la nature; elle soupirait, elle semblait me dire mélancoliquement : « Pleure
» avec moi! » — Hélas! qu'ai-je? que puis-je lui donner?

En revenant, je vis sous l'arbre le vieillard et son chien. Celui-ci était assis devant son maître, dont il regardait attentivement la bouche qui mangeait mon pain blanc.

*
* *

En face se trouve une autre ruine. Là, pour faire pendant, habite une vieille femme entourée de trois blondes têtes d'anges dont l'aînée a trois ans et la plus jeune six mois. La vieille femme a près de soixante-dix ans et marche avec des béquilles. Elle me raconta que l'année dernière elle était encore allante; le maître d'école lui avait donné la charge de sonner les cloches, vu que l'église est plus élevée que le village et près de sa ruine; son fils était charpentier. La nuit de Noël, le froid était grand, son fils alla dans la forêt abattre du bois afin de le préparer pour la bâtisse; il ne revint plus, il avait été gelé dans la forêt. Quand on vint apprendre cette nouvelle à la mère, elle descendit bien vite dans la forêt pour voir encore une fois son fils; mais là elle fut frappée de paralysie; on la reporta sur la hauteur escarpée, d'où elle ne descendra plus maintenant. « Je vois tous les soirs, me dit-elle, les étoiles qui luiront
» sur mon tombeau; cela me fait plaisir. J'ai fait la paix
» avec tout le monde et avec le sort. Que le vent souffle
» avec fureur, comme dit la Bible, et qu'il torde le cou aux
» vieux chênes, ou que le soleil vienne réchauffer mes
» vieux membres, j'accepte tout. Etre en paix avec toutes

» choses donne de la puissance à l'esprit. La véritable paix
» a des ailes, elle emporte les hommes, même pendant
» cette vie, au-dessus de la terre vers le ciel, c'est une
» messagère céleste; elle nous enseigne le plus court che-
» min, elle nous dit de ne nous arrêter nulle part, car le
» trouble habite partout ici-bas. L'esprit est le vrai che-
» min du ciel; quand on sent et comprend tout, on est dans
» la bonne voie. Celui qui murmure contre le sort
» ne le comprend pas, mais celui qui l'accepte en paix
» apprend bientôt à le comprendre. Chaque chose qui
» nous arrive et que nous sentons est une station faite sur
» la route du ciel. Oui, oui, le sort de l'homme est tout
» intelligence, et quand on a tout compris dans ce bas
» monde, on saura bien comprendre le bon Dieu. Per-
» sonne n'apprend à comprendre, si ce n'est par l'inspira-
» tion du Saint-Esprit, et ce n'est que par sa propre ré-
» vélation qu'on apprend à connaître celle d'autrui. Je
» reconnais sur-le-champ ce qui blesse, ce qui brûle tout
» cœur humain, et je sais quand viendra le temps de sa
» guérison. Je pleure tous les jours mon cher fils, mais
» comme je sais qu'il a achevé sa course terrestre, je ne
» murmure pas. Je lis journellement dans ce livre, c'est
» là-dedans que sont écrites toutes ces grandes vérités. »
Elle nous donna à lire un vieux cantique commençant par :
*O Seigneur ! tu me conduis par des chemins obscurs, mais
à la fin je verrai la lumière;* mais nous n'y trouvâmes
rien de ce qu'elle nous avait dit, sinon quelques substan-
tifs isolés.

En retournant à la maison, les étudians de Giessen se
chargèrent de chasser les soucis loin de nous. Ils s'étaient

campés sous des berceaux de vigne sur le penchant de la montagne ; ils chantaient, criaient, faisaient voler leurs bouteilles et leurs verres, dansaient, valsaient, se laissaient rouler le long de la montagne, et faisaient retentir la vallée de leurs hurlemens effroyables.

*_*_*

LA AMMENBOURG (château de la nourrice).

C'est ainsi que j'appellerai cette petite habitation, tout juste assez grande pour suffire aux besoins simples d'un être humain aimant l'ordre. Elle est bâtie de pierres rouges sur la coupole d'une montagne recouverte d'un velours de gazon. Cette demeure n'existait pas il y a trois ans ; l'amour était alors le seul abri de deux amans contre l'orage et le vent. A dater du printemps jusqu'à l'automne, ils se rencontraient souvent dans ces lieux. Depuis le coucher du soleil jusqu'à son lever, ils étaient étendus sur le gazon fleuri entre les ruisseaux argentés de la montagne, et la lune leur souriait. L'hiver vint, la trompette guerrière appela l'amant ; Armide resta seule, mais pour peu de temps. L'amour enfant vint à naître ; elle le coucha dans un berceau, le nourrit du lait de son sein et un autre enfant avec lui. Du produit de sa nourriture, elle acheta ce terrain et y bâtit cette petite maison. Elle l'habite avec ses deux petits garçons aux boucles d'or. De là sa vue s'étend au loin dans la vallée, et quand l'air est calme elle peut entendre le tambour et la trompette résonner entre les rochers. Peut-être reviendra-t-il ! peut-être reconnaîtra-t-il à la cheminée bien peinte qui s'élève au-dessus de la petite maison, que le joyeux bonheur d'amour ne s'est pas fondu en repentir.

✱

Aujourd'hui nous sommes allés visiter un autre château. Il est à quatre lieues; il étend ses tours bien conservées vers le ciel, comme s'il voulait prononcer un serment. On l'aperçoit de plusieurs lieues de loin. A chaque instant il change d'aspect : tantôt ce sont des forêts qui l'entourent, tantôt de doux coteaux; puis des villages sont semés à travers son long et large manteau de prairies, puis ils disparaissent dans ses plis changeans. Nous étions tous à cheval et armés en chasse. Nous dînâmes dans la forêt. On poursuivit un renard, ce qui retarda notre voyage. Lorsque nous arrivâmes, la lune se levait entre les deux tours; nous traversâmes la vallée sombre et la petite ville aux rues raboteuses, et allâmes coucher dans une grande forge. Le lendemain je sortis avant le jour; je voulais aller surprendre la nature, ma belle, avant son réveil, quand elle a encore les yeux fermés; je voulais voir comment elle était dans ces lieux, quel effet elle y produisait. Ami, les calices des fleurs étaient tous pleins de gouttes de rosée qui ressemblaient à des miroirs; le brin d'herbe se réfléchissait sur la parure de perles du brin d'herbe voisin, la fleur se mirait dans la fleur voisine. Et toi, et ton esprit, n'êtes-vous pas une pure et rafraîchissante rosée du ciel, où toute chose se reflète dans sa beauté pure et primitive? Ton esprit est une intelligence profonde, pleine de sagesse, dans laquelle toi seul tu te mires, et qui à son tour reflète sa nature pure, idéale et magnifique, dans le bien que tu fais à l'humanité. — Je fis deux fois le tour du château, en volant, comme dit Pindare. Il s'élève sur une espèce de coupole ronde recouverte d'herbe rase. Un troupeau de moutons entourait ses murs comme un col de fourrure, de fourrure bêlant, bien entendu. J'avais du pain sur moi, je le partageai entre les moutons, comme fit l'empereur d'Allemagne pour les Tyroliens; mais ils s'avançaient de plus en plus sur moi, toujours comme les Tyroliens, et ils criaient : Encore plus de pain! encore plus de pain! béé! béé! Je n'en avais plus, tout comme l'empereur, et je fus, comme lui, en danger d'être renversée. Je me frayai un passage et descendis la montagne au grand galop; tout le troupeau courait après moi; j'arrivai en bas devant l'auberge en même temps que le chien aboyant. Là le bêlement réveilla toute la société, et je t'assure que le troupeau voulait à toute force entrer dans la salle d'auberge; il me fallut la fermer au verrou; je crois que sans cela le bélier l'aurait ouverte de ses cornes. Si les Tyroliens avaient fait de même, il aurait bien fallu que l'empereur se procurât du pain; mais ils firent comme le berger, qui resta ébahi sur la montagne, regardant son troupeau s'enfuir. « Tu sais parquer mille bêtises dans » un petit espace, tout comme le berger sait y parquer ses » moutons, » me dit mon frère François en me voyant arriver suivie du troupeau.

En attendant que tout le monde fût prêt, j'allai faire une tournée dans les étables à vaches. La cour est immense, on pourrait y élever un avant-corps. On se parle de la grange la plus éloignée à l'autre au moyen d'un

porte-voix; l'étable est au milieu et forme un amphithéâtre.
Les vaches sont rangées en demi-cercle; aux deux extrémités sont deux taureaux. Le taureau du côté par où j'entrai est si tendre, si aimable, qu'il cherche à attraper de la langue tous ceux qui s'approchent, à seule fin de les lécher. Il se mit à mugir sur un ton très-élevé; je ne voulus pas le faire prier en vain, et le laissai me lécher le visage de sa langue immense; cela lui semblait bon, il n'en finissait pas; sa salive colla toutes mes boucles, que ta main sait si bien arranger.

Maintenant je vais te décrire le château, mais en passant, car je n'aime pas à m'arrêter où je ne puis te caresser de mes paroles. — Il est mieux conservé que les autres; le château de Gelnhausen[1] même n'est pas aussi complet, et je ne conçois pas qu'on n'en ait pas encore fait la remarque. Il appartenait jadis aux seigneurs de Griesheim; il est maintenant aux comtes de Stolberg. Les murs sont tous conservés, l'intérieur seul est en grande partie ruiné; le grenier est encore entier, il fait le tour du château. De tous côtés la vue s'étend sur des champs de blé qui au loin remontent vers d'autres vieux châteaux. La bénédiction éternelle fleurit et mûrit entre les tombes et les ruines; l'homme n'a qu'à paraître, elle arrive à l'instant même et l'entoure, et l'enveloppe. Le soleil, à force de flatter Dieu, obtient de lui qu'il fasse pousser les épis pour les enfans des hommes. Le soleil[2] et Dieu se caressent, et les hommes en profitent. Celui qui aime partage l'amour de Dieu, et par lui et en lui mûrit la bénédiction divine.

[1] Antique demeure de Frédéric Barberousse dans le comté de Hanau.
[2] En allemand, le soleil est du genre féminin.

Il y a encore dans la chapelle quelques colonnes debout ornées de leurs chapiteaux gothiques, d'autres sont couchées par terre ; une seule colonne est tout-à-fait conservée, je te la dessine ici imparfaitement : le disque de la lune supportant l'armoirie seigneuriale, dessous deux dragons qui s'entrelacent forment son chapiteau ; on dit que ces dragons avaient jadis des médailles d'or dans la gueule, c'est ainsi qu'on les trouve décrits dans une vieille chronique. Il y a un autre chapiteau bien plus beau ; je voulais le copier, mais il faisait trop froid et trop humide là en bas. Des roses parfaitement sculptées dans la pierre font un cercle autour duquel s'entrelacent des serpens qui, sortant leurs têtes couronnées, forment un second cercle. C'est vraiment charmant ; si j'avais pu emporter ce bloc, je l'aurais pris pour toi. Pendant que je le dessinais, un petit serpent se dressa devant moi comme s'il voulait me regarder dessiner le portrait de ses ancêtres ; cela me fit tellement peur au milieu de cette solitude, que je me sauvai en frissonnant.

La porte extérieure du château est encore garnie de ses gonds. Au-dessus de la porte intérieure, dans le grenier, se trouve un foyer entouré d'un petit mur, il forme comme une espèce de niche : c'est là qu'on faisait chauffer la poix qu'on jetait par un trou qui se trouve au-dessus du milieu de la porte. Toutes ces choses furent regardées, considérées, commentées, remises en place ; mais mille détails échappèrent à nos explications. Notre admiration du temps passé, dont les restes se dressaient encore si vigoureusement dans notre temps, nous rendit bêtes. Quant à moi, la peur me prit que ce vieux temps grossièrement osseux ne vint tomber tout-à-coup sur le présent et ne l'engloutit. O Goëthe! je ne tiens qu'à une seule chose, à mon existence en toi; vienne après la fin de toutes choses!

Faut-il t'emmener plus loin encore avec moi dans mes courses vagabondes, ou bien en as-tu assez de murs ruinés, de désert recouvrant tout, de lierre qui sortant du terrain froid grimpe et regrimpe sur le mur chauve jusqu'à ce qu'il ait aperçu le soleil, puis redescend bien vite laissant tomber ses rameaux et soupirant après la terre humide et sombre? Hier le ciel était bleu, aujourd'hui il est paré de rubis et d'émeraudes, et là-bas, à l'ouest, où il semble recouvrir la terre, il chasse devant lui la lumière vêtue d'or dehors de sa couche. — L'amour aime à s'arrêter devant la nature, à la voir se nourrir en dormant. Quand vient la nuit, la racine de la plante désire, appelle à elle les sucs nourriciers; sa force attractive soumet la terre, qui alors lui prodigue l'aliment de son sein. La fleur a d'autres besoins; elle, rêveuse, exaltée, appelle et fait descendre les rêves de la région des astres. La nuit, quand les étoiles scintillent, passe sur le tapis des prairies, tu y verras fourmiller des millions de visions qui empruntent et mêlent leur sens, leurs propriétés, leurs couleurs, et tu sentiras ce monde des rêves s'élever de terre, pénétrer dans ton sein et se refléter dans ton esprit. — Oui, la pensée, cette belle fleur, a une racine qui tire sa nourriture du sol chaud et mystérieux des sens; mais sa corolle s'élève vers la lumière divine, la regarde, la boit, et l'encense de ses parfums. Oui, la fleur de l'esprit tend, comme la fleur de la terre, tout à la fois, et vers la nature et vers la Divinité.

FRAGMENS DE LETTRES ÉCRITES DANS LA MAISON DU JARDIN DE GOETHE[1].

18...

Je ne t'ai vu aujourd'hui que peu d'instans, et il me semble qu'il faudrait la vie entière pour tout te dire. La musique, l'art, la parole, je voudrais tout posséder pour pouvoir m'exprimer.

J'aspire vers la révélation. La révélation, c'est toi ! C'est vers ton être intérieur que tend mon amour ; il veut se plonger, se sentir dans ces profondeurs.

Ta présence m'ébranle, parce que je sens la possibilité de te faire croire à mon désir.

Ta présence change tout. Ton souffle, se mêlant à l'air que je respire, pénètre dans mon sein et l'élève et l'agrandit. Les murailles qui t'enferment sont magnétiques ; le miroir qui reçoit ton image, la lumière qui glisse sur toi, le siége où tu te reposes, tout cela a de la magie. Tu es parti, mais cette magie est restée et te remplace. Je me couche par terre, là, où tu as posé les pieds ; c'est là que je suis bien, et nulle part autre. — Est-ce pure imagination ? — En pensant ainsi à toi, je sens des larmes dans mon cœur, mais cette mélancolie est volupté ; par elle je m'élève au-dessus de ce monde, c'est là ma religion. — Oh ! certainement, celui que j'aime est l'élément de ma vie à venir, l'élément qui l'engendrera et la fera durer. Oh ! si j'avais l'esprit, que de mystères je te dévoilerais ! -

---

[1] On appelle en Allemagne *maison du jardin*, une habitation d'été située hors des villes.

La révélation est le seul besoin de l'esprit, le seul, parce qu'il en est le plus grand.

L'esprit ne saurait être touché que par la révélation, ou plutôt, tout devient pour lui révélation.

Il faut que l'esprit se crée son paradis.—Rien en dehors de l'esprit ; en lui est le ciel et la béatitude. —Jusqu'où montera l'exaltation ? jusqu'à ce qu'elle atteigne le ciel.

Quand toute la vie se transforme en élément de l'esprit, l'esprit commande au ciel.

L'amour est la clef de la vie supérieure, il prépare à la liberté. — La liberté est la vie de l'esprit.

La pensée est l'inspiration de la liberté.

Celui-là a l'esprit, qui se rencontre avec soi-même. L'inspiration veut que l'homme revienne à lui. — Quand tu m'inspires, tu t'exiges de moi, et mon inspiration tend à te donner à toi-même. — Le véritable amour donne le bien-aimé à lui-même ; cela est bien vrai, car je n'ai d'autre pensée que toi, et pourtant je te donne tout.

Qu'est-ce que c'est qu'aimer ? — Le veilleur sur la tour annonce l'aurore qui approche, mais l'esprit actif a déjà pressenti le jour en dormant ; il sort du monde des rêves, et le jour le reçoit dans sa lumière. La puissance de l'amour, c'est de faire que tout ce qui était rêve devienne réalité, et qu'un esprit divin illumine la vie de celui qui s'est réveillé dans l'amour, ainsi que le jour éclaire celui qui était naguère dans le monde des rêves.

L'amour est l'intelligence, et l'intelligence est la possession.

Tant que le grain est dans la terre, il a besoin de la terre, mais dès qu'il arrive à la vie, il mourrait si on l'arrachait du sol. C'est en lui qu'il se fait vivant, c'est en lui qu'il se fait esprit. — Aimer, c'est arriver à la lumière, comme le grain qui était caché dans la terre. Pourquoi la nature l'avait-elle caché ainsi avant de le faire naître à la lumière? — La vie aussi est cachée dans le sein mystérieux de l'esprit avant de naître par l'amour à la lumière. — Le sol d'où l'amour sort est un mystère.

L'imagination a l'instinct du mystère; celui dont l'esprit possède cet instinct, celui-là seul possède le terrain propre à l'amour. L'imagination est la sagesse à l'état d'art libéral.

Si je n'étais pas accablée de fatigue, j'aurais à ce propos quelque chose de grand à te communiquer. Il faut que je me contente de sentir que l'imagination est la médiatrice entre la vérité divine et l'esprit terrestre.

La pensée a des ailes et vole vers celui qui l'a inspirée; la pensée d'amour seule est pensée et a des ailes. Les pensées sont des oiseaux spirituels.

Si je n'étais pas dans mon lit j'en écrirais plus long, mais l'oreiller m'attire à lui.

Qu'il fait beau dans ton jardin! Mes pensées sont des abeilles, elles viennent de ton jardin parfumé, et entrant par la fenêtre ouverte, elles déposent leur miel pris sur les fleurs de ton parterre. Malgré l'heure avancée (il est plus de minuit), elles arrivent encore, bourdonnent autour de moi, et me réveillent de mon sommeil; et les abeilles de ton jardin et les abeilles de ton esprit bourdonnent à l'envi.

L'amour est l'intelligence; la beauté est le mystère de cette intelligence, et ce mystère est si profond qu'il ne se communique qu'à ceux qui aiment. Crois-le bien, personne ne connaît le secret de ton être aussi bien que moi je le connais, c'est-à-dire personne ne t'aime comme je t'aime.

Encore une petite abeille : ta beauté est ta vie ; elle allait me bourdonner encore quelque chose à l'oreille, mais le vent la chassa. — N'est-ce pas singulier que je sois couchée dans ton jardin ? Souvent, dans ces lieux, seul ou avec tes amis, tu as vu s'écouler de belles heures ; maintenant c'est moi qui y suis, qui y pense à tout ce qui a pu s'y passer, et je vois tout cela en esprit. Avant d'entrer dans cette maison silencieuse et abandonnée, je suis montée sur la montagne jusqu'à l'arbre le plus haut planté ; entouré de plantes diverses que ta main a soignées, il étend ses branches protectrices sur le banc de pierre sanctifié par le souvenir. J'étais seule là-haut, un faible rayon de lune glissait à travers le feuillage ; je cherchais en tâtant les noms gravés sur l'écorce de l'arbre. — Hélas ! bonne nuit ! —

Si je dérobe ainsi au sommeil ses rêves, mes pensées ne seront plus que de l'écume[1].

Voyant de là-haut la maison éclairée, je crus que tu y étais ; je cherchai à me figurer comment tu me recevrais si j'allais arriver le long du chemin éclairé par la lune et entrer chez toi. Je descendis le coteau, croyant de plus en plus fermement que tu étais là bas, et quoique je susse fort bien que c'était moi qui avais allumé la lumière

---

[1] En allemand, *rêves* et *écume* riment : *Træume, Schæume*; d'où vient le proverbe : *Træume sind Schæume, les rêves sont de l'écume.*
(*Note du traducteur.*)

que je voyais brûler dans ma chambre, j'hésitai à ouvrir la porte. Lorsque je vis sur la table les plantes sèches, les pierres et les coquillages, et sur la muraille les papillons qui y sont attachés, et l'obscurité qui jouait avec les rayons de la lampe, et rien d'autre que la solitude, je m'appuyai contre le chambranle et je repris haleine.

Maintenant je suis couchée dans le petit lit; il est dur, ce lit, composé d'une seule paillasse recouverte d'une couverture de laine; pour me couvrir, j'ai une autre couverture grise à fleurs. Personne que toi ne sait que je passe la nuit ici.

La jeunesse terrestre s'ignore elle-même; elle sort de son bouton, s'épanouir est son seul but. Avoir la conscience de la jeunesse prouve une jeunesse transsubstantielle.

En toi j'ai acquis la conscience de ma jeunesse. Je les revois, tous ces jours dorés que j'ai vécu avec toi, je les revois couronnés de fleurs merveilleuses; ils marchent fièrement, animés d'un esprit brûlant, intacts, chastes, s'enfuyant devant ce qui est vulgaire vers des régions plus élevées. Un doux éclat les colore, c'est l'éclat du soir de ta vie. Le jour d'aujourd'hui leur ressemble, il se joint, majestueux et triomphant, au chœur des autres. Ah! quoique seule ici, dans la maison abandonnée, sans rien pour me recevoir, je retrouve partout les traces de l'hiver dernier.

L'esprit se plonge dans la jeunesse comme dans une mer. La jeunesse devient son élément, et l'esprit se fait amour. La jeunesse prépare l'esprit à l'éternité, qui n'est autre chose que l'éternelle jeunesse.

Dans ce réduit solitaire, je crois à ta présence, je crois

que tu m'entends, que tu me comprends ; je te parle, tu écoutes, je te réponds.

Après avoir dormi pendant quelque temps.

Rien n'est nouveau pour l'esprit, tout est son élément. En amour, on se devient l'un à l'autre génie, l'un à l'autre élément.

Tu es mon élément, en toi je déploie mes ailes ; c'est là ma seule et unique intelligence, mon seul et unique sentiment, mon seul et unique avoir.

Quelque effort que tu fasses, tu ne te trouveras toi-même qu'en tant que tu vivras dans un autre ; et tu ne vivras en un autre qu'en tant que cet autre vivra en toi.

La pensée voit et touche ; c'est le contact le plus intime avec l'objet auquel on pense.

Quand l'esprit devient musique, la philosophie devient sentiment.

Je me suis déjà roulée cent fois dans la couverture grise, mais au moment de m'endormir j'étendais la main pour écrire une ligne.

S'il est vrai qu'il existe une magie de la vie qui se signale par l'illumination, qui voudrait être en dehors de son cercle ?

Bonne nuit ! — Je vais passer la mienne à tes pieds.

Je veux croire que tu es là ; je n'étendrai même pas la main pour ne pas te chasser. Tu t'approches, je te sens près de moi ; l'air, la lueur de la lampe, les ombres, tout change, tout prend de la signification.

***

28 août[1].

Passons sur ce jour. Tu es pour moi de toute éternité. Qui oserait nier que les astres nous gouvernent? Tu as été fidèle à leur influence, c'est pourquoi ils t'ont élevé jusqu'à eux; ce sont eux qui t'ordonnent de m'être favorable, je le sais. Je le vois à tes regards, tu es content de moi; tu ne dis rien, tu serres même tes lèvres comme si tu craignais de parler. Goëthe, lors même que ton regard ne s'arrête pas sur moi, ce qu'il dit me suffit. Hier, quand j'étais derrière toi et que je froissais le papier, tu te retournas; je m'en aperçus, je sortis doucement, laissant la porte entr'ouverte. Je te vis alors prendre ma lettre avec vivacité; je m'en allai, ne voulant pas t'épier plus longtemps. Je frissonnai légèrement en songeant que tu allais lire mes pensées de la nuit. Quelle félicité, ô Goëthe! de me dire : Il accueille mes flatteries, son esprit répète ce que j'ai inventé pour lui! Ce que je t'exprime par ces pensées m'est dicté par les esprits de l'amour qui voltigent joyeusement autour de ta tête.

Aujourd'hui, jour de ta naissance, je te vois assis sur un trône d'or sur le bord de la mer; tu es vêtu d'un manteau blanc, la pourpre est à tes pieds. Des voiles gonflées par le vent volent au loin sur la pleine mer; toi, tu es calme, tu te reposes à la lumière de l'aurore, le front couronné du rameau sacré, et moi je suis à tes pieds et je les lave avec l'onde pure que j'ai puisée dans la mer.—C'est ainsi que dans mes visions je me vois te servant, et il me semble que c'est là le but de mon existence.

[1] Jour de naissance de Goëthe.

As-tu jamais contemplé le soleil couchant, alors que son éclat adouci permet à l'œil de se fixer sur lui? As-tu jamais vu son image réfractée se détacher pour ainsi dire de lui et se plonger avant lui à l'horizon dans les flots vermeils, et le phénomène se renouveler plusieurs fois, mais de plus en plus vague et en d'autres teintes? Quand l'éloignement a jeté sur toi son doux voile, que l'éclat tout-puissant de ta présence ne m'éblouit plus, mon âme aussi voit des apparitions semblables qui proviennent de toi; elles se plongent et disparaissent dans mon inspiration comme dans le sein enflammé de la mer, et je ne puis m'en rassasier.

**

3 septembre.

J'étais si fatiguée le soir, et j'avais toujours si bien dormi le matin, que je suis restée trois jours sans écrire. Pendant tout ce temps-là tu ne m'as pas demandée. Aujourd'hui je suis sortie pour la première fois, et assise sur ce banc je pense à ton oubli. Les oiseaux sont habitués à me voir assise ici, dans la plus complète immobilité. Que ce pays étranger est donc singulier! Je suis venue dans ce lieu abandonné pour descendre en moi-même; ici je vois les images, les souvenirs des jours passés se rattacher au jour présent. Aujourd'hui, à l'heure où l'on faisait de la musique devant la maison romaine, le duc parut. Ses grands chiens impatiens devancèrent le monde et sautèrent après lui; il se livra à leurs folles caresses tout en saluant le peuple, qui l'acclamait. Tout-à-coup tu fendis la foule, les acclamations redoublèrent. C'était pour le peuple un saint spectacle de voir les deux augustes amis, si grands d'esprit et de bonté, se promener de long en large. Tout le monde disait : Quels hommes rares! et mille autres belles choses sur votre compte. On épiait tous vos mouvemens : *Il sourit, il se retourne ; le duc s'appuie sur lui ; ils se donnent la main ; les voilà qui s'asseyent.* C'est ainsi que le peuple répétait avec respect tout ce qui se passait entre vous deux. Il avait raison, car son bonheur est né de votre amitié. Comme vous restiez long-temps à vous parler, la foule se tut ; on eût dit qu'elle attendait en silence la bénédiction que vous sembliez prononcer sur les siècles à venir. Et moi j'attendais aussi, Goëthe! Je crois que vous deux, êtres supérieurs, possédez le pouvoir de faire descendre la bénédiction sur l'avenir ; car la clémence s'est depuis long-temps fait fruit dans le cœur du duc, c'est toi qui l'as dit, et ton esprit, à toi, répand la lumière de la sagesse, qui est la grâce et fait tout prospérer.

Quand tu fus parti, le duc me fit appeler ; il me demanda si tu m'avais vue, si tu m'avais saluée. Je répondis négativement, car tu ne m'avais pas même aperçue, ou plutôt tu m'avais passée. Te rappelles-tu qu'à un autre anniversaire de ta naissance, le soir, j'étais cachée derrière un pilier ; tu me cherchais du regard, et tu finis par me trouver? Que cela embrasait mon cœur de te voir me chercher! Tu me présentas ton verre pour que j'y busse, personne ne le remarqua. — Aujourd'hui je suis seule, bien des jours se sont écoulés depuis ce jour bienheureux! Ta maison est là bas, je pourrais aller te trouver, aller te contempler face à face, et pourtant je préfère t'évoquer ici, dans ton jardin. Oh! aide-moi à penser à toi, à te sentir!

Ma foi est ma baguette magique, c'est elle qui me crée un monde en dehors duquel tout m'est étranger, et où seulement je vis en réalité. Ma pensée fait des miracles; par elle je te parle, par elle je vois en toi; toute ma prière, c'est de voir s'accroître ma volonté de penser à toi.

**

DANS LE JARDIN DE GOETHE.

Le soleil éclaire le monde entier; toi seul tu es éclairé en moi, tout le reste est dans l'obscurité. L'amour s'accroît quand la lumière ne tombe que sur un seul objet.

Tu me dis hier d'écrire, d'écrire toujours, que, quand même ce seraient des in-folio, tu n'en aurais jamais de trop; mais tu sais bien que le cercle de ma connaissance de la langue est resserré, que je crois toujours sentir pour la première fois ce que je te dis, tandis que c'est éternellement la même chose. N'as-tu pas assez de ces redites? — Comme une taupe, j'ai cherché à creuser mon propre cœur, espérant trouver un trésor capable de luire dans les ténèbres et digne de t'être présenté; peine inutile! Je n'ai pas de grandes choses à te dire, je n'ai que des aveux d'amour à te faire, et rien que cela, et toujours et toujours je recommence. Les caresses n'existent que dans la communication. — Quand tu te reposes près du ruisseau, parmi les herbes odorantes, et que la libellule aux yeux de cristal descend sur toi, éventant tes lèvres de ses ailes, te fâches-tu contre elle? quand un petit moucheron grimpe après ton vêtement et va se perdre dans ton sein, l'appelles-tu téméraire, elle, cette pauvre petite bête, qui ne connaît pas le cœur palpitant qu'elle foule? Et moi, qui connais le rhythme supérieur de tes sentimens, suis-je à blâmer de vouloir pénétrer dans ton cœur? — Voici tout ce que j'ai à te dire. — Le vent du soir descend en fuyant sur les herbes; il vient jusqu'à moi, qui suis assise au bas de la colline et qui cherche par quoi remplir les in-folio que tu me demandes.

∗
*

Quand je pense à toi, je n'aime pas à rester à terre. A l'instant même Psyché agite ses ailes, elle sent la pesanteur terrestre, mais elle se sent aussi accablée par des choses étrangères à sa vocation céleste; elle souffre, elle est triste.

La lumière de la sagesse ne luit qu'en nous; ce qui n'est pas révélation intérieure ne portera jamais de fruits pour l'intelligence. L'âme vient au devant d'elle-même dans l'amour; elle se trouve et s'accueille dans l'objet aimé. C'est ainsi que je me trouve en toi. Que peut-il m'arriver de plus heureux? Est-il donc étonnant que j'embrasse tes genoux? Je voudrais pouvoir te communiquer tout ce que j'apprends de toi. Si l'esprit n'était que ce que la parole exprime, il serait peu de chose. L'esprit ne se laisse pas prendre tout entier dans le filet du langage. L'esprit est la vie qui absorbe, qui transforme tout; l'amour même devient esprit. Mon esprit est sans cesse occupé à transformer ainsi l'amour; la vie éternelle en sera et doit en être le résultat, sans cela je péris.

∗
*

Le soleil se couche, son voile de pourpre s'étend sur ton jardin. Je suis assise ici toute seule, et je regarde les sentiers que tu as frayés à travers les prairies ; ils sont solitaires, personne n'y marche, tout est silencieux : j'ai attendu ce moment afin de pouvoir réfléchir et de penser à toi, et maintenant je me sens intimidée par ce silence universel. Je viens d'effaroucher l'oiseau dans le buisson ; les liserons dorment ; la lune et l'étoile du soir semblent se faire des signes. Où aller ? j'ai peur ! J'ai quitté l'arbre sur l'écorce duquel tu as gravé bien des noms, je suis descendue jusqu'à la porte de la maison, et j'ai posé mon front sur la serrure que ta main a souvent pressée. Tu t'es assis avec plaisir près de cette porte, et tu y as passé des heures solitaires ; mais tu étais seul avec ton génie, et tu ne sentais pas l'effroi de la solitude. Ces soirées silencieuses s'écoulaient pour toi glorieuses et triomphantes, remplies par le sentiment et l'inspiration qui luttaient en toi. — O Goëthe ! que penses-tu de mon amour, de cet amour qui s'élance éternellement vers toi, comme les flots s'élancent vers le rivage ; qui voudrait te parler, mais qui ne sait que soupirer ? Dis-moi, que crois-tu qu'il veuille, cet amour ? — Souvent, comme si je sortais d'un rêve, je m'étonne de la puissance que ce rêve exerce sur moi ; mais bientôt je me courbe sous son ombre, j'écoute son murmure, et je laisse mes sens s'étourdir au frôlement des ailes d'esprits inconnus. — Je veux être divine, divine et grande comme toi, élevée au-dessus des hommes, enveloppée de ta lumière, n'être comprise que de toi. Je veux te décocher des flèches ; ces flèches sont mes pensées ; elles ne frapperont que toi, et personne autre ; tu verras si elles sont acérées. Cette liaison mystérieuse doit faire prospérer mes esprits ; par elle ils seront courageux, sains, prompts, joyeux ; ils tendront sans cesse à s'élever, jamais à tomber, et ils s'élanceront finalement vers celui qui les a créés.

Il fait nuit, j'écris à la lueur des étoiles. — La sagesse est comme un arbre qui étend ses branches à travers le firmament ; les étoiles sont les fruits d'or de cet arbre. Comment faire pour atteindre ces fruits ? Les astres sont des mondes, dit-on ; le baiser n'est-il pas aussi un monde, et l'astre est-il plus grand à tes yeux qu'un baiser, et un baiser est-il pour toi au-dessous d'un monde ? — La sagesse est l'amour, ses fruits sont des mondes ; celui qui trouve un monde dans un baiser ne se trompe pas. Le baiser est un fruit, une étoile mûrie à la lumière de la sagesse et qui tombe dans son sein. Celui qui goûte de cette nourriture céleste doit-il encore compter parmi les hommes ?

Je vais dormir à la faveur du silence et du mystère de la nuit ; Psyché va voler vers toi : hélas ! sans doute elle te trouvera occupé de mille pensées, mais non pas d'elle. Alors elle laissera tomber ses ailes et baisera la poussière de tes pieds jusqu'à ce que tu la regardes.

*
* *

Du haut de ce coteau j'embrasse mon univers ! Là, en bas, dans cette vallée vers laquelle conduit un doux gazon et que coupe le chemin, dans cette blanche maison qui s'élève au milieu, qu'est-ce donc qui plaît tant à mon cœur ?

Du haut de ce coteau j'embrasse mon univers! Quand bien même je gravirais les hauteurs les plus escarpées, d'où je verrais voguer les vaisseaux et les villes lointaines entourées de montagnes, rien ne saurait arrêter mon regard.

Du haut de ce coteau j'embrasse mon univers! Quand bien même je verrais des paradis, je voudrais revenir vers ces prairies, où le sommet de ton toit arrête mon regard, car il est la limite de mon univers!

Soit en rimes, soit en prose, je te dis toujours la même chose, et toi tu ne te fatigues pas à m'écouter. Je suis assise sur le banc; le jour mourant emprunte sa lumière à la lune qui se lève; d'ici je me délecte à regarder mon univers au crépuscule. Il y a quelques minutes tout était encore éclairé par le soleil; j'étais inquiète de savoir si je resterais ou si je m'en irais. Depuis que la lune s'est levée je suis décidée à rester; *à sa lumière, je reconnais mon univers;* ses rayons m'attirent dans son cercle magique, et elle au moins ne démentira pas mes visions comme la lumière du soleil; elle s'abaisse avec amour dans le sein des vallées, et je vois distinctement comme la nature aime la lune, et comme la lune répond à cet amour.

Oh! que n'es-tu pour moi ce que la lune est pour la nature! La lune fait naître la vie au sein de la nature; d'elle émanent les airs, doux messagers sur terre; elle ordonne aux vents du soir de répandre sur les prairies brillantes de rosée les semences emportées sur leurs ailes, et partout sa lumière créatrice éveille la force productive. Oh! si mon vœu était accompli, mon existence concevrait ta beauté. Autant de fleurs s'ouvrent devant la lune, autant de paroles amoureuses coulent pour toi de mes lèvres; autant de gouttes de rosée brillent à sa lumière, autant brillent dans mes yeux de douces larmes de bonheur que ton esprit fait couler.

**

Je te remercie d'être venu; il faisait si gris et si trouble! je regardais au loin, et je pensais que l'influence du temps allait s'étendre sur moi : des larmes tombaient déjà des nuages, le ciel était lourd et triste, et plus sombre que s'il avait plu depuis long-temps; c'est alors que tu vins. — Tu as parlé d'adieu, et tu m'as rendue honteuse, moi qui allais me plaindre. Oui, il vaut mieux que nous ne nous soyons pas dit adieu; nous ne le devions pas. — J'ai été trop heureuse tous ces temps-ci. — Le sentiment de ta présence embellissait tout, je vivais dans une atmosphère divine. — Et toi, ne t'ai-je au moins pas déplu? — Oublie mes emportemens, qui souvent m'empêchaient de comprendre ta volonté secrète. Mes élans passionnés sont sans prétention, ils ressemblent à la musique; elle aussi ne demande pas la possession terrestre, mais excite l'esprit qui l'écoute à partager son émotion, à la conserver quelque temps encore après que la mélodie a cessé. Pourvu que tout ce que tu m'as permis de te dire retentisse encore quelque temps dans ton cœur et à tes oreilles, c'est tout ce que je désire. La passion est de la musique, c'est l'œuvre de puissances supérieures agissant, non pas en dehors de nous, mais profondément en nous. Elle nous réunit au moi idéal pour l'amour dont l'esprit a revêtu un corps; à ce moi idéal qui seul sait allumer, former, créer la passion.

L'enthousiasme élève et nourrit l'homme; la vie terrestre est à l'homme spirituel ce que la terre est au grain qui en sort pour se centupler.

L'éternité seule donne de la réalité aux choses; que ce qui doit périr périsse donc de suite. L'amour emporte tout vers le ciel, il embrasse tout, il pénètre tout comme le soleil, et pourtant il individualise chaque instinct de l'esprit, il le donne, pour ainsi dire, à lui-même; c'est ce qui fait qu'en toi je prends possession de mon esprit. Et toi? — Le vert éclatant dont se couvre l'arbre au printemps rend témoignage que le soleil a pénétré jusqu'à sa moelle; mais comment savoir si cet amour te fait du bien?

Celui qui ne te voit que par les yeux du corps, sans te voir par les yeux de l'amour, celui-là ne te voit pas; ce n'est que par l'amour que tu apparais à l'esprit aimant. Plus l'évocation est forte, plus elle est brûlante; plus ton apparition est belle, plus elle agit. Cher ami! tu as admirablement répondu à mon évocation, tu t'es laissé enlacer par chacune de mes pensées; tu habites et tu gouvernes mon esprit sous toutes ses formes.

Oui, le charme est le charme, il ne se résout que par lui-même, c'est pourquoi on nie son existence : on croit que ce qui a un corps visible est seul réel; l'esprit n'est aux yeux du monde qu'une espèce de terrain sensible. La magie est l'œuvre de Dieu; l'amour, l'immortalité, la liberté, sont les œuvres magiques de la Divinité, ils ne vivent en nous que par la force du charme, un souffle divin est leur vie, et à leur tour, ils sont l'élément dans lequel nous nous éternisons.

La naissance de la nature divine à la vie terrestre, sa

naissance dans la douleur est une formule d'évocation magique.

La douleur n'est que le passage du néant à la vie magique.

La vie n'est que douleur; mais comme nous n'avons de vie qu'autant que notre esprit peut en supporter, nous ne sentons qu'imparfaitement la douleur. Si notre esprit était fort, la plus grande douleur serait aussi la plus grande volupté.

Dans mon amour, que ce soit au moment de l'adieu ou de la bienvenue, mon esprit est toujours entre la joie et la douleur; tu rends mon esprit fort, et cependant il ne sait rien supporter. Se résoudre dans la divinité, c'est chose douloureuse, mais c'est vivre.

Tout ce que l'esprit s'approprie est douloureux; tout ce que nous apprenons à voir, à comprendre, nous fait mal à apprendre; mais sitôt que la connaissance a passé en nous, elle élève notre esprit et le rend apte à mieux comprendre la vie; alors ce qui était douleur se change en jouissance.

L'art est aussi une magie, car il évoque l'esprit dans une forme visible, et l'esprit passe le pont de douleur et entre dans le cercle magique.

Le génie est l'instinct qui désire, qui pressent, qui comprend la volupté. Il soumet l'hésitation douloureuse à sa puissance et donne à l'esprit une énergie toujours nouvelle. — Plus le génie est passionné, plus le besoin de félicité devient pressant; plus il faut à l'homme de force pour vaincre, plus il est sûr d'être un jour satisfait; c'est toi qui m'as affirmé cela. — Je suis entre la douleur et le désir de vaincre la paresse de mon esprit et d'arriver à la félicité.—Quelquefois l'esprit est comme abandonné, alors un rien prend la place de l'exaltation enthousiaste, puis tout est dit. Cela ne saurait me suffire. Si Dieu m'a fait sortir du néant, c'est parce qu'il destinait mon être à la félicité ; or cette félicité je ne l'atteindrai que dans l'amour. Quelque fatigué qu'il soit, le génie déploiera toujours ses ailes, et ce cœur restera toujours ta demeure, et cette âme te comprendra toujours, et cet esprit te reconnaîtra toujours et témoignera toujours de toi, tel que tu es dans ta sagesse intérieure.

Si tout ce que je te dis là est vrai, si nous nous revoyons un jour dans un monde meilleur, mon génie aura atteint la hauteur de ton esprit.

**

A GOETHE.

22 mars 1832.

D'ici, du fond des abîmes, comme jadis j'ose venir à toi sans y être appelée. Je suis dans les montagnes de la Bohême, où naguère, ainsi qu'un oiseau de proie, je me suspendais sur le roc au-dessus de ta tête. Te le rappelles-tu ? — Te rappelles-tu encore quand je descendais péniblement, que mes artères battaient, que ta main essuyait la poussière de mes paupières, ôtait la mousse et les herbes sèches de mes nattes? Tu ne t'en souviens plus ! Des masses de peuple ont passé devant toi, te saluant de longues acclamations; elles te présentaient des couronnes et abaissaient les étendards devant toi. Des rois sont venus, ils ont touché le bord de ton manteau ; ils t'apportaient des vases d'or et appendaient à ta poitrine libre des chaînes d'honneur. Tu ne te souviens plus que je rassemblais des fleurs, des plantes sauvages, que je les cachais dans ton sein, et que je posais ma main dessus pour mieux les y presser. Tu ne te souviens plus que ma main était alors emprisonnée dans ton sein, et que tu m'appelais le houblon sauvage qui prend racine sur ton cœur et de là s'élance, et grimpe, et t'enveloppe, et t'enlace de telle sorte qu'on ne te reconnaît plus et que tu es entièrement caché par le houblon sauvage. — Écoute, l'écho joyeux habite entre les murailles resserrées des montagnes et des rochers ; il en est de même dans mon cœur, l'écho joyeux d'une si douce aventure y retentit toujours ; mais aussi comment cesserait-elle, cette joie de jeunesse ? n'est-elle pas entourée et gardée par l'enthousiasme le plus pur, mon compagnon depuis le berceau ? Ton souffle, auquel Dieu accorda l'immortalité, a fait naître l'inspiration en moi. — Souffre que je te chante de nouveau les mélodies des plus belles époques de ma vie, sur le rhythme de la jouissance du moment dans lequel l'esprit et les sens, se mêlant, s'exaltent mutuellement et prêtent une signification à tout.

Vais-je exprimer ici le son des trombes qui frappe l'air et s'élève jusqu'aux nuages, ou celui des harpes et des cymbales, ou bien encore les voix confuses de mille instrumens qui, sur un mot de commandement, se rangent, forment la ligne pure de la mesure, parlent la langue des influences célestes, pénètrent dans l'esprit de l'homme, colorées, lumineuses, unissant les sens à l'esprit ? Faut-il dépeindre la force productive qui m'agite, qui court dans mes veines, stimulant mon sang à rejeter tout ce qu'il a de terrestre, à nourrir et à faire naître à la vie le fruit pur de l'amour divin, de la lumière céleste? — N'est-ce pas toi qui luis encore dans mon âme? Oui, il fait clair quand je pense à toi. — Ou bien enfin mon chant sera-t-il celui des cornemuses rêveuses, effleurant à peine l'exaltation, ne se laissant pas arrêter par ses révélations? — Quoi qu'il en soit, que la musique du premier amour m'accompagne jusque dans la mort. Le ton fondamental, je l'ai pris à tes pieds; laisse-le se transformer pour toi en un bois de palmiers où tu pourras te reposer, et dont les branches, semblables à des oiseaux gazouillans, te répéteront tout ce que tu m'as dit jadis de doux et d'amoureux. Les baisers que nous nous sommes donnés, les caresses que nous nous sommes faites, seront les fruits pleins de miel de ce bocage, tandis que ce qui fait l'élément de ma vie, l'harmonie où je suis avec toi, avec la nature, avec Dieu, sera pour ainsi dire le fleuve qui entourera le bocage et nous isolera toi et moi du monde entier.

Te rappelles-tu qu'une fois tu m'avais dit de venir te trouver au crépuscule? — Tu ne te rappelles rien, et moi je me rappelle tout. Je suis la feuille sur laquelle le souvenir de toutes les joies est resté gravé. — Je me promenais autour de ta maison et j'attendais le moment désigné. Arrivée à la porte, je pensai : Fait-il déjà assez sombre, et prend-il cela pour le crépuscule? — De peur d'enfreindre tes ordres, je fis encore une fois le tour de la maison, et lorsque enfin j'entrai, tu me grondas d'être venue si tard; tu me dis qu'il y avait long-temps qu'il faisait sombre, et que tu m'attendais; puis tu te fis apporter un blanc vêtement de laine, tu ôtas ton habit de jour, et tu dis : « Puisque la nuit est venue, il » faut s'habiller commodément et pour la nuit. Je serai » doux comme laine pour toi, car ce soir je veux te con- » fesser. » Je m'agenouillai devant toi sur le tabouret, je t'embrassai et tu m'embrassas, puis tu repris : « Dis-moi » ce qui a exercé du pouvoir sur ton cœur. Tu le sais, je ne » t'ai jamais trahie; pas un mot, pas une syllabe de ce » que ta passion pour moi a déliré n'est jamais sorti de » mes lèvres; dis-moi donc, car il n'est pas possible que » ton cœur soit resté insensible pendant tout ce temps, » dis-moi qui ce fut : le connaissé-je? et comment cela se » fit-il? Qu'as-tu appris et éprouvé qui t'ait fait m'ou- » blier? »

Cher ami, je te répondis la vérité lorsque je t'assurai que mon cœur était resté parfaitement tranquille, que rien n'avait su me toucher, car dans ce moment-là tout me semblait illusion auprès de toi; le monde entier n'était plus qu'une ombre pâle, le sort même était mort; je pouvais en toute connaissance de cause te dire que j'étais indissolublement liée à ta beauté, car je te regardais. — Mais tu n'eus ni cesse ni repos, tu voulus absolument savoir l'histoire que je m'efforçais d'inventer; j'étais presque honteuse de n'avoir eu aucune aventure amoureuse. Enfin je me ressouvins d'une, et je commençai : « Ne va pas » croire que l'amour t'ait fait tort; jadis je rêvais, main- » tenant je suis éveillée. Ici, à la clarté de la lune, ap- » puyée sur ton sein, je sais qui je suis et ce que tu es » pour moi; je sais que je n'appartiens qu'à toi, que tu

» me charmes; mais une fois... » Et j'allais commencer mon histoire d'amour, que j'ai de nouveau oubliée, lorsque ne me laissant pas continuer, tu t'écrias : « Non! » non! tu m'appartiens, n'est-ce pas? Tu es ma muse; » personne ne doit pouvoir dire que tu lui as été dévouée » comme à moi; personne n'a dû être aussi certain de ton » amour que je l'ai été. Je t'ai aimée, je t'ai choyée. L'a-» beille ne recueille pas avec plus de soin et plus de pru-» dence le miel de toutes les fleurs, que moi je recueillais » des jouissances dans les mille et mille expressions de ton » amour. »—Les tresses de mes cheveux tombèrent en cet instant; tu les pris, tu les appelas des serpens noirs et les fourras dans ton vêtement, attirant ainsi ma tête sur ton sein, où je devrais rester d'éternité en éternité et cesser de penser et d'agir. Que ce serait beau! que ce serait vrai! que ce serait bien la douce paresse qui convient à mon organisation! Me reposer, m'endormir dans la certitude d'être sur le sein du plus admirable des hommes, c'est là le fruit du paradis après lequel je soupire.

⁎

A UN AMI.

Hier je m'étais arrêtée là dans la lettre que j'écrivais; j'allai le soir en société. J'avais pris la résolution de raconter à Goëthe, dans une suite de lettres, tout ce qui m'était arrivé avec lui de doux et de significatif; les moindres événemens m'étaient présens à la mémoire comme s'ils venaient de m'arriver; mon âme était fortement impressionnée, loin, bien loin des humains. Quand je suis dans cette disposition, je me sens singulièrement portée à l'insolence. — Dans la société où j'allai on était déjà informé de la mort de Goëthe [1]; je me mis à raconter qu'après de longues années de silence je venais d'écrire de nouveau à mon ami : tous ceux qui étaient là prirent un air triste, mais personne ne me dit la nouvelle. A une heure du matin je rentrai chez moi; le journal était près de mon lit, j'y lus l'annonce de sa mort; j'étais seule, je n'avais pas à rendre compte de mes sentimens. Je restai calme, réfléchissant à l'influence que cet événement allait exercer sur moi, et je vis bientôt clairement que la mort ne tarirait pas cette source d'amour. Je m'endormis, et je rêvai de lui; je me réveillai, me réjouissant de l'avoir vu en rêve, puis je me rendormis de nouveau pour rêver encore de lui. La nuit se passa ainsi, pleine d'une douce consolation; je restai persuadée que son esprit s'était réconcilié avec moi et que je n'avais rien perdu.

Qui doit hériter de cette feuille orpheline, si ce n'est l'ami qui, plein d'intérêt, s'est souvent complu à m'entendre parler de lui? Et quand bien même cette feuille ne lui semblerait plus qu'une feuille fanée que le vent fait tournoyer à ses pieds, il reconnaîtra toujours qu'elle prit naissance sur un bel arbre.

Je vais finir le récit de ma soirée passée avec Goëthe. Lorsque je m'en allai, il me reconduisit dans la seconde pièce; là il m'embrassa; la lumière qu'il tenait tomba à terre, je voulus la ramasser, il s'y opposa : « Laisse-la,

---

[1] Goëthe mourut le 22 mars 1833.

» me dit-il, laisse-la brûler et marquer la place où je te
» vois pour la dernière fois. Quand je passerai dessus je
» penserai à ta chère apparition. Sois-moi fidèle, reste à
» moi. » Il me baisa au front et me poussa dehors la porte.

Si je ne craignais pas de profaner ce jour de transfiguration en faisant lever les brouillards du reproche et en voilant l'horizon lumineux, je m'accuserais à mon ami, moi qui voudrais tant paraître pure de toute faute en amour. Oui, honte à mon cœur! ses torts ont été grands; l'arbre tout entier de la gloire était confié à ses soins, et il s'en est éloigné, et l'arbre a continué à fleurir sans lui.

* *
*

A GOETHE.

Tu es monté au ciel! Le monde est vide, tout est désert, tu n'es plus ici-bas. Peu importe que l'éclat du soleil dore les arbres que tu as plantés, peu importe que les nuages, en se séparant, leur ouvrent le chemin du ciel bleu, ils ne l'atteindront pas; mais l'amour ne pourrait-il là-haut ouvrir les corolles de ses fleurs en guise de tapis sous tes pieds? ne pourrait-il croître, s'élever, monter jusqu'à toi et t'encenser de ses parfums? — Ne serait-ce pas là une des béatitudes? — J'ai la certitude que tu m'entends, que ma voix monte jusqu'à toi. — Ici-bas il n'en fut pas ainsi : le désir ne pouvait se faire jour à travers la cohue de la vie journalière; pas un seul instant de solitude et de confiance ne vint à son secours. Je me suis répété cent fois que tout était perdu. — Seigneur, qui m'entends, toi qui, j'en suis certaine, m'écoutes, réponds-moi.

—Depuis qu'on te dit mort, mon cœur bat d'une secrète attente; il me semble que tu vas me surprendre comme jadis dans le jardin où tu m'avais donné rendez-vous. Là, une fois, tu sortis tout-à-coup du taillis tenant une pomme mûre à la main; je la pris et la fis rouler devant toi, pour te montrer le chemin de la tonnelle. Il y avait par terre une grosse boule : « Vois, me dis-tu, le monde est à tes » pieds, et pourtant toi tu es aux miens! » Oui, le monde et moi nous étions à tes pieds; ce monde froid, au-dessus duquel tu t'élevais sublime, et moi aussi qui cherchais à t'atteindre. Le monde resta agenouillé, et tu m'attiras sur ton cœur; sur ton cœur, ami, qui battait si vite! Seigneur, ne me sera-t-il pas donné de goûter de nouveau cette félicité? d'en jouir à jamais?

Oh! malheur à ce monde trompeur qui nous sépara, qui m'emmena, moi pauvre enfant aveugle, loin de mon seigneur! Qu'ai-je cherché? — Qu'ai-je trouvé? — Qui m'a souri joyeusement? — Toi tu étais content de moi, tu aimais à voir la source de mon enthousiasme jaillir de mon cœur enfant. Ah! pourquoi cette source s'est-elle tarie? tout le fleuve de ma vie n'aurait-il pas dû couler, à seule fin d'obtenir un sourire, un signe de toi? — Où faisait-il aussi beau qu'auprès de toi? — Tu connaissais les grâces; le bruit lointain de leurs pas donnait le rhythme à ton enthousiasme. Je pense au feu de tes yeux sombres, au calme de ta personne, à ton sourire naïf quand je chargeais mes narrations, à ta piété docile pour mon exaltation. Tu inclinais ta tête sacrée vers moi en me regardant, et j'étais sanctifiée par ta présence.

*

A L'AMI.

Peut-être vais-je perdre ton peu de dévotion pour moi en te découvrant ainsi le fond de mon cœur, où il se passe des choses si étranges que le monde les qualifierait sans doute de folies.—La folie est le point de séparation entre ce qui est périssable et ce qui est immortel. Que personne ne craigne donc de laisser consumer ses vêtemens terrestres au feu céleste.—Tu es mon ami, et quand même tu ne le serais pas, je te tiendrais pour tel, car tu es comme un pilier dans le secret de mon âme, et je m'appuie contre toi. Ainsi que le nageur éprouvé se précipite d'une hauteur dangereuse dans les flots aux yeux des gens à qui il veut prouver sa hardiesse, ainsi je me livre devant toi aux puissances démoniaques. Ces flots de larmes dans lesquels je me joue, cette inspiration printanière du temps de mon amour avec Goëthe, les reproches qui s'élèvent en moi, tout cela me déchirerait le cœur, si je n'avais pas mon ami pour m'écouter et pour sentir avec moi ce que j'exprime.

Le dernier acte de la floraison, c'est le mélange qui se fait dans la fleur de la poussière fécondante et de la graine; puis les airs viennent emporter en jouant les pétales et se balancent un instant avec eux; bientôt l'œil n'aperçoit plus rien de l'éclat de la fleur, son temps est passé; mais la semence se gonfle, et le fruit vient témoigner du mystère de la production. Quand ces écrits, dictés par l'enthousiasme et arrachés de leur tige, auront voltigé comme les pétales des fleurs, quand ils auront exhalé leurs parfums chargés du poids de la poussière terrestre, peut-être iront-ils alors se cacher dans le sol; mais qu'ils restent au moins dans le souvenir de mon ami; que cet amour entre le poète et l'enfant lui revienne quelquefois en esprit et l'inspire.

*
* *

A GOETHE.

Que tu étais avide d'amour! comme tu désirais être aimé! — « N'est-ce pas, tu m'aimes? n'est-ce pas, tu » parles sérieusement, tu ne me trompes pas? » — me disais-tu; à ces mots je te regardais et me taisais. « Je suis » facile à tromper, tout le monde peut m'en imposer; je » préfère la vérité, quand bien même elle me ferait mal, » à être trompé. » Quand, excitée enfin par ces paroles, je t'ouvrais mon cœur, tu continuais : « Oui, tu es sin- » cère, l'amour seul sait parler ainsi. » — Goëthe, écoute-moi; aujourd'hui encore l'amour parlera par ma voix; aujourd'hui, 30 mars, huit jours après le jour qu'on appelle celui de ta mort, et qui a fait revivre tous tes droits dans mon sein comme si j'étais encore à tes pieds, aujourd'hui l'amour veut se plaindre à toi. — Mais tu es au-dessus des nuages, leur poids et leurs larmes ne te troublent pas, des plaintes peuvent-elles donc arriver jusqu'à toi? — Oh! calme ma douleur, délivre-moi; délivre-moi de ce désir d'être comprise, d'être nécessaire. Ne m'as-tu pas comprise, toi? Ta voix prophétique a éveillé en moi les forces endormies de l'inspiration, qui me promettent une jeunesse éternelle, qui m'élèvent au-dessus des humains et les empêchent de m'atteindre. Ne m'as-tu pas d'avance récompensée de tout ce qui devait me faire défaut en te mettant à l'unisson de mon âme? Oh! toi, auquel je ne puis penser sans que l'orage n'éclate en mon cœur, sans qu'une secousse électrique n'ébranle mon esprit, sans que le sommeil ne vienne s'emparer de ma vie extérieure, m'ôtant toute connaissance du monde! — Qui a jamais interrogé mon cœur? qui s'est jamais incliné vers la fleur pour reconnaître sa couleur et respirer son parfum? Chez qui le son de ma voix (qui te faisait dire que tu sentais ce que l'écho devait sentir quand la voix de l'amour vient frapper son sein), chez qui ce son a-t-il éveillé le pressentiment des mystères que, grâce à tes bénédictions poétiques, je suis capable d'annoncer? O Goëthe! toi seul tu m'as avancé l'escabeau sur lequel reposaient tes pieds; toi seul tu m'as permis d'exhaler mon inspiration en ta présence. De quoi donc ai-je à me plaindre? De ce que je suis seule, de ce que tout est solitude autour de moi? Courage! si dans cet espace solitaire mes sentimens trouvent un écho, c'est que tu seras encore là; si l'air m'apporte une consolation, cet air sera le souffle de ton esprit. Et d'ailleurs, qui comprendrait ce que nous nous disons? qui saurait écouter l'entretien de ton esprit et du mien? — Goëthe, notre réunion n'est plus marquée par la douceur, par les caresses et les jeux; les grâces ne règlent plus rien, ni les caprices amoureux ni les ébats de l'esprit. Les baisers, les soupirs, les larmes, les sourires ne se pourchassent plus, ne se disputent plus les instans; tout est silence, et une mélancolie solennelle s'empare de moi. Les harmonies se règlent dans mon sein, les modes se séparent les uns des autres, ils sentent chacun leurs affinités et ce qu'elles peuvent. Je me tiens au milieu du chemin par où tu passes en courant, et je te demande si tu me reconnais. Me connais-tu encore, moi qui en dehors de toi ne connais personne? Le calice pur de l'amour est dans mon âme, rempli jusqu'aux bords d'un breuvage amer, des larmes que la douleur de la séparation fait couler. Quand les harmonies se fondent les unes dans les autres, le calice est ébranlé, les larmes se répandent; elles coulent pour toi, qui aimes les sacrifices funéraires, pour toi, qui disais: *Être immortel, pour ressusciter après la mort mille et mille fois dans tous les cœurs!* Jadis je ne voulais te voir ressusciter que dans mon sein; mon vœu a été exaucé, la vie finit derrière toi et moi.—Hélas! je ne suis pas à la hauteur de ta sainte présence; je veux trop m'élever, je retombe, et alors je soupire après un cœur vivant qui accueille mes secrets et me réchauffe. J'éprouve un froid affreux à être devant toi, et je me tords les mains de désespoir d'oser penser à toi. — Non, je ne dois pas t'appeler, étendre les mains vers toi à cette heure effrayante; je ne dois pas aller te chercher au-dessus des étoiles ni prononcer ton nom; je n'ose, j'ai peur! Il vaut mieux baisser modestement mes regards sur la tombe qui te recouvre, cueillir des fleurs et les jeter dessus. Oui, je veux cueillir toutes les douces fleurs du souvenir, elles exhalent un parfum spirituel. Qu'elles restent en mémoire de toi et de moi, ou que le hasard les disperse, peu importe; une fois encore, je veux redire les douces aventures du passé.

Je te raconterai aujourd'hui que tu me conduisis une fois par des chemins qui m'étaient inconnus. C'était à Weimar, sur la place du marché. Nous arrivâmes à un escalier; tu descendis le premier, et comme j'hésitais à te suivre, tu m'emportas enveloppée dans ton manteau. Seigneur, est-ce bien vrai? tu m'as emportée dans tes bras? Que tu étais beau en ce moment! que tu étais grand et noble! que ton regard perçant brillait bien à la lueur des étoiles! que j'étais heureuse là-haut, dans tes bras, t'entourant de mes bras! Tu souriais à mon bonheur, tu te réjouissais de me voir planer, pour ainsi dire, au-dessus de toi, et moi je me rejetais sur l'épaule droite pour ne pas fatiguer l'épaule gauche. Tu me faisais regarder à travers les fenêtres éclairées; c'était une suite de soirées paisibles : jeunes et vieux se trouvaient rassemblés autour de la lampe ou du feu de la cuisine; le petit chien et le chat étaient de la partie. « Ne voilà-t-il pas une charmante galerie » de tableaux? » me dis-tu. Nous sortîmes enfin des rues sombres et arrivâmes sous les grands arbres. J'attrapais les branches, les oiseaux s'enfuyaient effarouchés; nous nous réjouissions tous deux, nous étions enfans; et maintenant? — tu es un esprit monté au ciel; et moi, je suis sans clarté, sans bonheur; personne ne m'attend, personne ne me comprend, personne ne m'aime. On pourrait me demander, comme à l'étranger : Qui es-tu? que veux-tu? Et si je répondais, on me dirait : Nous ne te comprenons pas. Mais toi tu me comprenais, tu m'ouvrais tes bras et ton cœur, tu répondais à mes demandes, et sur-le-champ ma douleur était apaisée. — Là-bas, dans le parc de Weimar, nous marchions en nous donnant la main sous les arbres touffus; la lumière de la lune nous éclairait; tu me donnais mille doux noms, je les entends encore : Cher cœur! gentille enfant! Que j'étais contente de m'entendre appeler ainsi! Puis tu me conduisis à la source; elle jaillissait, semblable à une boule de cristal, du milieu du gazon; nous nous y arrêtâmes un instant, écoutant son murmure : « Elle appelle le rossignol, me dis-tu, car le » rossignol s'appelle Bulbul en persan; elle t'appelle, » car tu es mon rossignol que j'aime à entendre. » Nous rentrâmes à la maison, je m'assis près de toi; tout était silence; je me tenais près de ton cœur, je l'entendais battre, je t'entendais respirer, j'écoutais, et je n'avais d'autre pensée que d'écouter ainsi ta vie. — Et maintenant je suis seule ici après minuit, seule avec toi dans le souvenir de ces instants depuis longtemps écoulés, pénétrée d'amour, et mes larmes coulent. — Toi tu n'es plus sur terre, tu es là, où je ne puis t'atteindre; mes larmes coulent en vain.

Le temps passait doucement quand j'étais sur ton cœur, il passait inaperçu; je croyais devoir rester ainsi durant toute l'éternité. La lampe jetait une lueur incertaine au plafond : tout-à-coup la flamme pétilla et brilla plus clair; tu sortis de tes profondes réflexions; tu te tournas vers moi et me regardas longtemps, puis tu m'éloignas doucement de tes bras en me disant : « Il faut partir; vois » comme la lumière de la lampe est incertaine, comme » elle joue au plafond : une flamme aussi incertaine brûle » dans mon cœur; je ne suis pas sûr d'elle, je ne sais si » en s'élevant elle ne nous dévorerait pas tous deux, toi » et moi. » Tu serras mes mains, tu partis sans m'embrasser; je restai seule. D'abord, que les amans sont singuliers! je fus calme, je me sentais environnée et pénétrée de splendeur; mais tout-à-coup la douleur s'empara de moi. A qui pouvais-je me plaindre de ce que tu étais parti? Je me mis devant la glace; ma figure pâle me regardait si douloureusement, que, saisie de pitié pour moi-même, je fondis en larmes.

* * *

A MON AMI.

Il me semble que je respire dans le passé. Ce que je croyais oublié agit sur moi avec force et excite de nouveau la flamme de la douleur comprimée.

J'en étais restée là en écrivant cette nuit. J'ajouterai aujourd'hui, comme curiosité psychologique, comment je calmai mon chagrin. A genoux devant la glace, à la lueur incertaine de la lampe de nuit, cherchant des consolations dans mon propre regard, qui me répondait par des larmes, les lèvres tremblantes, les mains croisées sur la poitrine, oppressée de soupirs, je pensai tout-à-coup aux grands chênes qui peu d'heures auparavant murmuraient au-dessus de nos têtes à la clarté de la lune, et en même temps au monologue d'*Iphigénie en Tauride* qui commence ainsi : « Je » viens sous votre ombrage, cimes agitées du bois sacré, » antique et sombre. » J'étais debout devant la glace, il me semblait que Goëthe m'écoutait. Je récitai le monologue à haute voix, avec une inspiration qui atteignait le plus haut sentiment de l'art. J'étais souvent forcée de m'arrêter ; un tremblement comprimé de la voix m'obligeait aux pauses, si nécessaires à ce morceau ; car il est impossible qu'une même intonation, non interrompue, traduise ces regards jetés dans le passé, le présent et l'avenir. L'émotion, l'ébranlement que l'esprit de Goëthe avait imprimés à mon propre esprit, exaltaient mon sentiment artiste; je sentais clairement l'inspiration; je me croyais emportée dans les espaces par un nuage; une puissance divine poussait ce nuage à la rencontre de Goëthe, tout brillant de la gloire de son œuvre. Pouvait-il y avoir une plus belle apothéose de son influence sur moi? — Toutes les douleurs se changèrent en un joyeux battement d'ailes de l'esprit. J'étais sereine et contente, semblable au jeune aigle qui agite ses ailes à la face du soleil, sans cependant les déployer, et, confiant dans sa force, se contente de le suivre du regard. — J'allai me coucher, et le sommeil tomba sur moi comme une rafraîchissante pluie d'orage.

C'est ainsi qu'à dater de ce jour jusqu'aujourd'hui, tout désir inexaucé s'est résolu en un sentiment d'art. Toute émotion des sens fondée sur la sainte nature, toute passion non satisfaite, se raréfie et se transforme en désir de s'élever vers un autre monde, où les sens deviennent esprit.

*
* *

Je te remercie, ami, de pouvoir tout te dire. Il n'y a personne au monde à qui je voulusse confier ces feuilles; je ne doute pas que tu n'en comprennes le mérite. Elles renferment le sanctuaire de la piété de Goëthe, de cette piété d'où lui vint son immense génie. Ce génie savait doucement guider l'esprit de feu de sa favorite, le rendre heureux, et le mettre en parfaite harmonie avec lui. Mon ami! il t'a été donné de faire venir au jour ce que je ne me serais jamais redit, même dans mes rêves. Je ne saurais définir ce qui se passe en moi; je me sens enfermée par ces souvenirs comme dans un cercle magique de vérités miraculeuses; je crois entendre souffler les airs d'alors, et je me retourne pour voir si Goëthe n'est pas derrière moi; à chaque instant il me semble qu'un esprit céleste, touchant mon esprit, y réveille la pensée. Je ne veux donc pas perdre ma confiance intime en toi, et malgré les terribles fantômes par lesquels tu crois m'intimider, je veux continuer à te communiquer ce qui ne se dit qu'à la fidélité éprouvée.

*
* *

A GOETHE.

La lumière des astres descend d'une hauteur incommensurable sur la terre, et la terre se montre aux astres couverte de verdure et de fleurs; l'esprit de l'amour descend également d'une hauteur céleste dans le sein, et les caresses d'un printemps fleuri lui sourient; et ainsi que les astres souffrent que leur reflet se change sur la terre en des champs de fleurs, souffre, ô Goëthe! que ton esprit fasse éclore dans mon sein les mille fleurs du sentiment. Des rêves éternels sont autour de moi et m'enlacent; *les rêves sont de l'écume* [1]; oui, ils écument, ils grondent sur le flot de la vie, ils montent au ciel. — Ah! il vient: le silence règne sur la nature; pas un souffle, pas une pensée ne s'agitent; l'esprit qui lui appartient est sans volonté à ses pieds. — Puis-je l'aimer, lui, tellement au-dessus de moi? — O monde, que tu es étroit! l'esprit n'ouvre pas une seule fois ses ailes qu'il ne dépasse tes bornes. — Je quitte les forêts et les champs, lieux chers

[1] Proverbe allemand.

à sa joie poétique ; j'y croyais toucher le bord de son vêtement, j'étendais les mains pour le saisir ; il me semblait que je sentais sa présence dans l'éclat éblouissant qui perçait les nuages. Le chemin est si simple à travers les nuages, pourquoi ne le ferais-je pas hardiment? L'éther me portera tout aussi bien que me porte le gazon ; je le suivrai, quand même je ne devrais pas l'atteindre. Il y a peu d'instans qu'il a traversé le sentier des nuages ; l'air m'apporte encore son haleine, qu'il me soit au moins donné de la boire.

Oh! rappelle-moi en bas, aide-moi à redescendre. Mon cœur se brise, il n'a pas la force de contenir l'élan de la passion qui franchit les bornes en se cabrant. Ramène-moi sur la plaine où mon bon génie me conduisit à lui, à l'époque de ce temps fleuri qui est entre l'enfance et la jeunesse, où pour la première fois mon regard s'éleva vers la lumière, s'attacha à jamais à ce rayonnement éblouissant qui obscurcit tout le reste.

*
* *

Oh! viens, parais, comme tu parus jadis pour la première fois aux yeux de l'enfant pâle, muette, qui suivait sa destinée d'amour ; de l'enfant qui en voyant le glaive de la justice briller dans tes yeux, allait s'évanouir quand tu la reçus dans tes bras. — Quelles délices que ce désir grandi par les années et tout-à-coup exaucé, que ce calme que je trouvai sur ton sein, que ce doux sommeil! Ou bien fut-ce un étourdissement de bonheur qui s'empara de moi? Tout était silencieux, tu inclinas ta tête sur moi comme si tu voulais me voiler de son ombre ; je me réveillai : « Tu as

» dormi, me dis-tu.—Long-temps?—Je ne sais; j'ai senti
» vibrer dans mon cœur des cordes qui étaient muettes depuis
» des années, et les instans ont dû passer vite. » Comme
tu me regardais avec douceur! comme tout me semblait
nouveau! C'était la première fois que je voyais, que j'admirais un visage humain avec amour, et c'était ton visage,
ô Goëthe! auquel rien n'est comparable, qui brillait ainsi à
mon âme. Être splendide! me voici de nouveau à tes pieds;
je sais que du haut des nuages tes lèvres laissent tomber
la rosée sur moi; je me sens comme chargée des fruits de
la félicité que ton esprit de feu a fait mûrir en moi; oui,
tu me regardes du haut des demeures célestes. Ote-moi
donc la connaissance terrestre, car tu m'as transportée
hors de moi, et je succombe. A quoi me retenir? le sol
tremble, il faudra donc voler dorénavant? Je ne connais
plus ni monde, ni affection, ni but; je ne veux plus que
dormir, dormir sur les nuages, au pied de ton trône céleste, tandis que ton regard de feu veillera sur moi, que
ton esprit tout-puissant s'inclinera vers moi en chantant
des chants d'amour. Tantôt tu murmureras comme le rossignol mes plaintes amoureuses; tantôt, grondant, emporté comme la tempête, tu rediras le délire de ma passion;
tantôt, perçant l'air de tes cris d'allégresse, tu chanteras l'hymne de l'amour qui rend heureux et dont l'écho
retentit dans le cœur. — Oh! laisse-moi donc dormir à
tes pieds! Tout-puissant! poète! prince! qui habites au-dessus des nuages, laisse-moi dormir, tandis que tu feras
éclater les harmonies dont le germe prit racine en mon
cœur.

* *

A L'AMI.

Les prières montent au ciel; qu'est-il donc, celui qui monte au ciel? Il est prière, prière qui a grandi sous la protection des muses. Le divin Eros éclaire son chemin et sépare les nuages pour lui frayer passage; mais moi je ne saurais le voir, je me voile les yeux.

Qu'il était saint, l'orgueil de sa beauté! Aujourd'hui quelqu'un me disait que mon amour avait été impossible, que Goëthe avait soixante ans quand je le vis pour la première fois, et qu'à cette époque j'étais une fraîche rose. Mais il y a une différence entre la fraîcheur de la jeunesse et celle de la beauté que l'esprit divin grave sur les traits de l'homme. La beauté est une existence en dehors de ce qui est ordinaire; elle ne se fane pas, elle se détache de l'arbre qui porta sa fleur, et cette fleur ne tombe pas dans la poussière; elle a des ailes, elle monte au ciel.

Goëthe, tu es beau! je te le dis sans vouloir t'induire en tentation, comme jadis, un jour, à la bibliothèque, où j'étais devant ton buste, qui, fait à quarante ans, rendait la proportion parfaite de ta plus grande beauté. Enveloppé dans ton manteau vert, appuyé contre un pilier, tu cherchais à voir si dans ces traits je retrouverais mon ami rajeuni. Je fis semblant de ne pas te reconnaître; une malice secrète me fermait la bouche. « Eh bien? demanda Goëthe impa-
» tienté. — Cet homme-là a dû être beau, répondis-je.
» Oui, reprit-il irrité, celui-là a pu dans son temps se dire
» beau! » — Je voulus m'approcher de lui, il me fit signe de m'éloigner; je restai un instant pétrifiée. « Reste im-
» mobile comme cette image, m'écriai-je, et je te caresse-

» rai doucement. Tu ne veux pas? alors je laisserai le vi-
» vant de côté et j'embrasserai cette pierre jusqu'à ce que
» tu en sois jaloux. » — J'embrassai le buste, je baisai
ce noble front, ces lèvres de marbre; je collai ma joue
contre cette joue froide : tout-à-coup il m'enlève, me tient
dans ses bras, sur son sein, et cet homme de soixante ans
levait ses regards vers moi, me donnait les plus doux
noms, et me dit ces belles paroles : *Chère enfant, tu es
dans le berceau de mon cœur!* Puis il me reposa à terre,
enveloppa mon bras dans son manteau et tint ma main
sur son cœur palpitant. Nous retournâmes ainsi lentement
à la maison. « Comme ton cœur bat! lui dis-je. — Les
» battemens qui ébranlent ainsi ma poitrine s'élancent
» avec passion vers toi; toi aussi tu accélères pour moi le
» temps qui ne reviendra plus. » C'est ainsi qu'il expliquait en douces paroles les mouvements de son cœur, le
saint poète irréfragable[1] !

* *

Hier j'ai beaucoup pensé à Goëthe; non, je ne pensais

---

[1] Tu es sérieux, mon bien-aimé! je serais tentée de te comparer à ton buste de marbre, que je vois ici; de même que lui, tu ne me donnes aucun signe de vie; comparée à toi, la pierre est douce.

L'ennemi peut se cacher derrière son bouclier, mais l'ami doit nous montrer un front ouvert; je te cherche, et tu me fuis. Reste immobile comme cette œuvre de l'art.

Vers qui me tourner, vers toi ou vers ce buste? Suis-je condamnée à rencontrer la froideur chez tous deux, chez lui qui est mort, et chez toi qui es vivant?

Mais, je ne veux pas me perdre ici en paroles, j'aime mieux baiser ce marbre jusqu'à ce que, jaloux, tu m'arraches à ces caresses.

Goëthe, II.me volume de ses œuvres.

pas à lui, j'étais auprès de lui. — La douleur est avec moi; mais non le sentiment; je ne suis pas touchée, je suis excitée; je ne me sens pas douloureusement impressionnée, j'agis avec douleur. — Cette nuit j'ai rêvé de lui : il me conduisait en silence et lentement le long d'un fleuve; il disait des mots isolés, je ne sais plus lesquels. Le crépuscule semblait incertain, agité comme le brouillard chassé par le vent, et je voyais dans l'eau le scintillement tremblant des étoiles. Je lui donnais la main; mon pas égal et réglé me rendait le mouvement, le je ne sais quoi d'errant dans la nature, d'autant plus sensible. J'en fus émue, et je le suis encore pendant que j'écris. Qu'est-ce que l'émotion? n'est-ce pas une puissance divine qui entre par l'âme comme par une porte dans l'esprit, qui se mêle et s'unit à une nature jusqu'alors insensible, et qui engendre avec elle de nouveaux sentimens, de nouvelles pensées, de nouvelles facultés?—N'est-ce pas le rêve qui étend sous tes pieds le tapis vert des prairies brodé de fleurs d'or? Et la beauté qui te touche n'est-elle pas aussi un rêve? Tout ce que tu désires, n'en rêves-tu pas la possession? et ne faut-il pas que tu réalises ce rêve, sous peine de mourir de désir? — Et le libre arbitre de l'esprit qui accorde à l'âme tout ce qu'elle demande, n'est-ce pas le rêve dans le rêve? n'est-ce pas le miroir devant le miroir, montrant à l'âme qui est au milieu sa glorification infinie?

*

A L'AMI.

Tu veux que je te parle encore de lui, que je te dise

tout; comment le pourrais-je? Il m'est trop douloureux, ainsi séparée de lui, de rappeler cet amour. Non, si je le revois, si je lui parle encore, comme je l'ai revu et comme je lui ai parlé ces jours-ci; si je puis lui demander, si je puis espérer qu'il m'adresse encore une fois la sainte parole de son regard, alors je te dirai les souvenirs que ce regard réveillera en moi. Et je le reverrai; il n'est pas possible que parce qu'il a quitté cette enveloppe terrestre si légère, tout soit détruit ou changé. Je veux espérer; et ce qui paraît impossible aux autres me sera possible à moi. Que serait l'amour, s'il n'était que ce que la morne humanité sait de lui, elle qui n'en sent que la perte? Dans l'instant même où nous osons prendre l'éternité pour témoin de notre bonheur, nous avons le pressentiment que nous ne sommes pas à la hauteur de cette éternité, et nous ne savons, hélas! même pas ce qu'elle est. La connaître, être en elle, sont deux choses différentes; je l'ai connue quand je n'étais plus en elle. Vivre en elle, c'est vivre dans le mystère. L'homme intérieur n'embrasse pas, ne comprend pas l'action qu'elle a sur lui. Vivre d'elle, c'est vivre dans la révélation; alors on sent que jadis on habitait un monde supérieur, on reconnaît les signes d'un contact d'autrefois avec la divinité, et ce qui nous semblait un jeu de l'amour nous apparaît alors comme une vérité céleste. Nous sommes étonnés que le Dieu ait été si près de nous, qu'il n'ait pas consumé notre nature terrestre; nous sommes étonnés de vivre encore, de penser encore, de n'avoir pas renoncé à tout jamais à ce à quoi on renonce si facilement dans les momens de bonheur sur le sein de son ami, à être autre chose que profondément senti par l'objet aimé.

Une fois j'étais à la fenêtre avec lui, il faisait clair de lune; les feuilles de la vigne grimpante projetaient de l'ombre sur sa figure; mais comme le vent les agitait, tantôt ses yeux brillaient à la clarté de la lune, tantôt ils rentraient dans l'obscurité. Je lui demandai : « Que dit » ton regard? » car il me semblait qu'il parlait. — Il dit : « Tu me plais; tu me plais comme pas une femme » ne me plaît. — Oh! repris-je, dis-moi ce que signifient » ces regards perçans. » Je ne prenais pas ses paroles pour une réponse à ma demande. — « Ils affirment, dit-il, » ce que je dis, et jurent ce que je n'ose te jurer, que le » printemps ni l'été, l'automne ni l'hiver, ne détourneront » jamais mes regards de toi. Puisque tu me souris comme » jamais tu n'as souri au monde, ne puis-je pas te jurer » ce que je n'ai jamais juré au monde? »

Souvent il me semble qu'une traînée de feu passe en mon âme et éclaire en moi des souvenirs dont je ne sais s'ils sont importans, s'ils peuvent compter pour des faits. Il en est de même dans la nature; tout ce qui est susceptible de reflet, reflète les caractères tracés par l'amour. Le lac reflète les arbres qui l'entourent; les cimes les plus hautes se mirent dans ses eaux les plus profondes, puis les astres trouvent encore d'autres profondeurs en lui. C'est l'amour qui créa tout cela, qui est le fond de tout cela. C'est pourquoi je suis fondée à dire qu'un mystère impénétrable fait de toutes choses le miroir de l'amour, quelque petites, quelque éloignées qu'elles soient.

La première fois que je le vis, je lui racontai comme j'étais tourmentée par la jalousie depuis que je le connaissais. Ce n'étaient ni ses poèmes ni ses livres qui me

donnaient une disposition passionnée; avant de l'avoir vu j'étais beaucoup trop émue, mes sens étaient trop troublés pour comprendre ses livres; d'autant plus qu'élevée au couvent, je n'avais pas appris le langage de la poésie. Dès ma seizième année j'étais tellement entraînée vers lui, que quand on prononçait son nom, soit pour le louer, soit pour le blâmer, j'avais un violent battement de cœur. Je crois que c'était de la jalousie, car il me prenait des étourdissemens. Si à table grand'mère parlait de lui, je ne pouvais plus manger; si la conversation durait quelque temps, la tête me tournait, je ne voyais plus rien, j'avais des bourdonnemens dans les oreilles, et quand je me retrouvais seule je fondais en larmes. Je ne pouvais lire ses livres, j'étais trop agitée pour cela; c'était comme si le torrent de ma vie, se précipitant par-dessus gouffres et rochers, retombait en mille cascades; et il lui fallait longtemps pour retrouver le calme. Un jour il vint chez nous une personne qui portait au doigt une bague à cachet; elle prétendit que c'était Goëthe qui la lui avait donnée. Quand je vis Goëthe pour la première fois, je me plaignis de ce qu'il avait donné si légèrement une bague avant de me connaître; je lui dis que j'en avais été douloureusement affectée. Ces singuliers reproches d'amour ne le firent pas rire; il abaissa doucement son regard sur moi, qui étais assise à ses pieds sur le tabouret. Lorsque je m'en allai, il me mit une bague au doigt en me disant : « Si quel-
» qu'un dit que je lui ai donné une bague, réponds : *Goë-*
» *the ne se rappelle pas avoir donné d'autre bague que*
» *celle-ci.* » Puis il me serra doucement contre son cœur, j'en comptai les battemens. « J'espère que tu ne m'ou-

» blieras pas, ajouta-t-il, ce serait ingrat ; j'ai exaucé au-
» tant que possible, et sans condition, tous tes vœux. —
» Tu m'aimes donc? repris-je, et tu m'aimeras éternelle-
» ment, sinon je suis plus pauvre qu'auparavant, je n'ai
» plus de ressource que dans le désespoir! »

* * *

Ce matin je reçus une lettre du chancelier Muller qui contenait ce qui suit sur Goëthe : Il mourut de la mort la plus heureuse, plein de connaissance, de sérénité, sans douleur, sans pressentir sa fin jusqu'au dernier instant. La flamme de sa vie baissa, s'éteignit doucement, sans combat ; la lumière fut son dernier vœu ; une demi-heure avant de mourir, il dit : « Qu'on ouvre les volets, afin » qu'il entre plus de lumière. »

* * *

A GOETHE.

Aujourd'hui je veux attacher d'autres cordes à ma lyre, aujourd'hui je suis heureuse! Seigneur et maître, aujourd'hui un magnifique, un surprenant projet est né dans mon âme[1]. Tu m'as pénétrée comme un feu purifiant, et tu as consumé tout ce qui était inutile, tout ce qui n'était pas vrai en moi. Je tressaille de félicité ; je ne connus jamais un temps plus jeune et plus joyeux.

Qui pourrait se mesurer avec moi? que me veulent ceux qui me jugent? Ceux qui me connaissent et me com-

---

[1] Sans doute le projet d'élever un monument à Goëthe avec le bénéfice de la publication de ce livre.

prennent ne me jugeront pas. — Ainsi que les lueurs du soleil jouent gracieusement sur le visage, ainsi l'amour et le caprice jouent en mon cœur. Celui que j'aime peut se trouver honoré, celui que j'appelle mon ami a le droit de s'en réjouir, *car il vient immédiatement après toi.* Quand la passion grondait en moi, le plaisir d'amour me dictait la mélodie dont je la revêtais, et l'inspiration emportait passion et mélodie dans l'océan de l'harmonie. Tu m'écoutais, tu laissais aux autres l'esprit de s'effrayer de ma folie.

Ivresse éternelle de l'amour, sobriété de l'esprit, vous ne vous nuisez pas; l'une chante avec délire la mélodie, l'autre dit les paroles. Instruisez-vous, humains; jugez, faites-vous un nom utile, grand, magnifique; ayez des caprices, mais surtout ne reconnaissez jamais ce que vous avez négligé.

Tu es là-haut, tu me souris; les pluies de ce printemps, les orages de l'été, viennent et viendront de ton empire. Tu tonneras pour moi, tu feras retentir ta puissante et profonde nature dans mon cœur, et moi je m'élèverai pleine d'allégresse.

Mon inspiration s'élance en dansant vers le ciel, et les génies divins viennent à sa rencontre et applaudissent à sa témérité. Tu es fier de ce qu'elle fut la favorite de ta carrière terrestre, celle qui navigue, impatiente et impétueuse, à travers l'océan de l'air, qui aborde aux rivages du ciel, court à ta rencontre en agitant sa torche qu'elle élève au-dessus de toi et qu'elle lance enfin dans les espaces de l'empyrée pour y briller au hasard, peu lui importe; ne repose-t-elle pas sur ton sein, tandis que l'amour veille à ce qu'aucune autre flamme ne vienne s'allumer à elle?

Un jour, en Bohême, tu m'attendais sur la hauteur, à la lisière d'une forêt. Lorsque, en grimpant sur les rochers arides afin d'être plus vite auprès de toi, je t'aperçus au-dessus de moi, ferme et immobile, tu me parus une puissante colonne. Le vent, messager de l'orage, s'engouffrait dans ton manteau, l'élevait au-dessus de ta tête, le rabattait à l'instant même, le poussait des deux côtés en avant, comme s'il eût voulu te pousser vers moi, qui m'étais arrêtée non loin pour me reposer et laisser s'apaiser le battement de mes tempes et le feu qui colorait mes joues. Je t'atteignis enfin, et toi, me serrant sur ton cœur, tu croisas tes bras sur moi, et tu m'enveloppas de ton manteau. Nous restâmes ainsi à la pluie fine qui perçait le feuillage des arbres, et dont les gouttes chaudes tombaient de temps en temps sur moi. Deux orages accouraient de l'est et de l'ouest. Nous parlions peu : « L'orage » se dissipera de ce côté-là, mais ce côté-ci s'assombrit de » plus en plus. » — Et les nuages montaient et montaient à l'horizon, le jour s'obscurcissait, et le vent soulevait autour de nous de petits tourbillons de poussière. De la main gauche tu me montrais le lointain, et de l'autre tu tenais les fleurs et les plantes variées que j'avais cueillies en chemin. « Vois, il y a guerre là-bas; ces nuages-ci chasseront » ceux-là; et si mes pressentimens ne me trompent pas, » nous devrons la paix à leur combat. » A peine avais-tu dit ces paroles, qu'un grand éclair traversa le ciel, et le tonnerre éclata de tous côtés. Je te regardai en élevant les bras vers toi; tu inclinas ton visage sur le mien, tu posas tes lèvres sur les miennes, et les tonnerres grondèrent, s'entrechoquèrent, se précipitant de degré en degré du haut de l'olympe, puis ils se sauvèrent en roulant vers le lointain. L'orage se calma.

« *Quand on tient sa chérie dans ses bras, on laisse l'o-* » *rage se débattre au-dessus de sa tête !* » Ce furent tes dernières paroles là-haut; nous descendîmes en nous tenant par la main. — La nuit vint; quand nous rentrâmes en ville, la fruitière allumait justement sa chandelle pour éclairer ses pommes. Tu t'arrêtas et me regardas long-temps : « C'est ainsi qu'amour use de la lumière » des vieux, et la même lanterne sert à contempler en- » semble les pommes et sa chérie. » — Tu me conduisis en silence jusqu'à ma demeure; là tu me baisas au front et me poussas dans la porte. Une douce paix fut jusqu'au lendemain matin le berceau de mon sommeil égayé par les rêves.

* * *

A L'AMI.

Dix ans plus tard, cette aventure, qui resta profondément gravée dans ma mémoire, m'inspira l'idée du monument de Goëthe. Maurice Bethmann, de Francfort, demandait un projet de monument; il désirait y voir exprimer le caractère irréfragable du poète. Il se fia à moi pour en trouver l'idée fondamentale, quoique jusqu'alors je me fusse fort peu occupée d'art. Tout-à-coup je me rappelai Goëthe debout sur le penchant de la montagne, le manteau croisé en avant par-dessous ses bras, et moi appuyée sur son cœur. La fièvre d'invention s'empara de moi; je fus souvent forcée de prendre des distractions pour ne pas m'abandonner entièrement à la fougue de l'imagination et aux ébranlemens de l'inspiration. Après être restée plusieurs nuits sans dormir et plusieurs jours sans manger, mon idée se trouva dépouillée de tout détail inutile, et propre à l'exécution.

Production transfigurée de mon amour, apothéose de mon inspiration et de sa gloire, voilà le nom que Goëthe donna à ce projet lorsqu'il le vit pour la première fois.

Goëthe est dans une niche, assis sur un trône; sa tête dépasse la niche, dont le haut est coupé; il a la poitrine et les bras nus. Son manteau, attaché au cou et rejeté par-dessus les épaules, revient sous les bras et se croise sur ses genoux. Sa main gauche, celle qui sur la montagne me montrait l'orage, s'appuie sur le haut de la lyre que supporte son genou gauche. La main droite, qui tenait mes fleurs, est abaissée et tient négligemment, oublieuse de la gloire, la couronne de laurier. Son regard est levé vers le ciel. La jeune Psyché est devant lui, comme moi jadis; elle se lève sur la pointe des pieds pour toucher les cordes de la lyre, et lui, perdu dans l'inspiration, la laisse faire. Sur l'un des côtés du trône est Mignon, sous la forme d'un ange; de l'autre côté, Bettina en Ménade se renversant en arrière.

Il y a huit ans qu'un artiste d'ici, M. Wichmann, eut la complaisance de faire avec moi une esquisse en terre de ce monument; elle est maintenant au musée de Francfort. On était très-disposé à la faire exécuter en grand, lorsque Goëthe renonça au droit de bourgeoisie de Francfort. Cette circonstance diminua trop l'intérêt qu'on lui portait pour qu'il fût possible de faire désormais réussir cette affaire, en dépit de la plus grande énergie. Elle en est donc restée là jusqu'à présent. Quant à moi, j'ai souvent cherché à savoir ce que signifiait mon amour, quel en serait le résultat, et s'il avait existé en vain. Ces jours-ci je me rappelai qu'étant enfant je cherchais aussi à savoir ce que je ferais, ce que je deviendrais quand Goëthe serait mort, et qu'alors l'envie me prenait d'avoir une place sur son tombeau, d'être sous forme de statue sur son monument. Je me voyais même en esprit sous la figure d'un de ces petits chiens sculptés pour l'ordinaire aux pieds des grands hommes et des héros, comme symbole de la fidélité. Cette nuit je repensai à ces visions d'autrefois, et alors je compris clairement que tout cela n'avait été que le germe de son monument, et que c'était un devoir pour moi d'en provoquer l'érection. Depuis que j'ai pris cette résolution, je suis toute joyeuse et j'ai la confiance que je réussirai. Goëthe me dit une fois ces paroles d'or : « Sois constante, emploie toutes tes forces » à faire éclore la résolution qui te vient d'en-haut ; quand » bien même les fruits qui en résulteraient ne répondraient » pas à ton attente, ils n'en seront pas moins les fruits » d'une intuition supérieure, et la nature, qui produit, » qui nourrit tout de tous côtés, peut encore être surpassée par la force éternelle et divine de l'amour, et » elle le sera. » — C'est en pensant à ces paroles, qui alors avaient rapport à notre amour, et en me confiant à leur force pour conduire ma faible organisation au but, que je persévérerai dans ma résolution.

Il faut encore dire ici, pour clore l'histoire de ce monument, que j'en apportai moi-même le dessin à Goëthe. Quand il l'eut considéré pendant long-temps, il partit d'un éclat de rire : « Tu ne sais que rire ! » lui dis-je, et des larmes

étouffèrent ma voix. « Enfant, enfant bien-aimée ! s'écria-
» t-il avec tristesse, c'est la joie qui rit en moi de ce que
» tu aimes, de ce que tu m'aimes, car l'amour seul a pu
» inventer cela. » Et posant solennellement ses mains sur
ma tête : « Si ma bénédiction a quelque vertu, qu'elle re-
» pose sur toi en reconnaissance de cet amour. » — Ce
fut la seule fois qu'il me bénit, en 1824, le 5 septembre.

*
* *

L'ami sait que le désir et le murmure du vent, auquel
on le compare, ne sont pas ce qu'on en pense, c'est-à-dire
quelque chose qui vient, qui croît, puis s'évanouit. Les
hommes ne s'inquiètent guère de savoir d'où viennent, où
vont et le désir et le vent. — Et pourtant de quelles hauteurs descendent ces airs qui font sortir l'herbe du sol, et
jusqu'où montent ces vapeurs qui s'échappent des fleurs?
Les forces de la nature descendent-elles toutes du sein de
la divinité, et leurs produits remontent-ils tous vers le générateur? — Oui, tout ce que la bénédiction céleste fait
naître retourne vers elle. Il en est de même du désir, il
remonte au ciel vers lui qui d'abord descendit sous forme
de rosée sur le sol altéré de l'esprit humain, qui s'épanouit
ici dans toute sa fleur, et finalement retourna au ciel dans
le parfum de sa propre transfiguration. Ne serait-il pas
donné au désir de le suivre et de le retrouver?

Cette chair s'est faite esprit, voilà les mots que j'ai
choisis pour servir d'inscription à ce monument. Ces paroles que l'amour te dit, Goëthe, sont justes : tu ensei-
gnes, tu réjouis et tu fais comprendre que le verbe se fait
chair dans le cœur aimant.

Comme le son qui vient du néant et y rentre après avoir annoncé le verbe, lui qui ne s'évanouit pas, qui résonne dans l'âme et y réveille toutes les harmonies amies, l'inspiration sort du néant et porte le verbe dans la chair, puis s'évanouit; mais l'esprit qui s'unit à la sagesse du verbe remontera comme le parfum de la fleur vers son créateur, et le ciel lui répondra.

Les airs qui s'élèvent et murmurent comme le désir, dont on ne sait d'où ils viennent, n'ont pas de forme non plus; ils ne peuvent pas dire : Ceci c'est moi, cela m'appartient; mais le souffle de la divinité est en eux, il leur prête une forme, car il les fait naître par le verbe à la chair. — Tu sais que l'amour est le seul créateur sur terre; que ce qui ne vient pas de lui n'appartient pas à la race éternelle. Que sont la science et l'expérience qui ne procèdent pas de lui? quel est le désir qui ne le cherche pas? quelle action n'exécute-t-il pas? Quand tu étends la main et que ce n'est pas vers l'amour, que saisis-tu? qu'as-tu? L'arbre que tu plantes avec toutes ses racines dans le sol, autour duquel tu amoncelles la terre, pour lequel tu détournes les ruisseaux, cet arbre fleurira pour toi, et c'est pour cela que tu lui as prodigué tes soins : eh bien, moi aussi je fais tout pour que son souvenir fleurisse pour moi. — L'amour fait tout pour l'amour de lui-même, et pourtant celui qui aime se quitte soi-même pour suivre l'amour.

FIN.

www.ingramcontent.com/pod-product-compliance
Lightning Source LLC
Chambersburg PA
CBHW050249170426
43202CB00011B/1616